Till Bastian

Lebenskünstler leben länger

Till Bastian

Lebenskünstler leben länger

Gesundheit durch Eigensinn

verlegt bei Kindler

1. Auflage April 2000

Dieses Buch ist auf ausdrücklichen Wunsch des Autors
in der alten Rechtschreibung gedruckt.

Umschlaggestaltung: Büro Jorge Schmidt, München
Satz aus der Bembo PostScript PageOne
von Clausen & Bosse, Leck
Druck und Bindung: Franz Spiegel Buch GmbH, Ulm
Printed in Germany
ISBN 3 463 40372 2

Dieses Buch widme ich meinem Arztkollegen Dr. med. Johannes Zwick aus Bad Füssing, der sich stets für eine psychosomatisch fundierte Medizin stark gemacht hat und den der bayerische Staat in eine Art von «Sippenhaft» hat nehmen wollen, um von den unglaublichen Verfehlungen seiner eigenen Amtsträger abzulenken.

Inhalt

«In der ersten Hälfte unseres Lebens ruinieren wir
unsere Gesundheit, um Geld zu verdienen –
in der zweiten Hälfte geben wir Geld aus, um
unsere Gesundheit zu erhalten …»

Voltaire

«Aber schade ist's doch, daß man sterben muß,
wenn man gerade begriffen hat, wie man leben möchte …»

Kant

Vorbemerkung: Auf die Widerstandskraft kommt es an ...

Ein Mann von 70 Jahren wird an einer Krebsgeschwulst in seiner Vorsteherdrüse (der Prostata) operiert. Da diese bösartige Neubildung auch in das Lymphgewebe in der Umgebung der Prostata hineingewuchert ist, hegen die Ärzte berechtigte Zweifel, ob es gelingen kann, mit diesem Eingriff die gefährliche Geschwulst wirklich radikal zu entfernen (was ja wörtlich heißt: bis an die Wurzel = lateinisch «radix»), sie also «mit Stumpf und Stiel» auszurotten. Der Patient wird deshalb sorgfältig beobachtet: Jahrelang wird durch Untersuchungen vor allem des Skelettsystems – durch sogenannte Szintigramme – immer wieder überprüft, ob nicht doch Krebsgewebe im Körper verblieben ist und dort weiterwuchern konnte – denn die medizinische Erfahrung hat gezeigt, daß die Tochtergeschwülste (Metastasen) eines solchen Prostatatumors sich in erster Linie im Knochengerüst des menschlichen Körpers ansiedeln.

Doch alle diese diagnostischen Bemühungen ergeben erfreulicherweise keinerlei Hinweis auf ein metastasierendes Fortschreiten der Krebserkrankung – es scheint also, als sei sie durch die Operation tatsächlich «radikal», ohne jedes gefährliche Überbleibsel, beseitigt worden. Und nach fünf Jahren teilt der Hausarzt seinem glücklichen Patienten mit: «Sie haben Ihren Krebs, wie es scheint, dauerhaft überwinden können. Meine Gratulation!»

Aber drei Jahre später leidet derselbe Mann plötzlich unter einem stechenden Schmerz im Brustkorb. Jetzt wird nach einer anderen Krankheit gefahndet, wird sein Herz gründlichst untersucht – die Adern, die dem Herzmuskel Blut zuführen, die Herzkranzgefäße (Koronararterien), erweisen sich als sehr stark verengt, das Herz wird deshalb nur noch mangelhaft mit Blut und Sauerstoff versorgt. Die Ärzte entschließen sich angesichts dieser Befunde, die unzureichende Blutzufuhr über jene eingeengten Herzkranzgefäße mit einem künstlichen Umgehungskreislauf (dem sogenannten Bypass) zu überbrücken. Der operative Eingriff, der dies bewerkstelligen soll, erzielt auch durchaus das gewünschte Ergebnis, kann also die Durchblutung des Herzmuskels deutlich verbessern – aber insgesamt belastet er den Patienten doch härter, als man erwartet hatte. Der alte Mann erholt sich nur langsam – es dauert eine ganze Weile, bis er wieder seine einstige Leistungsfähigkeit erreicht zu haben scheint. Dann wird, routinemäßig, wieder einmal eine Untersuchung des Skelettsystems vorgenommen, ein Knochenszintigramm. Das alarmierende Ergebnis: Die Krebserkrankung, die vor Jahren in der – längst entfernten – Prostatadrüse entstanden war und die man schon für besiegt, ja für beseitigt gehalten hatte, hat noch genügend Kraft besessen, um schlagartig den ganzen Körper mit bösartigen Krebszellen zu überfluten: überall, in den Schultern, in den Rippen, im Brustbein, zeigen sich jetzt Tochtergeschwülste, die sich offenbar urplötzlich dort angesiedelt haben. Was tun? Eine Chemotherapie wird eingeleitet, mit der Gefahr erheblicher Nebenwirkungen und mit ungewissem Ausgang …

Bei dieser Krankengeschichte handelt es sich um einen «Einzelfall», und aus solchen einzelnen Fällen läßt sich keine wissenschaftliche Erkenntnis herausziehen (abstrahieren) – jede derartige Erkenntnis beruht auf einem Verfahren, das man als «Verallgemeinerung unter kontrollierten Bedingungen» kennzeichnen könnte. Verallgemeinerungen sind in der Regel wichtig und wertvoll – sie sind beispielsweise unbedingt erforderlich, wenn wir an Prognosen interessiert sind, wenn wir erfahren wollen, welcher künftige Verlauf wahrscheinlich ist. Aber alles hat seinen Preis, auch die Verallgemeinerung: Sie radiert sozusagen alles an Details aus, was für den jeweiligen Einzelfall typisch ist; sie läßt aus Prinzip nur das gelten, was sich an Ähnlichkeiten mit anderen Fällen finden läßt. Und auch die aus der Verallgemeinerung gewonnene Prognose informiert eben nur über Wahrscheinlichkeiten: Aber das Unwahrscheinliche bleibt ja durchaus möglich und ereignet sich in einzelnen Fällen wirklich.

Auf der anderen Seite ist es immer das Schicksal des einzelnen, was uns in der Medizin interessiert: den Patienten, weil er sein eigenes Schicksal wortwörtlich *verkörpert* – den Arzt, weil er aufgefordert ist, in dieses Schicksal helfend einzugreifen. Die moderne Medizin hat jedoch an ihrem Auftrag, *dem einzelnen hilfreich zur Seite zu stehen*, leider allzuoft das Interesse verloren – sie hat die individuelle und persönliche Beistandspflicht für das Linsengericht eines wirklichen oder vermeintlichen technischen Fortschrittes verraten und verkauft, um auf Tagungen und Kongressen wirkungsvoll mit ihren Studien und Statistiken renommieren zu können. Für sie steht im Zentrum der Aufmerksamkeit, was *allgemein* anerkannt wird und deshalb für allgemein gültig angesehen werden kann – was dem *einzelnen* hilft, auch ohne exakt und zureichend begründet werden zu können, erscheint ihr als suspekt und findet keinerlei wissenschafliches Interesse.

Dieser verhängnisvollen Tendenz gilt es entgegenzutreten. Genau davon handelt das vorliegende Buch. Und davon, daß die konkrete Widerstandskraft des einzelnen, worauf auch immer sie gründen mag, unter allen praktischen Umständen, unter allen *Lebensumständen*, wichtiger ist als das von der wissenschaftlichen Medizin so hingebungsvoll theoretisch beschriebene *tote* Abstraktum «Krankheit». Denn niemand von uns «hat» eine Krankheit. Wir sollten uns einen anderen, genaueren Sprachgebrauch angewöhnen, wir sollten immer sagen: Ein Mensch erkrankt, er wird krank. Oder noch besser: Dieser Mensch schafft es nicht, gesund zu bleiben, sich gesund zu erhalten. Und warum nicht? *Das* ist die eigentliche Kernfrage, und ihr will dieses Buch auf die Spur kommen.

Warum konnte sich der Krebspatient des oben geschilderten «Falles» nicht gesund erhalten? Zu vermuten, wenn auch nicht streng wissenschaftlich zu beweisen ist: Unter dem Streß einer schweren Herzoperation ist die Widerstandskraft des Patienten schwer geschädigt worden. Jahrelang hatte sie die durch die Entfernung der Prostata zwar eingedämmte, aber keineswegs beseitigte Krebserkrankung erfolgreich niederhalten können – so erfolgreich sogar, daß dieser Krebs klinisch nicht mehr nachweisbar war. Aber die Schwächung der Widerstandskraft hat den acht Jahre später im Körper offenkundig immer noch vorhandenen Krebszellen genügt, sich explosionsartig zu vermehren und an den verschiedensten Stellen im Knochenskelett anzusiedeln. Anders gesagt: Die medizinische Intervention, die die Ärzte vorgenommen hatten – wie meistens übermäßig fasziniert von ihren technischen Möglichkeiten, wie fast ebensooft aber auch nicht genügend darum bekümmert, was die möglichen Nebenwirkungen dieser Fertigkeiten anrichten können –, hatte zwar den Teufel der koronaren Herzkrankheit besiegt, ihn aber mit dem Beelzebub des neu erwachenden Karzinoms ausgetrieben.

Dies ist eine Anekdote, sie «beweist» nichts. Vergleichbare Geschehnisse dürften allerdings nicht selten sein; ihr Entstehen wird dadurch begünstigt, daß sich der herkömmliche medizinische – und speziell der ärztliche – Blick auf «Krankheiten» und ihre «Heilung» konzentriert hat, auf zwei Abstraktionen, von denen zu sprechen zwar durchaus einen Sinn hat, aber nur in einem eng gesteckten Rahmen, der immer wieder selbstkritisch überdacht werden muß. Den jeweiligen Patienten und seine Widerstandsfähigkeit (den einzigen wirklich greifbaren Ansatzpunkt allen ärztlichen Handelns) hat die moderne Medizin dabei aber zunehmend aus den Augen verloren. Es ist an der Zeit, diesen verzerrten Blickwinkel wieder geradezurücken. Denn die moderne Medizin konzentriert sich nicht mehr auf den Patienten und sein – stets individuelles – Leid, sondern auf ihre eigenen wissenschaftlichen Möglichkeiten und deren «Objekt», die Krankheit. Diese wiederum ist ein in gewisser Weise selbstgeschaffenes (aus konkreten Erfahrungen abstrahiertes) Wesen, das nun ein Eigenleben entfaltet wie der «dienstbare Geist» in Goethes Ballade vom Zauberlehrling. Der als «Hilfskonstruktion» zwecks gegenseitigem Verständnis entwickelte Krankheitsbegriff hat sich verselbständigt und ist zu einer Figur geworden, die die medizinische Szenerie fast völlig beherrscht. Den größten Schaden davon haben die Patienten, die sozusagen den Kriegsschauplatz liefern, auf dem der Arzt mit der Krankheit kämpft – die Patienten selbst sind nur noch von mäßigem Interesse, und genau so werden sie auch behandelt.

Eine Korrektur der verzerrten Perspektive ist also dringend geboten. Solche Korrekturen scheinen gegenwärtig nicht nur auf dem Feld der Medizin, sondern auch andernorts erforderlich zu sein. In allen diesen Fällen wird dann gerne von einer neuen Perspektive gesprochen, von einem notwendigen Wandel der «Paradigmen», der Leitbilder. Darunter werden Ideen und Ideenkomplexe verstanden, die unser Alltagsleben dominieren und regulieren – etwa, gegenwärtig, das Konzept einer ständig beschleunigten Mobilität, die als Wert an sich gilt und kaum noch kritisch hinterfragt wird.

Leitbilder, Paradigmen: Das sind große Worte – und auf Worte kommt es mir nur in zweiter Linie an. In erster Linie geht es mir darum, daß wir die Notwendigkeit des Umsteuerns begreifen – und um umsteuern zu können, muß man überprüfen, ob nicht ein neuer Kurs notwendig ist. Ein neuer Kurs, der zu neuen Zielen führt. Genau darum geht es. Was not tut, ist, daß sich ziemlich viel ändert in unserer Medizin – und zwar ziemlich schnell.

Es ist nicht das erste Mal, daß ich mich derartigen Problemen widme. Doch auch meine eigene Perspektive hat sich verändert. In meinen eher wissenschaftlich-kritisch gehaltenen Büchern *Die Sprache des Herzens* und *Krankheit auf Rezept?* - beide sind 1998 erschienen – habe ich die Taubheit, die Gefühlskälte der modernen Schulmedizin, ihre wachsende Entfremdung vom Patienten ebenso kritisch hinterfragt wie eine Fülle «populärer Irrtümer», die, den unbestreitbaren und oft faszinierenden Errungenschaften vor allem der letzten hundert Jahre Medizingeschichte zum Trotz, in den medizinischen Theoriegebäuden und Lehrmeinungen reichlich enthalten sind. Beide Bücher sollten nicht zuletzt praktische Hilfestellung geben und als Wegmarken dienen, um einer Irrfahrt im medizinischen Dschungel vorzubeugen. In ihnen war deshalb vorrangig von Krankheitserscheinungen die Rede und davon, wie man mit ihnen umgehen kann und soll.

In diesem neuen Buch geht es mir darum, einen Gedankenstrang fortzuführen und systematisch aufzubereiten, den ich bislang nur ansatzweise erörtern konnte: die Frage, wie wir uns denn aktiv gesund erhalten können, um möglichst selten gegen Krankheiten welcher Art auch immer medizinisch vorgehen zu müssen.

Dieser Gedanke knüpft – «Vor die Therapie haben die Götter die Diagnose gesetzt!» – natürlich an eine Zustandsbeschreibung unserer medizinischen Gegenwartsprobleme an. Diese will ich im ersten Kapitel in knapper und geraffter Form vortragen; Leserinnen und Leser, die sich für Einzelheiten meiner Medizinkritik interessieren, seien auf die beiden genannten Bücher verwiesen, in denen auch reichlich Fachliteratur zum Weiterlesen aufgeführt worden ist. Umgekehrt mag all jenen, die diese beiden Bücher bereits kennen, manches im folgenden Kapitel bekannt vorkommen; dies läßt sich nach Lage der Dinge nicht vermeiden.

Im weiteren Verlauf der Darstellung entwickele ich dann – anknüpfend an den israelischen Soziologen Aaron Antonovsky, aber auch an Naturwissenschaftler wie Hans Selye und Ärzte wie Viktor von Weizsäcker – meine neuen Ideen von der Gesund-Erhaltung als aktivem Vorgang. In den Worten von Weizsäckers: «Gesundheit ist überhaupt nur da vorhanden, wo sie ständig erzeugt wird.» Oder, wie es in einem neuen *Handbuch der Salutogenese* heißt, das 1998 erschienen ist: «Gesundheit ist ein Prozeß, kein vorgegebenes Produkt.» Aber genau das ist der Knackpunkt: Gesundheit ist kein biologisches Adelsprädikat, das uns aus der Hand hochbezahlter Fachleute gnädig verliehen wird – Gesund-Bleiben und, gegebenenfalls, Wieder-gesund-Werden ist ein Vorgang, für den wir (jedenfalls innerhalb gewisser Grenzen) selber verantwortlich sind und den wir selber in Gang setzen, in Gang halten müssen.

Mein Buch ist mit gutem Grund *kein* wissenschaftliches Fachbuch, es ist bewußt populär und verständlich gehalten. Und da es nicht alleine darauf ankommt, was wir lesen, sondern in erster Linie darauf, wie wir leben, habe ich es möglichst kurz und knapp angelegt. Es enthält keine weitschweifigen Begründungen, sondern vor allem lebenspraktische Hinweise. Sein Ziel besteht nämlich nicht alleine darin, den Prozeß des Sich-gesund-Erhaltens nach heutigem Kenntnisstand umfassend zu schildern (wobei, wie wir noch sehen werden, der «Eigensinn» eine zentrale Rolle spielt!). Es beabsichtigt in erster Linie, Leserinnen und Leser dazu zu bewegen, daß sie diesen Prozeß einer gesundheitsförderlichen Lebensführung aktiv in die eigenen Hände nehmen.

Denn die eigene Gesundheit ist viel zu wichtig, um sie den Fachleuten zu überlassen.

Till Bastian
im Dezember 1999

I. Als Einstieg: Vom Charme des Eigensinns

«Gegen die Infamitäten des Lebens
sind die besten Waffen: Tapferkeit,
Eigensinn und Geduld. Die Tapferkeit
stärkt, der Eigensinn macht Spaß,
und die Geduld gibt Ruhe.»
Hermann Hesse

Seit über zehn Jahren lebe ich in Isny, einer kleinen Stadt im württembergischen Allgäu, mitten in einer teils herben, teils lieblichen Landschaft. Die Herkunft des Namens «Allgäu» ist nicht eindeutig geklärt. Als «Albigaue» taucht das Wort erstmals anno 817 in einer Handschrift des Klosters St. Gallen auf. «Es ist ein rauhs winterigs Land, hat aber schöne und starcke Leut, Weyb und Mann», heißt es in der sechsbändigen, 1544 erschienenen *Cosmographie* des Basler Professors Sebastian Münster, der am 26. Mai 1552 gestorben ist.

Diese «rauh winterige» Region ist – nach einer kurzen Blütezeit im Hochmittelalter und zur Reformationszeit, als Professor Münster über seinen Folianten saß – von schwerer wirtschaftlicher Not heimgesucht worden. Die Leinwand, die hier einst von einer florierenden Kleinindustrie überwiegend in Heimarbeit hergestellt wurde, ist ab dem 16. Jahrhundert von billigeren Stoffen Zug um Zug verdrängt worden; die Katastrophe des Dreißigjährigen Krieges kam noch hinzu. Bis etwa 1800 war die heimische Landwirtschaft hauptsächlich vom Flachsanbau bestimmt worden, dann machte der mechanische Webstuhl diesem Wirtschaftszweig endgültig den Garaus. Aus den blauen Flachsfeldern wurden grüne Wiesen und Weiden, doch fand das mit der Viehwirtschaft produzierte Überangebot an Kuhmilch kaum Abnehmer, bis 1827 der Schweizer Käser Johann Althaus die Bauern des Allgäus über die Zubereitung von Allgäuer Emmentaler unterrichtete, was alsbald für eine leichte Besserung der allgemeinen Notlage sorgte. Mittlerweile wird vor allem Bergkäse produziert – eine dem Emmentaler ähnliche Käsesorte, die jedoch bei niedrigeren Temperaturen reift, bei 15 Grad Celsius, weshalb sich im Käselaib nur kleine Löcher entwickeln.

In einer solchen Umgebung ist es kaum verwunderlich, daß viele Scherze – meist mit bitterem Unterton – über die Sparsamkeit, ja über den Geiz der Einheimischen kursieren; ebensowenig überrascht eine traditionelle Querköpfigkeit, eine hartnäckige Skepsis gegenüber allen modischen Trends und Neuerungen. Die auf die Frage «Was gibt es Neues?» von alten Bauern auch heute noch bisweilen erteilte Antwort «Wir haben am Alten grad g'nug» spricht Bände. Daß auch volksmedizinische Traditionen und allerlei seltsame Künste immer noch hoch im Kurs stehen, daß es auch – wohlverborgen vor den Augen der Schulmedizin – noch so mancherlei bodenständige «Heilkundige» beiderlei Geschlechtes gibt (liebevoll porträtiert zum Beispiel in dem «alternativen Heimatfilm» *Daheim sterben d'Leut*) – das paßt sehr gut zu alledem.

Wer will, mag solche Traditionslinien zurückverfolgen bis zu Heinrich von Isny, einem geheimnisvollen Franziskanermönch unbekannter Herkunft, der nach «der kaiserlosen, der schrecklichen Zeit» – wie sie bei Friedrich Schiller heißt – unter Rudolf von Habsburg unerhörterweise aufstieg bis zum Erzkanzler des Reiches. König Rudolf, der 1273 bis 1291 herrschte, verlieh dem Geburtsort seines von ihm sehr geschätzten Kanzlers am 5. Oktober 1281 das Lindauer Stadtrecht. Dieser Heinrich, der als bürgerlicher Bettelmönch und in Paris studierter Intellektueller die Karriereleïter bis zum Rang des Mainzer Erzbischofs hinaufkletterte – für seine Zeit etwas noch nie Dagewesenes –, zeichnete sich durch große naturkundliche Kenntnisse aus und geriet bald in den Ruf, ein «Schwarzkünstler», ja mit dem Teufel im Bunde zu sein (der Fürst der Hölle soll ihm, so will es die Colmarer Chronik wissen, in Gestalt eines schwarzen Hundes erschienen sein). Als echter Allgäuer Querkopf kümmerte sich Heinrich von Isny wenig um das Urteil der Mitwelt – die vermerkte ihm übel, daß er aus Italien einen weißgekleideten Mohren und einen Zwerg, den drei Fuß hohen Ritter Konrad, mitgebracht, vor allem aber, daß er am Weihnachtsfest 1276, einem Freitag, mit seinem Gefolge Fleisch gegessen habe. Heinrich starb 1288 und ist im Mainzer Dom begraben. Vielleicht hat diese schillernde Gestalt – der Schweizer Dichter Emanuel Stickelberger hat ihr mit seinem Roman *Der graue Bischof* 1931 ein literarisches Denkmal gesetzt – sogar den Straßburger Jurastudenten Johann Wolfgang Goethe veranlaßt, seine Figur des wißbegierigen Dr. Faust «Heinrich» und nicht «Johann» zu nennen. (Der historisch verbürgte Johann Faust hat sich 1548 im Gasthaus «Löwen» zu Staufen bei einem mißglückten chemischen Experiment selber in die Luft gesprengt, als er für den von Geldnöten gepeinigten Landesherrn Gold herstellen wollte.)

Das Allgäu bietet also sowohl einen traditionellen Rahmen wie auch genügend einzelne Beispiele für die Fähigkeit, nicht mit dem Strom zu schwimmen (manches davon spiegelt sich in den Büchern des aus Isny stammenden Dichters Günter Herburger wider, vor allem in seinem *Hauptlehrer Hofer*). Wenn hierzulande von einem Mitbürger gesagt wird, er sei ein wenig «oigen» (= eigen), dann schwingen darin durchaus Bewunderung und Zustimmung mit, nicht bloß Kopfschütteln über den Sonderling. Um diese Eigenart meiner neuen Heimat geht es mir jetzt, denn im vorliegenden Buch will ich vor allem die These erläutern und begründen, daß Eigensinn zu den wesentlichen «Rohstoffen» gehört, aus denen wir die Fähigkeit gewinnen können, uns – allen Widrigkeiten zum Trotz – gesund zu erhalten.

In ihrem wunderschönen Buch *Lebenslandschaft. Mitteilungen aus dem Allgäu* schildert Katharina Adler die folgende Vignette:

«Anton S. hat in diesem Winter seine Frau verloren. Er ist im 80. Jahr. Jeden Tag geht er zum Friedhof, schaufelt einen kleinen Pfad durch den Schnee, damit er am Grab ein Vaterunser beten kann für die Julia.

‹Ich muß viel lernen›, sagt er, ‹auf meine alten Tage muß ich viel lernen, die Julia hat mich verwöhnt, sie hat immer alles allein gemacht. Aber jetzt hab ich schon mein Programm, sonntags koch ich Rindfleischsuppe mit viel Brätknödel, montags Hafermus, dienstags frische Weißwürste, mittwochs Kässpätzle, donnerstags Sauerkraut mit Ripple, freitags Kartoffeln mit Hering und samstags Bratkartoffeln mit Quark. Seit ich den Plan hab, geht es besser, jeden Tag das Überlegen, was koch ich heut, das nimmt mir den halben Tag weg. Ich muß ja auch das Haus putzen, sauber muß sein, da bin ich heikel. Die Kinder sagen, ich soll zu ihnen ziehen. Aber was soll ich in Sonthofen in so einem feinen Bungalow. Da pass ich doch überhaupt nicht hin und bin dazu noch fremd. Hier kenn ich jeden und kann das Grab versorgen. Und im Sommer mach ich ja auch noch die Kontrollgänge durchs Naturschutzgebiet, wo ich die Papierkörbe leere und für die Wegweiser sorge. Wenn ich krank werde, muß ich natürlich ins Krankenhaus. Am liebsten wär mir, mir tät's gehen wie der Sophie, meiner Schwester. Die hat im Sägetobel mit der Sense gemäht, weil man mit dem Traktor nicht runterkommt. Gemerkt hat man es erst am nächsten Morgen: Wo ist denn die Mutter? Das Bett war unbenutzt. Da hat man sie im Sägetobel gefunden, tot, Herzschlag, mitten in der Natur und niemand zur Last gefallen. Bis ins 83. Jahr hat sie geschafft.›»

Ein solcher Allgäuer Bauer soll in diesem Buch mein Gesprächspartner sein: ein Mann meines Alters, der zunächst dem meist gar nicht so idyllischen Landleben entkommen wollte, der aber – nach einem abgebrochenen Studium in Tübingen – dann doch den Hof seiner Eltern übernommen hat, den er heute nach biologisch-dynamischen Gesichtspunkten bewirtschaftet und dort, unter anderem, auch einen ausgezeichneten Bergkäse erzeugt. Ich will ihn, seines berühmten Vorfahren eingedenk, Heinrich nennen. Dieser Heinrich soll uns mit seiner Querköpfigkeit, seiner Lebensweisheit und seinem ein wenig kauzigen Humor durch das Buch begleiten und sich immer dann zu Wort melden, wenn ich abzuschweifen drohe oder wenn andere Umstände sein Eingreifen erfordern.

Heinrich weiß nur zu genau, was es heißt, gegen den Strom zu schwimmen und als Sonderling zu gelten – die grundlegende Umstellung in der Wirtschaftsweise seines Hofes war alles andere als ein Zuckerschlecken. «Wer umstellt, braucht an starre Grind», sagen die Allgäuer Bauern, und das soll heißen: einen harten Schädel. Den hat er in der Tat. Seine Leitsätze – von besseren medizinischen Einsichten nicht allzu weit entfernt – fußen auf der Überzeugung, daß Schrumpfung und Verzicht wichtig sind für das Überleben. Für das Überleben der Höfe wie für das der Menschheit. Und nicht minder wichtig ist der Versuch, selbständig zu sein, also mit der Abhängigkeit von der Düngemittel- und Kraftfutterindustrie zu brechen – im Allgäu wie auf der Südhalbkugel unserer Erde. Heinrichs Grundsätze fußen, das vor allem, auf dem Gefühl, daß es Sinn macht, daß es sich auch für das *eigene* Lebensglück lohnt, diesen ziemlich einsamen Kampf auszufechten. Obwohl der Erfolg keineswegs garantiert war – Heinrichs Gefühl hat ihn nicht getrogen, sein zäher Kampf hat sich am Ende als erfolgreich erwiesen. Reich ist er dabei nicht geworden. Aber er ist einfach «besser drauf» heute. Wie seine Kühe. An jedem Kuhfladen kann er mir demonstrieren, wieviel gesünder die Tiere heute sind.

Heinrichs Anmerkungen werde ich teils in den fortlaufenden Text integrieren und teilweise als «Marginalspalte» im Schachtelsatz unterbringen. Also, auf gut deutsch, in den Rand der jeweiligen Seiten stellen: so wie hier.

Vielleicht können wir mit vereinten Kräften – mit meinen Ausführungen und mit Heinrichs Kommentaren und Einwendungen dazu – die Leserinnen und Leser davon überzeugen, daß Eigensinn nicht nur seinen Charme hat, sondern obendrein auch noch gesund ist. Oder daß, anders gesprochen, «schöne und starcke Leut», wie Sebastian Münster sie damals im Allgäu vorgefunden hatte, meist solche sind, die auf sich selber vertrauen, nicht jede Modetorheit mitmachen, vor Widerspruch gegen das Diktat des «Zeitgeistes» nicht zurückschrecken und sich dabei von dem Gefühl leiten lassen, daß es sinnvoll ist, sich für die Umwelt und für die Mitmenschen zu engagieren. Nicht, weil es sich mit Ruhmestiteln oder gar in klingender Münze auszahlt. Sondern weil es zu einem gelingenden Leben schlicht und einfach «dazugehört».

«Ist mir alles recht», meint Heinrich, «solange es nicht Margarinespalte heißt. Was haben die gelehrten Köpfe der Schulmedizin doch in den sechziger und siebziger Jahren nicht alles unternommen, um die Butter zu diskriminieren. Und wie wenig ist von dieser Professorenweisheit übriggeblieben! Also wäre ein erster Rat für Querköpfe einer, für den ich ausnahmsweise Franz Josef Strauß zitieren kann: ‹Glauben Sie nicht alles, was geschrieben steht› … Das gilt selbstverständlich auch für das vorliegende Buch!»

«Du meinst also, man muß ein Querkopf sein, damit das Leben gelingt und damit man gesund bleibt?» fragt Heinrich.

«In der Tat, es spricht alles dafür. Es genügt nicht, das Rauchen aufzugeben und andere Umweltgifte zu vermeiden – so wichtig das sein mag. Gesundheit fordert mehr. Die Art und Weise, wie wir uns selbst erleben, wie wir unsere Stellung in der Welt sehen, wie wir unser Leben führen – all das ist mindestens genauso wichtig. Die Psychologen nennen das gerne ‹Selbstregulation› – aber das ist ein ziemlich nichtssagender Begriff. Wir wollen uns auch nicht um Worte streiten.»

Heinrich kratzt sich am Kopf. «Selbstregulation ... Ich weiß ja nicht, was du so alles an gelehrten Spitzfindigkeiten auf Lager hast, um mir diesen Begriff zu erklären – viel zuviel, vermute ich. Das will ich alles gar nicht wissen. Selbstregulation klingt für mich jedenfalls nach Selbstvertrauen. Nach dem Versuch, Schwierigkeiten aus eigener Kraft zu überwinden. Es ist vermutlich entscheidend, daß man ein Gefühl dafür hat, wie lange das gutgeht. Und wann man aufhören muß damit. Darin muß man sich üben. Üben heißt dann aber auch: Rückschläge wegstecken, manchmal sogar Schmerzen ertragen. Was habe ich alles aushalten müssen, wie ich damals den Hof umgestellt habe. Der Spott war noch das mindeste. Schlimmer als die Nachbarschaft waren die Banken. Und die Ämter. Weißt du, was für mich der eigentliche Gegensatz zur Selbst... zur Selbständigkeit ist? Das Amt! Das Landratsamt, das Grundbuchamt, das Finanzamt, das Bauamt, das Wasserwirtschaftsamt, das Gesundheitsamt. Den Staat, den gibt es doch eigentlich gar nicht, das ist doch bloß ein Name, ein Wort.»

Ich nicke: «Eine Abstraktion. Wie ‹Krankheit› ...»

«Was? Versteh' ich nicht. Aber meinetwegen. Jedenfalls, mit dem ‹Staat› hat doch keiner zu tun. Bloß mit Ämtern. Und Beamten. Und mit Vorschriften. Mit Formularen. So wird dir die Selbständigkeit abgewöhnt. Ich hatte eine Quelle hinterm Haus. Einwandfrei, das Wasser – in jeder Hinsicht. Aber man hat es mir trotzdem abdrehen wollen. Ich muß das Wasser aus der Stadt beziehen. Und 4000 Mark Anschlußgebühr bezahlen, damit ich es überhaupt beziehen darf. Und so weiter und so weiter. Es ist überall dasselbe ...»

Kopfschüttelnd führt er mich in seine Stube. «Ich muß dir was zeigen. Ein Stück Allgäuer Geschichte.» Auf einer Pinnwand über seinem Schreibtisch hängt ein Blatt Papier, die Kopie eines alten Schriftstücks. Mit seiner Pfeife deutet er darauf.

«Was ist das?» frage ich.

Er zieht heftig an der Pfeife. «Du weißt doch, daß hier in der Fastenzeit Funkensonntag ist. Wo man die Funkenfeuer anzündet. Ein schöner alter Brauch. Aber der Obrigkeit nicht genehm. Das Amtshaus Hohenegg wollte den Brauch 1765 verbieten lassen, im Auftrag der Kaiserin Maria Theresia. Das ist das Flugblatt dazu.»

Ich krame meine Brille hervor und lese:

> «... daß diese nächtliche Feueranzündung denen dabei sich einfindenden jungen Leuten zur Ausübung allerhand ohnanständigen und die Ehrbarkeit gröblich verletzenden Ausschweifungen die nächste Gelegenheit an die Hand bietet.»

«Von Amts wegen!» sagt Heinrich und schüttelt so heftig den Kopf, daß seine Haare hin und her fliegen.

Später, nachdem ich mir anderthalb Kilo Bergkäse vom Laib habe säbeln lassen, gehen wir auf seinem Anwesen spazieren.

Heinrich packt die erloschene Pfeife weg. «Zurück zur Gesundheit», sagt er. «Mehr Eigensinn – mehr Gesundheit. Das behauptest du jedenfalls ... Gibt es dafür auch Beweise?»

«Allerdings. Ein Beispiel: Am Staatsbetrieb Gaz/Electricité de France in Frankreich führt man eine umfangreiche Verlaufsstudie durch. 15000 Personen wurden erfaßt. Solche, die zunächst als gesund galten. Man hat festgestellt, daß schon nach zwei Jahren Beobachtungsdauer das Herzinfarktrisiko für einen selbstbewußten, autonomen Persönlichkeitstyp deutlich geringer war als bei Menschen mit gestörter Selbstregulation. Was Krebserkrankungen anbetrifft, läuft die Studie derzeit noch, weil man dabei einen längeren Beobachtungszeitraum braucht. Aber schon dieses erste Ergebnis finde ich sehr eindrucksvoll.»

«Wohl, wohl!» erwidert Heinrich. «In der ‹Schwäbischen Zeitung› habe ich neulich gelesen, daß vor allem Humor und Optimismus gesund erhalten. Amerikanische Wissenschaftler haben herausgefunden ... – und so weiter, der Rest ist in solchen Artikeln eigentlich immer derselbe. Aber das geht ja wohl ganz in deine Richtung.»

«Ja, natürlich. Es werden immer wieder solche Befunde veröffentlicht. Deutliche Hinweise – sollte man meinen. Einzeln und für sich genommen, sind das freilich nur kleine Mosaiksteine. Aber wenn man sie alle zusammenfügt, ergibt sich schon ein recht deutliches Bild. Auch wenn noch einige Steinchen fehlen – die Konturen lassen sich ziemlich genau erkennen. Allerdings hat die Schulmedizin kein großes Interesse daran, sich dieses Bild genauer zu betrachten. Sie gliedert lieber in Einzelteile auf, statt ein Panorama zu entwerfen. Leider.»

Langsam schlendern wir weiter.

«Das glaube ich gern», sagt Heinrich nach einer längeren Pause. «Das ist in der Landwirtschaft doch auch nicht anders. Das große Geld wird mit Chemikalien verdient und mit Maschinen – nicht mit Optimismus und Selbstvertrauen. Aber es ist doch klar, daß Kühe, die sich wohl fühlen, gesünder sind. Deshalb bin ich auch dagegen, daß man den Tieren die Hörner abmontiert. Kühe ohne Hörner, hat man so was schon gesehen? Auf die Idee kann doch nur einer kommen, für den die Kuh ein Apparat zur Milcherzeugung ist, sonst nichts. Bei meinem Vieh kommt das nicht in Frage. Nie und niemals nicht ...!»

Bei diesem Thema kann Heinrich sich leicht in Rage reden (unlängst hat sogar ein faktenverliebtes Nachrichtenmagazin über ihn und seine Passion berichtet). Deshalb überlassen wir ihn jetzt seinem eigenen Gedankengang und kehren zurück zur Ausgangsfrage. Warum hat die moderne Medizin so wenig Interesse an einer gelungenen «Selbstregulation», die die Menschen nicht in allen, aber doch in vielen Fällen davor bewahren könnte, zu Patienten zu werden? Warum kümmert sie sich so wenig um Faktoren wie Optimismus, Selbstvertrauen und Eigensinn, die ja nicht weniger «wirklich» sind als jene «Befunde», die man aus Röntgenbildern und Labormessungen ablesen kann? Um diese Frage zu erörtern, mag es sinnvoll sein, zunächst den zeitgeschichtlichen Hintergrund etwas besser auszuleuchten. Wir können dann genauer erkennen, worin wir uns von ihm unterscheiden wollen.

II. Der Hintergrund: Größe und Grausamkeit der modernen Medizin

«Der größte Teil der Leiden, die uns bedrücken, kommt vom Menschen selbst. Als ob die Natur auf diese Weise hätte ihre eigene Härte verbergen und die Tränen der Leidenden auf deren eigene Irrtümer hinwenden wollen.»
Johann Peter Frank: «Akademische Rede vom Volkselend als der Mutter der Krankheiten» (Pavia 1790)

Die Apotheke «zur Göttlichen Vorsehung»

Graz, die liebenswerte Hauptstadt der Steiermark, ist barock und katholisch; die Atmosphäre dort hat, besonders im Sommer, einen ganz eigenen südländischen Charme. Hier hatte ich im Juli 1998 einen Vortrag zu halten – allerdings nicht über ein medizinisches Thema (zum Glück). Bei einem Spaziergang durch die Altstadt fiel mir plötzlich eine Apotheke ins Auge – zum einen ihrer schönen altehrwürdigen Inneneinrichtung wegen, vor allem aber infolge ihres Namens: Sie hieß nämlich «Apotheke zur Göttlichen Vorsehung».

Wer mochte ihr diesen Namen gegeben haben? Und wie lange sollte das wohl hersein – zweihundert, dreihundert Jahre? Oder mehr? Wie auch immer, dieser Apotheker von anno dazumal hatte ja auch Pillen gedreht und an seine Kunden verkauft, er hat gewiß nicht bloß gebetet ... Als «Medizin-Mann» der Barockzeit hat er sich bestimmt an den Wahlspruch gehalten, den der philosophische Griesgram Arthur Schopenhauer als Motto für die Mediziner ersonnen hatte: «Fiant pilulae, et pereat mundus!» – zu deutsch: man fabriziere Pillen, und wenn die Welt untergeht. Aber mit diesem Pillenfabrizieren und -verkaufen war es unserem Grazer Apotheker offenbar nicht genug: Er wollte seine Arzneien ganz selbstverständlich in ein größeres Ganzes einbezogen wissen. Die Heilmittel, die er verkauft hat, haben ihm gewiß als eine gute Sache gegolten, aber diese aus Erfahrung und wissenschaftlichen Kenntnissen geborene Überzeugung stand nicht für sich allein, sondern war eingebettet in ein Gefüge außermedizinischer Ziele und Werte. Und das hatte er im Glauben an einen allmächtigen Gott und dessen «Vorsehung» gefunden. Selbstverständlich sind auch andere «übergeordnete Wertsysteme» denkbar, die sich nicht derart strikt an den Traditionen des christlichen Abendlandes orientieren, wie es hier der Fall gewesen ist. Aber auf solche Unterschiede kommt es jetzt nicht an – entscheidend ist vielmehr, daß solche über ein rein wissenschaftliches Weltverständnis weit hinausgreifenden Werthorizonte jahrhundertelang existiert und den Hintergrund gebildet haben, vor dem jenes wissenschaftliche Denken – dessen sich die Menschen der Barockzeit durchaus zu bedienen wußten – seine umfassende Gestalt und seine beherrschende Bedeutung gewann.

«Oder hat er vielleicht *wegen* seiner Pillen gebetet?» fragt Heinrich. «Vielleicht waren die von einer Art, daß er das Gebet als Zusatzbehandlung für dringend nötig hielt?»

Damit gibt mir jene steirische Apotheke einen guten Anhaltspunkt, um sowohl die Größe wie auch die Grausamkeit der modernen Medizin beschreiben zu können. Wenn wir die moderne

Medizin betrachten, blicken wir in ein doppeltes Antlitz: ganz so, wie es die alten Griechen ihrem Gott Janus zugeschrieben hatten. Diese beiden Gesichter des Januskopfes sind das Ergebnis eines *Entkoppelungsvorgangs* – sie sind Folge einer immer stärkeren Herauslösung der Heilkunde aus dem Gesamtgefüge der Gesellschaft. Die großartigen Erfolge der modernen Medizin leugnet gewiß kein Mensch, der seine fünf bis sieben Sinne beisammen hat: Oder wollten wir uns noch Zähne ohne Betäubung «ausbrechen», unsere Hämorrhoiden mit dem Glüheisen traktieren lassen, wie dies vor dreihundert Jahren noch gang und gäbe war? Medizinische Glanz- und Großtaten, von der Seuchenbekämpfung mit Antibiotika bis hin zur Organtransplantation, sind gewiß nicht zuletzt der Ablösung des medizinischen Wissens aus einem Gespinst von Aberglauben und religiösen Vorurteilen geschuldet. Wir nennen diesen Prozeß gerne «Verwissenschaftlichung» und sind stolz auf ihn, obwohl er viele Grausamkeiten nach sich gezogen hat.

Denn alles hat seine zwei Seiten. Die Grausamkeit der wissenschaftlich fundierten Schulmedizin – ihre Fühllosigkeit, ihre Kälte, ihre Unfähigkeit, den leidenden Menschen als *Menschen* wahrzunehmen, nicht bloß als einen Verbund ungenügend funktionierender Organsysteme – hat vielfältige Ursachen; in der Hauptsache allerdings rührt sie daher, daß sich diese Medizin – immer stärker ent- und abgekoppelt von übergreifenden Werten und Perspektiven – mittlerweile sehr schwer damit tut, zum menschlichen Maß und zu mitmenschlichen Werten zurückzufinden (was etwas ganz anderes bedeutet als eine Wiederbelebung blinder Irrationalität), wie sie von einer zunehmend kritischen Öffentlichkeit berechtigterweise eingefordert werden. Die moderne Medizin ist, um – ausnahmsweise – in der Sprache des verstorbenen Soziologen Niklas Luhmann zu reden, in einem sich über viele Jahre hinweg selbst verstärkenden Prozeß zu einem «selbstreferentiellen System ohne externe Sensoren» geworden. Weniger kompliziert ausgedrückt, soll das heißen: Diese Medizin gehorcht ihren eigenen Bedingungen und Gesetzen, und diese haben den Bezug zur Außenwelt, zu von dieser Außenwelt vorgegebenen Wertvorstellungen (wie sie für unseren Grazer Apotheker noch ganz selbstverständlich waren) sehr weitgehend verloren. «Die losgelöste Wissenschaft, wie sie faktisch ist und fortschreitet» – so hat es der Philosoph Karl Jaspers, selbst ein Arzt, im Jahr 1961 formuliert – «ist als solche weder menschlich noch vernünftig, sondern von neutraler Gleichgültigkeit außer gegen dies, daß richtig sein soll, was sie findet.» Dies gilt leider ganz besonders für die bis zum äußersten verwissenschaftlichte Medizin. Damit hat diese Medizin ihren sozialen Auftrag für ein Linsengericht aus Macht und Reichtum verkauft – was die Patienten durchaus ahnen: Die Zahl der Arztbesuche nimmt zu, die Bereitschaft, den ärztlichen Verordnungen zu folgen, sinkt.

«Ist das wirklich so verwunderlich?» schaltet sich Heinrich ein, ein wenig hämisch im Unterton. «Viele Leute – ich zum Beispiel – gehen zum Arzt, wenn sie etwas Schlimmes ausschließen wollen, eine Krebserkrankung meinetwegen. Dafür ist die Schulmedizin mit ihren vielen Apparaten sicher gut. Aber wenn es dann ums Behandeln geht, sieht die Sache doch schon ganz anders aus. In der Praxis werden ja doch meist irgendwelche Pillen verordnet. Und damit wollen viele Leute sich nicht mehr begnügen, auch ich nicht. Das Verhalten, das du beschrieben hast, ist beileibe nicht so paradox, wie es auf den ersten Blick scheinen mag. Die Ärzte sollten sich lieber an die eigene Nase fassen, statt sich zu beklagen, wie dumm ihre Patienten sind …»

Ich will diese Situation noch etwas genauer untersuchen, bevor ich auf mein eigentliches Thema – ein neues Verständnis für die Möglichkeiten und Grenzen des Sich-gesund-Erhaltens – zu sprechen komme. Denn nur eine solche Zustandsbeschreibung leuchtet den Hintergrund aus, vor dem die Denkfigur des dringend erforderlichen «Paradigmenwechsels» überhaupt erst deutlich werden kann. Diesen Hintergrund zu erhellen ist in meinen Augen eine notwendige Vorarbeit für alle weitergehenden Schlußfolgerungen. Wer eine ausführlichere Beschäftigung mit den hier nur grob skizzierten theoretischen Problemen wünscht, kann dazu im ersten Teil meines Buches *Krankheit auf Rezept?* nachlesen. Dort habe ich auch ausführlich auf die weiterführende Fachliteratur hingewiesen, worauf ich hier, der besseren Lesbarkeit wegen, bis auf einige wenige Ausnahmen verzichten will.

In drei Einzelschritten will ich jetzt eine knappe Zustandsbeschreibung geben: *erstens* durch einige (kurze) theoretische Vorüberlegungen; *zweitens* durch einige (pointierte) Gedanken über das Wesen des überfälligen Paradigmenwechsels; und *drittens* durch einige (knappe) praktische Beispiele, die bereits zu den späteren, ausführlichen Erörterungen hinüberleiten.

«Das Einteilen scheint eine richtige Leidenschaft von dir zu sein», meint Heinrich. «Ich habe irgendwo gelesen, daß es zwei Sorten von Menschen gibt: diejenigen, die die Menschen in zwei Sorten einteilen und die, die das nicht tun.»

Einige theoretische Grundgedanken

Sir Francis Bacon (1561–1626), der britische Lordkanzler, Politiker und Philosoph, war ein bedeutender Mann. Er hat nicht nur den Wahlspruch der Moderne, den Satz «Wissen ist Macht», geprägt. Sein Glaubensbekenntnis, niedergelegt in einem Buch mit dem Titel *Novum Organon*, erschienen 1620 – als «Organon» (Werkzeug) galt dem Mittelalter das philosophische Werk des griechischen Denkers Aristoteles –, liest sich im Originalton so: «An die Stelle des Glückes der Betrachtung tritt die Sache des Glückes der Menschheit und die Macht zu allen Werken.» Ein Anspruch, der nicht sonderlich bescheiden anmutet – und aus ebendieser Perspektive hat Sir Francis Bacon auch die Medizin betrachtet. Dabei wies er ihr drei verschiedene Aufgaben zu, nämlich

1. die Erhaltung der Gesundheit,
2. die Heilung von Krankheit,
3. die Verlängerung des Lebens.

Das letzte Teilziel bezeichnete Bacon mit einem für seine Epoche ungewöhnlichen Nachdruck als «ein neues Gebiet, mangelhaft noch, jedoch das vornehmste von allen».

In den fast vierhundert Jahren, die seither vergangen sind, hat sich die Medizin indessen fast ausschließlich auf das «Teilziel 2», auf die «Heilung von Krankheit» konzentriert. Sie hat sozusagen stillschweigend unterstellt, daß die Erhaltung von Gesundheit und die Verlängerung des Lebens eine selbstverständliche Konsequenz aus ihren Erfolgen bei der Heilung von Krankheiten seien.

Genau dies ist allerdings *nicht* der Fall, und dafür gibt es zwei Gründe:

- *Erstens* sind die Wirkfaktoren, die eine unbestreitbare Verlängerung der Lebenserwartung in den reichen Industrienationen ins Werk gesetzt haben, weit überwiegend außermedizinischer Natur – sie gehören eher in das Betätigungsfeld von Sozialpolitik und öffentlicher Hygiene. Jedenfalls sind sie nicht erstrangig der klinischen Medizin geschuldet. Das wußte kaum einer besser als der große Pathologe und Sozialreformer Rudolf Virchow (1821–1902), der vor über 150 Jahren, im August 1848, in seiner Zeitschrift *Die Medizinische Reform* eine provozierende Frage niedergeschrieben hatte: «Ist es so unklar, … daß man

Anstalten treffen muß, um den Armen, der kein weiches Brot, kein gutes Fleisch, keine warme Kleidung, kein Bett hat, der bei seiner Arbeit nicht mit Reissuppen und Kamillentee bestehen kann, den Armen, der am meisten von der Seuche getroffen wird, durch eine Verbesserung seiner Lage vor derselben zu schützen?»

Dieser «Virchow-Impuls», ein klarer sozialreformerischer Drang, ist der modernen Medizin allerdings Zug um Zug abhanden gekommen, und zwar – es kann kaum verwundern – parallel zu ihrem Aufstieg zu einer gesellschaftlichen Macht ersten Ranges, parallel zu ihrer Entwicklung zu einem medizinisch-industriellen Komplex.

- *Zweitens:* Eine quantitative Verlängerung unserer Lebenszeit hat mit der Qualität dieses Lebens nichts zu tun, und ein verlängertes Leben ist noch kein gesundes, sondern allenfalls eines, das tödliche Gefahren – vorzugsweise im Kindbett – erfolgreich überstanden hat. Um welchen Preis? Pointiert, aber nicht unzutreffend, ist gesagt worden: «Wir leben heute nicht länger, wir sind bloß länger krank.» Jedenfalls ist die Wahrscheinlichkeit groß, die so «gewonnenen» Lebensjahre im Krankenhaus oder im Pflegeheim verbringen zu müssen. Die zentralnervöse Dauerbelastung, die die grobmotorische Fronarbeit früherer Epochen weitgehend abgelöst hat, unterminiert zudem das Gesundheitsgefühl – auch wenn wir nicht eigentlich krank sind, empfinden wir uns oft als überreizt, als gestört, dauerhaft unwohl. Daran etwas zu ändern fühlt sich die moderne Medizin allerdings nicht berufen: Die «Befindlichkeitsstörungen» der Gegenwartsmenschen passen nicht in ihr überkommenes Raster von Gesundheit und Krankheit, sondern fallen hindurch und werden als lästige Zeiterscheinungen mehr oder minder widerwillig zur Kenntnis genommen.

Aus der Heilung von Krankheiten, wenn sie denn gelingt, folgt also weder zwangsläufig eine bessere Gesundheit noch ein längeres Leben: Es sind vor allem soziale und politische Faktoren, die für die Steigerung der *Lebenserwartung* von Bedeutung sind. Und die *Lebensqualität*? Allzu viele ernüchternde Einzelheiten unserer modernen Lebensgestaltung erinnern uns mit Nachdruck daran, daß ein langes Leben keineswegs das gleiche ist wie ein gesundes, zufriedenes oder gar glückliches Dasein.

Diese Gesichtsfeldverengung der modernen Medizin geht einher mit eigentümlichen optischen Täuschungen. Denn auch im Baconschen «Teilziel 2», der «Heilung der Krankheit», ist die moderne Medizin Opfer einer folgenschweren Selbstüberlistung, einer Art «Lebenslüge», wie sie Henrik Ibsen in seinen Tragödien so meisterhaft geschildert hat. Diese Lebenslüge ruht auf zwei Pfeilern, die beide nicht aus wissenschaftlicher Erkenntnis, sondern aus ideologischen Motiven, das heißt aus *außerwissenschaftlichen, aber wissenschaftlich getarnten Interessen*, gemauert worden sind. Andersherum gesagt: Was Bacon als eines von drei Teilzielen der Medizin im Zeitalter von Wissenschaft und Technik beschrieben hat, nämlich die «Heilung von Krankheiten», beruht offensichtlich auf einer doppelten Hypothese, nämlich auf den Annahmen, daß es erstens so etwas wie *Krankheiten* gibt und daß diese zweitens auch *geheilt* werden können.

Beide Hypothesen sind jedoch, zumindest in jener Form, in der sie zu einem allgemeingültigen Glaubensartikel unseres kulturellen Selbstverständnisses geworden sind, schlicht abwegig und irreführend – wie sich leicht zeigen läßt. Daß sie dennoch als schier unantastbar gelten, spricht keineswegs für ihre Gültigkeit, sondern zeigt vielmehr, daß wir hier mit einer äußerst wirksamen *Ideologie* konfrontiert sind, auf die sich viele Produzenten, leider aber auch viele Konsumenten unseres industrialisierten Gesundheitswesens nach Art einer stillschweigenden Übereinkunft geeinigt haben.

Wahr ist jedoch, daß es

- *erstens* keine «Krankheiten» gibt, jedenfalls nicht als vom Verhalten des Menschen ablösbare «Wesen», und daß
- *zweitens* das, was gemeinhin dennoch als «Krankheit» bezeichnet wird, in den meisten Fällen *nicht* geheilt werden kann.

Zum ersten der beiden Gegenargumente: Was wir Krankheit nennen, ist keine selbständige Einheit, sondern eine Abstraktion. Bestimmte Regelmäßigkeiten im Verhalten von Lebewesen, die wiederum auf bestimmte Reize reagieren, werden zu einem «Wesen» zusammengezogen, das freilich, für sich genommen, nicht existiert – ebensowenig wie «Otto Normalverbraucher», der «Durchschnittsbürger» oder Lara Croft: Niemand ist diesen Wesen jemals wirklich begegnet. Nur in der virtuellen Realität der politischen Theorie, der Statistiken oder der Computerprogramme treffen wir mit ihnen zusammen. Im *Prinzip* ist das alles natürlich bestens bekannt, ja eigentlich unstrittig – in der medizinischen *Alltagspraxis* freilich wird immer wieder so gehandelt, als sei es einem kranken Menschen so ergangen, wie es in einem berühmten Gedicht von Christian Morgenstern geschildert wird:

> Ein Schnupfen hockt auf der Terrasse
> auf daß er sich ein Opfer fasse
>
> und stürzt sich drauf mit großem Grimm
> auf einen Menschen namens Schrimm
>
> Paul Schrimm erwidert prompt: ‹Pitschu!›
> und h a t ihn drauf bis Montag früh.

In Wirklichkeit *hat* dieser Paul Schrimm wie jeder seiner verschnupften Leidensgenossen natürlich gar nichts: Krankheit ist keine Gabe, die uns von fremden Händen heimtückisch zugesteckt wird und die wir mit Glück wieder «abstoßen» können. Paul

Schrimm hat nichts *erworben*, sondern er hat *sich selber verändert*, er verhält sich in einer ungewöhnlichen, auffälligen Art und Weise («Pitschü!»). Wir können dieses Verhalten genauer zu charakterisieren versuchen, und dabei kommt uns zu Hilfe, daß sich der niesende Herr Schrimm in mancherlei Hinsicht ganz ähnlich benimmt wie viele andere Menschen, in denen wir seine «Leidensgenossen» erkennen. Das, was wir aus solchen Ähnlichkeiten schlußfolgern zu können glauben, nennen wir dann der Einfachheit halber «Erkältung» oder «Schnupfen», obwohl es natürlich nicht *den Schnupfen*, sondern nur *verschnupfte Menschen* gibt ...

Nun zu unserem zweiten Einwand: Wenn Krankheit eine *Konstruktion* ist, dann ist das, was wir Heilung nennen, eine *Illusion* – jedenfalls wenn damit gemeint sein soll, daß unser Körper und seine Funktionen wiederhergestellt werden könnten, «als sei nichts geschehen». Das letztgenannte Ziel («als sei nichts geschehen») ist beim Menschen prinzipiell unerreichbar, wie wir noch sehen werden; aber auch das erste Vorhaben, die «Wiederherstellung», liegt selbst heute noch oft genug außerhalb der medizinischen Möglichkeiten. Schon jenen Schnupfen, an dem Herr Schrimm unüberhörbar kränkelt, kann der Arzt nicht heilen, wie übrigens fast alle durch Viren bedingten Leiden nicht, vom häufigen Herpes simplex bis hin zu Aids, weshalb schon Morgensterns Zeitgenosse Karl Valentin angesichts biegsamer Schallplatten stöhnte: «So was erfinden s', aber gegen den Katarrh ham s' nix!» Wieviel die Mediziner auch erfinden: Heilung – im Sinne von dauerhafter Eliminierung der «Krankheits»-Ursachen – ist im Jahr 2000 wie zu Lord Bacons Zeiten nur in einer Minderheit von Fällen möglich; der Schnupfen «geht vorbei», weil unser Körper die Störung kompensiert hat.

Und wie verhält es sich mit jenem «wie zuvor», der «Reparatur», der «restitutio ad integrum»? Der «geheilte» Mensch, so hoffen wir, ist «wieder ganz der alte», er lebt so wie einst, ja «als sei nichts gewesen». Aber das ist ein Irrtum. Eine solche Wiederanknüpfung an das, was vorher war, ist wegen des Fortlaufens unserer Lebenszeit, wegen der andauernden Abspeicherung der damit verbundenen Lebenserfahrungen *niemals* möglich – bloß bemerken wir das in der Mehrheit der ja überwiegend «banalen» Krankheitsfälle (etwa beim «Schnupfen» oder «Katarrh») glücklicherweise gar nicht erst. Es trifft aber trotzdem zu: Nach *jeder* Erkrankung sind wir ein anderer Mensch, nämlich mindestens *um die Erfahrung des Erkrankens* verändert. Für den Patienten in seiner Alltagserfahrung mag dies nicht immer von Bedeutung sein; für ein angemessenes Verständnis von Gesundheit und Krankheit hingegen ist es fundamental – aber genau diese Besonderheit der menschlichen Lebensbewältigung kann von der technokratischen Medizin der Gegenwart aus grundsätzlicher Unfähigkeit nicht registriert werden. Sie ist prinzipiell nicht in der Lage dazu – weil diese moderne Spielart der Medizin, allen Sonntagsreden zum Trotz, dem psychosomatischen Grundsachverhalt, der unlösbaren Verkoppelung von Leib und Seele, *nicht* gerecht wird; weil sie – manchmal ausdrücklich, meistens stillschweigend – einem *Maschinenmodell* des Organismus huldigt. Maschinen mag man reparieren können, Menschen indessen nicht, so erfolgreich mancher ärztliche Eingriff, rein technisch betrachtet, auch sein mag. Die notorische Blindheit der Schulmediziner für die mit ihrem Vorgehen so oft verbundenen seelischen Verletzungen läßt sie in der Folge immer wieder übersehen, wie oft sie den Teufel mit Beelzebub vertrieben haben.

Nun wäre es natürlich möglich, erstens unseren Begriff von «Krankheit» und zweitens auch den von der «Heilung» in einer besonderen Art neu zu definieren, und zwar so, daß er sich gegen die oben formulierten Einwände verteidigen und damit «retten» läßt. Begriffe sind ja niemals falsch oder richtig (im Sinne von «wahr»), sondern stets mehr oder weniger angemessen (im Sinne von «brauchbar»), und es wären selbstverständlich auch in diesem speziellen Fall besser brauchbare Begriffe denkbar, die den genannten

Schwierigkeiten Rechnung tragen, aber dennoch die überkommenen Worte weiter benutzen, weil sich diese nun einmal nicht mehr aus der Alltagssprache verbannen lassen. Ein solches Vorgehen wäre vermutlich taktisch geschickt, vielleicht auch in praktischer Hinsicht erfolgreich; ganz gewiß hätte es aber mein eigentliches Ziel verfehlt, das darin besteht, grundsätzliche Probleme deutlich zu machen und sie nicht durch neue Worte und Begriffe zu übertünchen.

Eines dieser Grundprobleme besteht meines Erachtens darin, daß die auf Heilung des erst *von ihr selbst konstruierten* Kunstwesens «Krankheit» fixierte Medizin ein ursprünglicheres und in meinen Augen auch vordringlicheres humanes Ziel zunehmend verfehlt, nämlich die Begleitung notleidender Menschen, den Beistand für den Kranken als nicht in «Körper» und «Seele» aufteilbare Person, als Individuum (was ja wortwörtlich «das Unaufteilbare» heißt). Auch wenn diese scharfe Kritik gewiß nicht jeden einzelnen Mediziner trifft – die moderne Medizin als *Gesamtsystem*, das sich seine eigenen Gesetze schreibt, interessiert sich für den ihr anvertrauten Menschen nicht mehr, weil er ein leidender Mensch ist, dem es beizustehen gilt –, sie sieht ihn vorrangig als Schauplatz, als «Träger» einer «Krankheit», die ihn «befallen» hat. Dieser «Krankheitsverlauf» ist es, gegen den therapeutisch interveniert werden muß; mit allen Mitteln und – oft wortwörtlich – «koste es, was es wolle».

Es liegt nahe, daß aus dieser Optik die «Widerstandskraft», die immer ein höchst individuelles Phänomen darstellt, nicht mehr hinreichend genau erfaßt werden kann. Oft genug wird sie sogar völlig ausgeblendet. Zwar muß zugestanden werden, daß die moderne statistische Krankheitslehre, die *Epidemiologie* mit ihrem Konzept der *Risikofaktoren*, sich, als offenbar wurde, daß die Menschen höchst unterschiedlich auf solche Außenreize reagieren, genötigt sah, sogenannte «Wirtsfaktoren» in ihre Denkmodelle einzuführen: Die Individualität der Patienten, die man aus diesen

Modellen herausabstrahiert hatte, um allgemeine Gesetzmäßigkeiten beschreiben zu können, hat sich so quasi durch den Hintereingang wieder zurückgemeldet. Gerade deshalb spielt sie in der medizinischen Alltagspraxis immer noch die Rolle des unerwünschten Gastes, dem man möglichst wenig Aufmerksamkeit schenkt: Im Alltag triumphiert das therapeutische «Schema F» allemal. Und das wird auch so bleiben, solange nicht ein grundlegender Wechsel des herrschenden Leitbilds, des *Paradigmas*, einschneidende Änderungen erzwingt.

Vorüberlegungen für einen medizinischen Paradigmenwechsel

Ein Paradigmenwechsel scheint dringend notwendig zu sein, um das Wechselverhältnis zwischen Erkranken und Gesundbleiben besser verstehen zu können. Auf der Suche nach den Formen und den Inhalten eines neuen Leitbilds, das das überkommene ablösen und ersetzen kann, stoßen wir auf eine Gestalt, deren Eigensinn, deren Querköpfigkeit über jeden Zweifel erhaben ist. Es handelt sich um den 1994 verstorbenen israelischen Medizinsoziologen Aaron Antonovsky, auf dessen vielfältige Denkanstöße das vorliegende Buch im wesentlichen zurückzuführen ist. Antonovsky, aus den USA nach Israel emigriert, war ein unkonventioneller, ein mutiger Mann: «Ein Nonkonformist, auch politisch, der regelmäßig an – manchmal gefährlichen – Demonstrationen linker Gruppierungen in Israel teilnahm, ein Mann, den Tabus nicht zurückhielten», so charakterisiert ihn sein einstiger Kollege an der Ben-Gurion-Universität, der Psychiater Benyamin Maoz. Dieser Nonkonformist hat ein äußerst zählebiges medizinisches Paradigma in Frage gestellt. Der Hebel, den er dabei angesetzt hat, liegt in Antonovskys «Salutogenese-Konzept», das weltweit zunehmend Beachtung findet, wobei das wachsende Unbehagen an der modernen High-Tech-Medizin nicht unerhebliche Schrittmacherdienste geleistet haben dürfte.

Unsere moderne akademisch-technokratische Medizin, deren Ziele schon Sir Francis Bacon vorweggenommen hatte, hat sich vor allem in der Bekämpfung von Infektionskrankheiten geübt und geschult, und das mit unbestreitbarem Erfolg. Seit jeher ist sie auf die «Pathogenese», auf die Entstehung von Krankheiten, ausgerichtet: Was geschieht, wenn mit dem Trinkwasser ein Bakterium in den Organismus aufgenommen wird? Wie überwindet dieser in den Magen-Darm-Trakt aufgenommene Keim die körpereigene Abwehr, in welchen Organen siedelt er sich an, mit welchem Medikament kann er, falls nötig, bekämpft oder gar abgetötet werden?

Mit der Entdeckung des Penicillins durch den Briten Alexander Fleming (1928) begann das Zeitalter der Antibiotika – und dieser Triumphzug forderte seinen Preis. Freilich ist das erst Jahrzehnte später offenkundig geworden. «Die Ära der Antibiotika hat eine schon in der Antike entwickelte Überzeugung fast vergessen lassen: daß häufig auch die psychische Verfassung bei körperlichen Erkrankungen maßgeblich mitspielt» – so schrieben, rund siebzig Jahre nach Flemings Pioniertat, die US-Wissenschaftler Esther Sternberg und Philip Gold 1997 im Wissenschaftsmagazin *Scientific American*: «Die großen Erfolge mit natürlichen und synthetischen Substanzen in der Infektionsmedizin seit gut einem halben Jahrhundert erweckten die Vorstellung, bei der Bekämpfung fiebriger und entzündlicher Prozesse komme es vor allem darauf an, den Erreger zu vernichten ...»

Das Denkmodell, in dessen Rahmen sich die klinisch-medizinische Forschung üblicherweise bewegt, unterstellt eine «starke» Koppelung von Ursachen und Wirkungen, die durch «Außenbedingungen» wenig beeinflußt wird (und die möglichst per Experiment ermittelt werden soll). Für eine Pockenepidemie mag dies ganz richtig sein, doch schon bei anderen Infektionskrankheiten kann sich diese Abstraktion von den konkreten Bedingungen, *wie sie im Einzelfall vorliegen*, als Fessel erweisen. So ist bekannt, daß bei der Durchseuchung der Bevölkerung zum Beispiel mit den Erregern von Ruhr oder Kinderlähmung (Poliomyelitis) auf einen Kranken zwischen 1000 bis zu 10000 *nicht* erkrankte Träger des entsprechenden Virus (im Falle der Poliomyelitis) beziehungsweise Bakteriums (im Falle der Ruhr) kommen können. Warum? Wie oben erwähnt, würde die moderne Epidemiologie hier «Wirtsfaktoren» unterstellen, um ihre Modelle der Realität annähern zu können. Aber dieser Begriff hilft, für sich genommen, noch nicht viel weiter. Sofort fragt man sich ja: Wie sehen diese Wirtsfaktoren denn aus? Was läßt bei einer solchen Seuche den einen Menschen erkranken, was den anderen gesund bleiben?

Antonovsky, im Jahre 1960 nach Israel ausgewandert, hatte dort als Medizinsoziologe die soziale Anpassungsfähigkeit von Menschen erforscht, auch von solchen, die die nationalsozialistische Verfolgung überlebt hatten. Eines Tages packte ihn die Idee, es wäre sinnvoll, dabei radikal den Blickwinkel zu wechseln: Im Gegensatz zu der auf die Schaden*entstehung* (Pathogenese) fixierten Schulmedizin wollte er die Fähigkeit zur Schadens*bewältigung* studieren, die er «Salutogenese» nannte. Was befähigt Menschen, Belastungen zu meistern und auch unter kritischen Bedingungen *nicht* zu erkranken?

Antonovskys Buch *Health, Stress and Coping* erschien 1979. Seine zentrale These lautet so: «Stark streßbelastete Personen mit einem Mangel an Widerstandsressourcen erkranken.» Aber auch das ist zunächst nur ein neuer – wenn auch treffender – Begriff. Das eigentliche Problem bleibt ungelöst: Worin bestehen solche «Widerstandsressourcen»? Offenbar ist es nicht genug, «Risikofaktoren» wie Nikotin oder fettreiche Ernährung einfach wegzulassen – die eigene Gesundheit zu erhalten verlangt *mehr.* Antonovskys nächstes

Buch, 1987 veröffentlicht, trug denn auch den bezeichnenden Untertitel *How people manage stress and stay well*: Wie Menschen mit Streß umgehen und (trotzdem) gesund bleiben. Jetzt hatte der nonkonformistische Wissenschaftler seinen Ansatz bedeutend verfeinert: Die zentrale «Widerstandsressource» definierte er nun als «Kohärenzgefühl» («Sense of Coherence»), eine Art von «Grundvertrauen». Und damit meinte er ein grundlegendes, tief in der Persönlichkeit verankertes Vertrauen darauf, daß

- die Ereignisse des Lebens vorhersehbar und erklärbar sind;
- die Schwierigkeiten des Lebens sich – jedenfalls im Prinzip – handhaben lassen und daß
- die Welt es wert ist, sich zu engagieren.

Soweit die Grundzüge des von Antonovsky entwickelten Salutogenese-Konzepts, das in der Tat einen radikalen Paradigmenwechsel im medizinischen Denken bedeutet.

Bei uns blieb das Konzept über ein Jahrzehnt fast unbekannt – was wohl auch daran lag, daß Antonovsky sich weigerte, Deutschland zu besuchen, und daß seine Schriften kaum je ins Deutsche übersetzt worden sind (erst 1997 ist eine deutsche Ausgabe veröffentlicht worden).

Wer freilich dem Medizinbetrieb nicht allzu betriebsblind folgte und hie und da einen Blick über den Zaun riskierte, dem war schon des öfteren aufgefallen, daß immer wieder Forschungsergebnisse veröffentlicht wurden, die – oft, ohne daß dies den Autoren selber klar gewesen wäre – in eine ähnliche Richtung deuteten wie das in Israel entwickelte Salutogenese-Konzept. Da gab es beispielsweise die berühmte «Kauai-Studie» der Psychologin Emmy Werner an insgesamt 698 Kindern, die allesamt im Jahr 1955 auf der Hawaii-Insel Kauai geboren worden sind. Werner und ihre Mitarbeiter haben an dieser Gruppe – die Wissenschaftler nennen sie eine «Kohorte» – unter anderem eingehend untersucht, wieso manche dieser Kinder trotz extrem ungünstiger Sozialisationsbedingungen «eine gesunde Persönlichkeit entwickelten, zielgerichtet ihren beruflichen Weg machten und stabile zwischenmenschliche Beziehungen eingingen: Wir wollten herausbekommen, was die Widerstandskraft gerade dieser Kinder gestärkt hatte.» Wie die Arbeitsgruppe um Emmy Werner dabei herausgefunden hat, spielte offenbar die Fähigkeit, sich «Kompensationsmöglichkeiten» zu verschaffen, eine ausschlaggebende Rolle – manche Kinder verfügten über solche Fähigkeiten in höherem Maße als andere und konnten so ihre Chancen für ein trotz aller äußerer Widrigkeiten dennoch gelingendes Leben entscheidend verbessern.

Weiter stößt man auf den britischen Psychologen David Weeks, der 1996 eine lesenswerte Untersuchung über Exzentriker vorgelegt hat – über Menschen, die sich nicht konformistisch verhalten. Weeks fand bei diesen Sonderlingen eine bessere Gesundheit als bei der Normalbevölkerung: «Exzentriker sind gegenüber dem physiologischen Tribut, den der Streß fordert, ziemlich unempfindlich, weil sie kein Bedürfnis nach Anpassung empfinden und sich typischerweise nicht darum kümmern, was andere von ihnen denken. Weil Exzentriker ganz einfach Situationen meiden, die erfolgreich zu meistern ihnen vielleicht mißlingt, oder indem sie einen Fehlschlag einfach nicht zur Kenntnis nehmen, arbeiten ihre endokrinen Systeme ohne die destruk-

«Das Buch kenne ich», merkt Heinrich nach langem Schweigen an. «Mein Schwager hat es mir zum Geburtstag geschenkt – sollte wohl eine Anspielung sein. In der Tat ziemlich amüsant. Wobei ich mich gefragt habe, warum es in England so viel mehr Sonderlinge gibt als in Deutschland. Es gibt ja auch für das Wort ‹Spleen› keine deutsche Übersetzung. Warum sind die Menschen dort ‹spleeniger› als bei uns? – Siehst du, darauf weißt du jetzt keine Antwort mehr!»

tive Überproduktion von Kortisol und anderen Streßhormonen. So verbleiben ihre neuroendokrinen und Immunsysteme in einem Zustand wunderbar ungestörter Balance.»

Diese Sätze hätte Aaron Antonovsky gewiß mit großer Zustimmung gelesen. Führen also viele verschiedene Wege – die freilich alle nicht von Schulmedizinern gebahnt worden sind – in dieselbe Richtung?

In der Tat mag es gegenwärtig den Anschein haben, als liege die Idee der Salutogenese geradezu in der Luft. Solche Gedanken werden auch jene Arbeitsgruppe bewegt haben, die 1998 ein deutschsprachiges *Handbuch der Salutogenese* vorgelegt hat. Die Autoren – unter ihnen Ellis Huber, der damalige Präsident der Berliner Ärztekammer – waren sich durchaus bewußt, daß Antonovsky als Soziologe einen im Ansatz zwar bestechenden, in der Durchführung aber eher praxisfernen Entwurf hinterlassen hat. Das neue Handbuch sollte diese Lücke schließen und das Konzept der Salutogenese näher an den medizinischen Alltag rücken. Was bedeutet es denn für den niedergelassenen Arzt, die «Ressourcen» eines Patienten zu mobilisieren? «Gesundheit ist ein Prozeß, kein vorgefundenes Produkt», so betont das erwähnte Buch. Das ist gewiß richtig – aber (um nur eine der offenen Fragen zu stellen) welche Rolle spielt der Arzt in diesem Prozeß? Die Mitherausgeberin Ursula Brucks schreibt: «Die Aufgabe des Arztes erhält eine neue Akzentuierung: Neben das aktive zielgerichtete Handeln, auf dem das berufliche Selbstverständnis und der Stolz über Erfolge bisher vor allem beruhen, tritt eine nach außen kaum wahrnehmbare Tätigkeit: diejenige, Patienten zuzuhören und sie darin zu unterstützen, ihr jeweiliges Gleichgewicht wiederzufinden, bevor es zu spektakulären Krisen kommt.» Das Buch ermutigt auf vielerlei Weise zu dieser Haltung, umreißt sie aber kaum je genauer. Das sei auch gar nicht möglich, meinte der Mitherausgeber Rolf Johnen, Kardiologe und Leitender Arzt einer Klinik im Schwarzwald, im

Gespräch mit mir. «Salutogenese ist kein Therapiekonzept – davon gibt es genug –, sondern vor allem eine Art, *neu zu fragen*», sagte Johnen. «So steigt die Motivation, die Dinge anders zu sehen und sich in neuer Weise auf die Patienten einzustellen. Die eigentliche Arbeit beginnt damit erst.»

In der Tat bleiben einstweilen noch viele entscheidende Fragen offen: Läßt sich der «Kohärenzsinn» lernen, ja trainieren? Antonovsky selber war in dieser Frage skeptisch – und auch etliche Jahre nach seinem Tod liegen eindeutige Forschungsergebnisse bislang nicht vor.

Sicher scheint auf jeden Fall, daß noch viel theoretische Arbeit nötig sein wird, um einen tragfähigen «Unterbau» für den geforderten Paradigmenwechsel zu schaffen – ganz im Sinne der Worte des Physikers Niels Bohr: «Nichts ist praktischer als eine gute Theorie.» Eine «Initialzündung» dazu hoffe ich mit diesem Buch geben zu können. Denn die akademisch-schulmedizinische Forschung wird sich, so fürchte ich, des Themas «Salutogenese» wohl erst dann mit demselben Engagement annehmen, das sie zur Zeit der (sehr viel profitträchtigeren) Frage widmet, ob sich Schweineherzen in Menschenkörper verpflanzen

«Die Ärzte aus früheren Zeiten wußten schon immer ohne schlaue Theorien und neue Begriffe, daß es in manchen Menschen Anlagen oder Fähigkeiten für Gesundheit oder wenig störanfälliges Leben gibt, in anderen geradezu eine ‹Bereitschaft› oder Veranlagung zum Krankwerden, und zwar gleichgültig, ob der Lebenswandel ‹gesund› oder ‹ungesund› ist …», meint Heinrich. «Mein Großonkel Remig hat gelebt, wie man es niemand empfehlen sollte, geraucht, gesoffen, und ist doch dreiundachtzig geworden. Seine Frau Cäcilia hat schon mit zweiundfünfzig das Zeitliche gesegnet, nicht zuletzt deshalb, weil sie sich ständig grün und blau geärgert hat über ihren Mann. So was hätte man schon immer studieren können – aber gut, besser spät als gar nicht …»

lassen, wenn massive Nachfrage der Patienten (und damit ein wachsender öffentlicher Druck) sie dazu zwingt.

Praktische Hinweise auf die Dringlichkeit neuer Leitbilder

Die praktische Bedeutung dessen, was bisher theoretisch skizziert worden ist, zeigt sich besonders eindrücklich auf einem Gebiet, auf das ich später – in Kapitel VI – noch ausführlich zurückkommen werde: bei den Unterschieden zwischen Frauen- und Männergesundheit. Seit etlichen Jahren wird seitens der Frauenbewegung die Forderung nach geschlechtsspezifischer Gesundheitsforschung («gender studies») erhoben – mit gutem Grund. Verwunderlich ist allerdings, daß es kein entsprechendes Anliegen auf seiten der Männer zu geben scheint. Denn sie hätten allen Grund dafür: Die Geschlechterdifferenz in der Lebenserwartung ist in allen Industriestaaten der Nordhalbkugel deutlich angestiegen – und zwar zugunsten der Frauen. Eine deutsche Frau lebt, im statistischen Mittel, derzeit über sechs Jahre länger als ein Mann. Dieser Unterschied wächst weiter an, und ein Ende der Entwicklung ist noch nicht in Sicht. Man kann es auch so ausdrücken: Je länger die Menschen leben, desto deutlicher tritt zutage, daß Männer früher sterben.

«Wobei man diese Statistik doch etwas genauer abklopfen müßte», gibt Heinrich zu bedenken. «Unterschiede im Beruf, zwischen Land und Stadt – und so weiter. Das alles wäre wichtig, um sich ein Bild machen zu können. Bei uns Bauern schaffen Männer und Frauen gleich viel und unter ganz ähnlichen Bedingungen. Krankheit kann sich sowieso keiner leisten. Unter diesen Umständen sind die Unterschiede vielleicht nicht ganz so kraß. Solche Dinge müßtet ihr noch viel genauer untersuchen, mein lieber Doktor Allwissend ...»

Unterschiede in der Lebenserwartung von Männern und Frauen				
Land	Bezugsjahr	Lebenserwartung Männer	Lebenserwartung Frauen	Differenz in Jahren
USA	1991	72,0	78,9	6,9
Italien	1991	73,6	80,3	6,7
Japan	1992	76,3	83,0	6,7
BRD	1994	72,8	79,3	6,5
Australien	1992	74,8	80,8	6,0
Dänemark	1992	72,6	77,9	5,3
Ägypten	1991	62,9	66,6	3,5
Kuba	1986	72,7	76,1	3,4
Indien	1985	55,4	55,7	0,3

Quelle: Deutsches Ärzteblatt vom 27. Februar 1998

Warum ist das so? Diese Frage scheint uns Männer wenig umzutreiben. Von einer «Männergesundheitsforschung» sind nicht einmal grobe Umrisse zu erkennen. Vielleicht ist das ja auch ein Teil des Problems – als Hinweis auf eine gewisse Nachlässigkeit im Umgang mit sich selbst.

Fragen wir aber zunächst nach «harten Fakten» – nach den Wirkfaktoren, die zu dieser «vorzeitigen Männersterblichkeit» führen. Es ist naheliegend, ihre Effekte vor allem auf dem Feld der Herz- und Kreislauferkrankungen zu suchen. Denn diese sind für fast die Hälfte aller Todesursachen in Deutschland verantwortlich und stellen die «Geißel Krebs» (25 Prozent der Todesfälle) weit in den Schatten. Wenn es hier Abweichungen zwischen den Geschlechtern gibt, dann müßten sie sich auch entsprechend stark auswirken – viel stärker als irgendwelche seltenen genetischen Aberrationen, die nur dem männlichen Erbgut zuzuordnen sind.

Es ist auch nicht richtig, was bisweilen behauptet wird: daß der

Herz-Kreislauf-Tod quasi identisch wäre mit dem Alterstod, daß er also die trifft, die alle anderen Leiden überlebt haben («An irgendwas muß man ja sterben»). Zumindest für die Männer trifft das nicht zu: Fast 50 Prozent aller tödlichen Herzinfarkte ereignen sich bei ihnen bereits *vor* dem siebzigsten Lebensjahr, dem «Horizont» ihrer statistischen Lebenserwartung, und steuern mithin zu deren Minderung durchaus ihr Teil bei. Das belegen die Zahlen für das Jahr 1996:

Todesfälle in Deutschland am akuten Myokardinfarkt:					
85206					
davon Männer: 47341			davon Frauen: 37865		
davon nach Lebensjahren:					
45–65:	65–75:	über 75:	45–65:	65–75:	über 75:
12858	15161	18094	3140	8190	26261

Quelle: Statistisches Jahrbuch 1998

Rund 270000 Herzinfarkte zählt die deutsche Statistik derzeit pro Kalenderjahr, rund ein Drittel davon mit tödlichen Ausgang. Mit Recht sehen viele hier erstrangig ein Männerproblem: «Männer weinen heimlich, Männer kriegen Herzinfarkt», blökte Herbert Grönemeyer vor Jahren in seinem Top-Hit «Männer». Und in der Tat: Besonders interessant – aber keineswegs allgemein bekannt – ist die Altersklasse, in der der Unterschied in der Infarktsterblichkeit zwischen den Geschlechtern am größten ist. Wenn man die oben gezeigte Datenübersicht noch weiter aufgliedert, zeigt sich: Es ist die Gruppe der 45- bis 54jährigen. Die gesamte Herz-/Kreislaufsterblichkeit der Männer ist hier rund dreimal so hoch wie die der Frauen, und sie ist überwiegend dem Infarkttod geschuldet, bei dem – für sich genommen – die Abweichungen sogar noch größer sind!

Diesen Befund sollte man sorgfältig hin und her wenden. Es handelt sich ganz offensichtlich nicht um den vermeintlich lebensgefährlichen «Pensionierungsschock», es ist *nicht* so, daß der Mann, kaum scheidet er aus dem Berufsleben aus, ins tiefe Loch der Depression und anschließend tot umfällt. Im Gegenteil, der vorzeitige Herztod trifft uns Männer, um eine schon etwas antiquiert anmutende Formulierung zu gebrauchen, «auf dem Höhepunkt des Schaffens», in den «besten Mannesjahren». Vielleicht sind diese Redewendungen doch noch zu etwas nütze: weil sie in ihrer verklärenden Art zeigen, wo der Kern des Problem liegen könnte.

Es ist ja so, daß der deutliche Anstieg der Lebenserwartung (freilich – das muß festgehalten werden – immer bezogen auf die privilegierten Industriestaaten der Nordhalbkugel) ein historisch neues Phänomen ist. Für Zigtausende von Jahren war ein Vierzigjähriger alt, der Fünfziger ein Greis. «Wenige erreichen jetzt 60, ganz wenige 70 Jahre», korrigierte Papst Innozenz III. anno 1195 den Psalm 89,10 (und er selber starb nach 56 Lebensjahren).

Für das seitherige Anwachsen der Lebenserwartung sind wir biologisch schlecht ausgerüstet – und wir Männer, so will es scheinen, ganz besonders schlecht. Gerade mit 56, dem Sterbealter des zitierten Papstes, drehen viele «noch mal richtig auf» – machen den Motorradführerschein, queren mit dem Rennrad den Großglockner, zeigen am Arbeitsplatz den Jüngeren, daß die ihnen das Wasser nicht reichen können, stürzen sich oft genug in eine Liebschaft mit einer jungen Frau, werden gar noch Vater, obwohl sie schon im Großväteralter sind. Falls sie es nicht tun, so träumen sie doch davon. Und dies alles, obwohl der Körper – würde man(n) nur auf ihn hören – schon allenthalben Signale aussendet, die auf das leise Zerstörungswerk des Alterns hinweisen. – Obwohl? Oder gerade deswegen? Weil noch einmal deutlich gezeigt werden muß, daß ein Mann mit 56 Jahren eben nicht zum «alten Eisen» gehört? Tut er ja auch nicht. Aber daß er sich benehmen muß, als sei er zwanzig und als habe er für sich die ewige Jugend gepachtet – das steht auf einem ganz anderen Blatt. Und pointiert, aber zutreffend können wir noch hinzufügen: Die Rückseite dieses Blattes ist nicht selten der Totenschein.

Die männliche Aktivität und Expansivität, die oft genau in der «Midlife-crisis» in eine verhängnisvolle «Flucht nach vorne» mündet, ist jedoch nur ein Teil eines allgemeinen Verhaltenskomplexes. Dazu gehört auch die Ernährungsweise: Männer ernähren sich anders und bevorzugen genau solche Speisen und Zubereitungsweisen, die die moderne Medizin für schädlich hält (zum Beispiel das gegrillte Steak, «möglichst groß» ...). Zu ihrem Rollenverhalten gehört vorrangig die Affektkontrolle, die dazu führt, «die Faust in der Tasche zu ballen», und Streßreize – wie wir noch sehen werden, sind sie «an sich» keineswegs ungesund – zu schädlichem Distress entarten läßt, der weder durch Handlungen noch durch Gefühle «abgeführt» und verarbeitet werden kann. Männer neigen zur Kontrolle, wo Frauen Kommunikation bevorzugen – die sozialpsychologischen Befunde hierfür sind Legion. Männer neigen auch dazu, Krankheiten beziehungsweise deren Symptome als «Schwäche» zu diskriminieren – «gelobt sei, was hart macht». Übrigens paßt auch der Rummel um die Potenzpille Viagra sehr gut in dieses Tableau aus Leistungsdruck und Größenwahn – bis hin zu den tödlichen Nebenwirkungen, die oft in einem Herzinfarkt bestehen. Wobei nie eindeutig nachzuweisen sein wird, ob dieser der Wunderpille selber anzulasten ist oder den Erwartungen an sie und dem Streß eines entsprechend leistungsfixierten «Liebeslebens» – ohnehin ereignet sich mindestens jeder hundertste tödliche Infarkt während des Geschlechtsverkehrs. Beim Mann, versteht sich ...

Das männliche Leistungsstreben, gepaart mit sparsamem Gefühlsausdruck und mangelnder Sensibilität sich selber und der eigenen Leiblichkeit gegenüber, leitet hin zu einem zweiten Themenkomplex: einer typisch männlichen *Feindseligkeit*, die oft die «Innenansicht» des Konkurrenzverhaltens bildet.

Daß die persönliche Lebensstrategie, je nach ihrer Ausprägung, einen «Risikofaktor» für den Herztod bildet, der in seiner Wirksamkeit keineswegs hinter – beispielsweise – der Nikotinsucht zurücksteht, ist ja schon seit Jahrzehnten bekannt; die Feindseligkeit ist gleichermaßen Zuspitzung und Verhärtung einer solchen Strategie. Es handelt sich um die Manifestation einer latenten Aggressivität, mit der – auch hier sprechen die Fakten eine deutliche Sprache – das männliche Geschlecht ohnehin stärker ausgestattet ist. Eine unscheinbare Zahl mag dies verdeutlichen: 51600 deutsche Gefängnisinsassen gab es am 31. März 1997. In den Massenmedien wurde vor allem diskutiert, daß dies – mit einer Zunahme von 30 Prozent gegenüber 1992 – ein neuer Höchststand sei; unter den Tisch fiel, daß Frauen mit 3,7 Prozent der Inhaftierten kaum etwas zu diesem «Rekord» beitragen: ein deutlicher Hinweis auf die unterschiedliche Gewaltbereitschaft der Geschlechter. Bei den Straftaten liegen die Frauen mit rund einem Viertel ebenfalls weit zurück, wenngleich in geringerem Abstand – was dafür spricht, daß sie nicht nur seltener, sondern auch weniger schwer straffällig werden. Ähnliche Zahlen gibt es in Fülle; sie betreffen zum Beispiel das unfallträchtigere Verhalten der Männer im Straßenverkehr. Die vor kurzem von einer Schweizer Frauengruppe erhobene Forderung nach einer Versicherung für Unfallopfer, für die nur Männer veranlagt werden, kann sich auf ein wahres Gebirge von Statistiken stützen!

Was wäre das (vorläufige) Fazit aus alledem? «Der Mann muß hinaus ins feindliche Leben», reimte der promovierte Mediziner Friedrich Schiller. Dort erwischt ihn überzufällig häufig der tödliche Herzinfarkt, der Hauptgrund für das frühere Sterben des angeblich «starken Geschlechts». Die gesellschaftliche Bedeutung dieses Problemgemenges ist enorm, auch in ökonomischer Hinsicht. «Sehr viel High-Tech-Medizin könnte im Bereich der Herz-Kreislauf-Medizin eingespart werden, wenn wir hier die Primärprävention – also die vorbeugenden Maßnahmen vor einem Infarkt – ernster nehmen und intensiver praktizieren würden», schrieb der Kardiologe und Intensivmediziner Professor Karl Werdan unlängst in einem Übersichtsartikel. Wohl wahr – doch setzt ein solches Umsteuern in der Medizin auch voraus, daß die Männer erst einmal *sich selber* ernster nehmen. Und daß Prävention als geschlechtsspezifisches Problem begriffen wird …

Ich habe die Infarktsterblichkeit als auffälligstes Muster aus einem ganzen Ensemble von Ereignissen und Verhaltensweisen ausgewählt. Summarisch bleibt festzuhalten, daß die Ursachen für die geringere Lebenserwartung früh gelegt werden und vielfältig sind – schon männliche Kleinkinder sind empfindlicher gegen Infekte (genetische Ursachen werden diskutiert), es mangelt ihnen an der Herzschutzwirkung des im Frauenkörper in höherer Konzentration zirkulierenden Hormons Östrogen, sie ernähren sich anders, rauchen mehr, neigen zu größerer Aggressivität und so weiter. All das ist aber nur eine Seite der Medaille (und taugt deshalb nicht als Argument, um die oben vorgetragenen Hypothesen zu entkräften. Zudem fragt sich, warum das Östrogen ausgerechnet in einer Altersgruppe so überaus wirksam sein soll, in der bei vielen Frauen die Menopause beginnt …). Denn die Gesellschaft könnte solche Einflüsse ja in ihrer Wirksamkeit mindern, sie also nivellieren. Doch das genaue Gegenteil ist der Fall. Gesundheitsschädliche Einflüsse werden, auch wenn sie auf einer biologischen Basis aufbauen, offenkundig durch das Gesellschaftssystem und durch unsere Lebensweise noch akzentuiert, vergrößert. Bildhaft gesprochen: Obwohl die Männer in diesem Rennen schlechtere Startbedingungen haben, setzen viele von ihnen auf der Mitte der Strecke zu einem riskanten, ja lebensgefährlichen Zwischenspurt an. Warum? Offenbar bevorzugt das männliche Selbstbild Intensität gegenüber der Dauer, plötzlichen Kraftaufwand gegenüber der Stetigkeit, die Expansivität auf Kosten der Kommunikation. «Live fast, die young» – ein Männermotto. Und dafür muß bezahlt werden. Wird das Risiko bewußt gesucht oder verdrängend in Kauf genommen? Wir wissen es nicht. Deshalb sei abschließend noch einmal Herbert Grönemeyer zitiert. «Wann ist ein Mann ein Mann?» – diese Frage wurde in seinem Hit refrainartig wiederholt. Es lohnt sich, darüber nachzudenken, auch aus medizinischer Sicht.

An Heinrichs Stirnrunzeln erkenne ich schnell, daß meine Ausführungen nicht seinen ungeteilten Beifall finden. Um ehrlich zu sein: Ich hatte schon seit geraumer Zeit auf seine kritischen Kommentare gewartet. Jetzt fällt mir aber auf, daß er richtig bekümmert dreinschaut. «Ist alles in Ordnung mit dir?» frage ich.

«Schon recht», gibt er auf gut allgäuisch zurück. «Es war schon minder. – Weißt du, ich muß die ganze Zeit an meinen Vater denken. Was der über seine Jugend erzählt hat. Das Vieh hüten, im Winter – und immer barfuß. Er hat nur selten davon gesprochen. ‹Wann die Kuh gepieselt hat, haben wir die Füß' hing'stellt›, hat er gesagt. ‹Daß es warm wird.› So war das damals.»

Ich nicke, auch wenn ich den Zusammenhang nicht recht begreifen kann. Aber vielleicht gibt es gar keinen. Vielleicht tauchen in Heinrich einfach versunkene Bilder empor, ein wenig verblichen zwar, aber dennoch so eindrucksvoll wie eh und je.

Heinrich stopft sich die unvermeidliche Pfeife, und erst nach einer Weile fährt er – ohne sie anzuzünden – fort: «Weißt du, mein Vater hatte eigentlich nie gelernt, sich mitzuteilen. Sein Aktionsradius war der Stall und die Natur – da braucht es nicht viele Worte. Er hat die Milch noch bis zuletzt mit dem Pferdefuhrwerk zur Sennerei gebracht. ‹Die zwei Stunden, die ich mit dem Pferd unterwegs bin, sind mir die liebsten vom ganzen Tag›, hat er gesagt. Die Mutter war da anders. Es gab viel mehr Austausch mit anderen Frauen – gemeinsame Arbeit, Gespräche, all das, was wir Männer gerne als Klatsch und Tratsch abtun. Sie hat auch Heilkräuter gesammelt und bei anderen vorbeigebracht – als noch Bedarf bestand dafür. Erst Anfang der sechziger Jahre hat das ein Ende gefunden.»

Jetzt zündet er sich doch die Pfeife an. Ich weiß nicht recht, was ich zu alledem sagen soll – am besten gar nichts. Irgendeine Frage würde schon noch kommen. Und sie kommt:

«Aber es heißt doch, daß Frauen häufiger zum Arzt gehen. Besonders, was die Seele betrifft und das Gemüt – zum Psychologen oder zum Psychotherapeuten, ich hab's eh nie begriffen, was da der Unterschied ist. Ist ja auch wurscht. Jedenfalls: Heißt das nicht, daß Frauen doch kränker sind? Oder jedenfalls klagsamer? Was meinst du dazu?»

Mit seinem Allgäuer Bauernverstand hat Heinrich zielsicher ein Problem angesprochen, das in der medizinischen Fachliteratur in der Tat kontrovers diskutiert wird. Und obendrein habe ich keine eindeutige Antwort parat. Aber ich versuche es trotzdem.

«Also ich denke mir das so: Um Hilfe nachzusuchen kann

auch ein Ausdruck höherer Sensibilität sein – ein Anzeichen dafür, daß ein Mensch empfindsam auf Störungen reagiert und sich nicht scheut, Schwächen zuzugeben. Das kann dann, bei oberflächlicher Betrachtung, so wirken, als sei dieser Mensch kränklicher oder gar schwächer. Aber in Wahrheit ist es Ausdruck von persönlicher Souveränität, also von Stärke. Und macht sich auf lange Sicht bezahlt – was die Lebensdauer anbetrifft. Wir Männer haben das Ideal, so zu sein wie mächtige Bäume: Groß und stark stehen wir da, kein Sturm kann uns etwas anhaben. Dann fallen wir plötzlich um. Frauen pflegen sich besser, und dazu gehört es auch, sich nötigenfalls pflegen zu lassen. Und damit sind sie uns gegenüber sehr im Vorteil.»

Heinrich schweigt, aber so recht überzeugt wirkt er nicht – was ich ihm nicht übelnehmen kann, denn meine Antwort ist wenig präzise ausgefallen. Sie hat eigentlich vor allem in Worte gefaßt, wie wenig gesichertes Wissen es auf diesem Gebiet gibt. Was wiederum bezeugt, wie viele entscheidende Fragestellungen über Jahre hinweg sträflich vernachlässigt worden sind.

Aus Heinrichs Pfeife steigen jetzt dunkle Wolken empor wie Rauchsignale. Ich weiß, er wird auf das Thema zurückkommen. Aber fürs erste genügt ihm meine Antwort. Vielleicht muß er noch immer an seine Eltern denken.

Zurück zu meinem kurzen Fazit, das einige Schnittpunkte mit den oben vorgetragenen Gedanken über einen dringend erforderlichen Paradigmenwechsel enthält: Sind Werte und Verhaltensstile, die wir als «weiblich» zu etikettieren geneigt sind – etwa die Bevorzugung der Kommunikation gegenüber der aggressiven Kontrolle und Manipulation der Mitwelt – nicht bereits in sich als wirksame *Widerstandsressourcen* im Sinne des oben vorgestellten Salutogenese-Konzepts anzusehen? Wir werden uns dieser Frage später (in Kapitel VI) noch ausführlich widmen. Die Interpretation, die hier skizziert worden ist, könnte jedenfalls einen Weg weisen, um den Argumentationskreis theoretisch abzurunden, wenn nicht gar zu schließen. Aber es wird noch viel Forschung nötig sein, um hier zu endgültiger Klarheit zu kommen – Forschung freilich, die sich auf das Individuum und seine Lebenspraxis konzentriert und mit biochemischen Experimenten in Großlabors nur wenig zu schaffen hat. Es geht weit eher um eine Methode der einfühlsamen, teilhabenden Beobachtung, wie wir sie beispielsweise aus der Ethnologie kennen – wie sie aber in der modernen Medizin bedauerlicherweise nur höchst selten betrieben wird.

Was bedeutet das alles für uns und unser Vorhaben, aus den vielen einzelnen Puzzlesteinen ein neues Leitbild zusammenzufügen? Halten wir uns einstweilen an einen Satz von Friedrich Engels: «Das Essen ist der Beweis des Puddings …» Wir sollten uns demzufolge fragen, ob sich aus unserer «Bestandsaufnahme» etwas schlußfolgern läßt, das für unsere Lebenspraxis heute von wirklicher, gesundheitsfördernder Bedeutung ist. Aber wissen wir denn überhaupt, was diese Gesundheit ist, die wir so gerne fördern möchten? Offensichtlich fehlen uns noch etliche Puzzlesteine, und zwar an zentraler Stelle des Bildes. An diesem Problem können wir uns nicht vorbeimogeln.

III. Das Grundproblem: Was ist Gesundheit?

«Ach wüßtest du, wie's Fischlein ist
so wohlig auf dem Grund,
du stiegst herunter, wie du bist,
und würdest erst gesund.»
Johann Wolfgang von Goethe

Der mißtrauische Malermeister oder Macht Hartlack Lust?

In seinem *Tagebuch 1966–1971* hat der Schweizer Schriftsteller Max Frisch folgende Szene festgehalten: Der Autor sitzt in einer Gaststätte – mit ihm am Tisch ein Malermeister. Frisch möchte etwas über dessen Gefühle bei der Arbeit erfahren:

> «Welche Arbeit macht Ihnen am meisten Lust? Ich würde lieber eine Wand malen als Fensterrahmen, lieber bunt als das fade Ton-in-Ton. Wie ist das? Er versteht die Frage nicht. Renovation oder Neubauten, was macht er lieber? Man macht eben beides, heute nacht eben eine Renovation. Graust ihm vor Nachtarbeit? Das muß eben sein. Da er der Boß ist und somit wählen kann, was er selber macht, frage ich: Welchen Teil der Arbeit wählen Sie? Grundieren denke ich mir langweilig, das Ablaugen alter Farbe noch langweiliger. Was macht mehr Lust, Streichen mit Pinsel oder Spritzverfahren? Seine Spezialität, sagt er, ist

Hartlack; dabei komme er auf seine Rechnung. Also zurück zu den heutigen Tarifen ... Zurück zu meiner Frage: Was in Ihrem Beruf macht Ihnen manchmal Lust? Seine Auskunft: Spritzverfahren ist einträglicher, Renovationen bringen wenig, Tarife für Fenster sind einfach zu niedrig, dagegen mit Hartlack kommt er auf seine Rechnung, schließlich hat er auch eine Familie, Nachtarbeit ist einträglich. Meine Frage nebenbei: Verdrießt es Sie nicht, wenn Farben gegen Ihren persönlichen Geschmack verlangt werden? Natürlich arbeitet er, um sein Leben zu verdienen, das verstehe ich; trotzdem meine Frage: Hätten Sie nicht manchmal Lust, eine andere Farbe zu wählen? Man legt doch Muster an und kann verdutzt sein, wenn dann das ganze Treppenhaus gestrichen ist; ich meine: Sind Sie gespannt, wie es zum Schluß aussieht? Er weiß nicht, was ich mit dieser Fragerei eigentlich will; sein Einkommen hat er mir gesagt. Hätten Sie manchmal Lust auf einen anderen Beruf? Das ist klar: Wenn eine Arbeit sich nicht auszahlt, weil die Tarife teilweise einfach zu niedrig sind, ausgenommen bei Hartlack, der seine Spezialität ist, kann sich das Einkommen verringern. Also Hartlack macht Lust? Das kann er nicht sagen; Hartlack ist ein Verfahren ...»

«Wirklich eine köstliche Szene», wirft Heinrich ein. «Hartlack macht Lust? ... Aber ich fürchte, solche Typen verstehen die Frage gar nicht. Lust gibt es vielleicht, wenn man ins Bordell geht, aber selbstverständlich nicht bei der Arbeit. Das Berufsleben ist dafür da, daß man sich Lust kaufen kann, aber wenn es selber Spaß machen würde ... wo kämen wir denn dann hin! Dann käme ja womöglich alles durcheinander ...»

Der Mann, schreibt Frisch, verläßt daraufhin eilig die Gastwirtschaft – «ohne die Hand zu geben, unlustig –.»

«Risikopatienten» und ihre Lebensstrategie

Wie auch immer wir über den von Max Frisch beschriebenen Malermeister denken mögen – ein einfühlsamer Arzt (und solche Ärzte beiderlei Geschlechts gibt es erfreulicherweise immer noch) wird sich um die Gesundheit dieses Mannes sorgen müssen. Die moderne Herz- und Kreislaufforschung mit ihrem Risikofaktoren-Konzept würde ihn aller Wahrscheinlichkeit nach als sogenannten Risikopatienten einstufen. Anhand verallgemeinerter Erfahrungswerte würde sie behaupten, daß dieser Mann, wenn er seinen Lebensstil nicht ändert, Gefahr läuft, an einem Herzinfarkt zu erkranken. Diese theoretische Aussage mag durchaus zutreffen. Das lebenspraktische (und möglicherweise lebensbedrohliche) Problem liegt aber auf einer anderen Ebene, zu der wir mit «epidemiologischen» Konzepten, Risikofaktoren, Verlaufstatistiken und so weiter gar nicht erst vordringen können. *Empfindet* dieser Mann eigentlich, daß seine Gesundheit bedroht ist – und wenn nicht, warum nicht? Fühlt er sich gesund? Mit solchen Fragen schneiden wir ein ganzes Bündel von persönlichen Problemen an, jenen Problemen, die von der Schulmedizin als «nicht wissenschaftsfähig» so sträflich vernachlässigt werden.

Ich möchte an dieser Stelle einige Begriffe wieder ins Gedächtnis rufen, die ich oben bereits erwähnt habe und an denen wir jetzt neue Facetten beleuchten können. Ich hatte bereits angemerkt, daß die moderne Epidemiologie den Einfluß von «Wirtsfaktoren» annimmt, da sich die unterschiedliche Empfindlichkeit der Individuen für alle möglichen Reize und Schadstoffe nun einmal nicht leugnen läßt. Diese Faktoren werden einerseits zugestanden, andererseits aber als «black box» behandelt; sie mögen innerhalb des Wirkungsgefüges eine Rolle spielen – wie sie das tun, bleibt jedoch ebenso im dunkeln wie ihre konkrete Gestalt.

Manche Wissenschaftler gehen noch einen Schritt weiter. Sie

unterscheiden bei der Analyse solcher Faktoren in einer leider etwas komplizierten Fachsprache die «Sensitivität» von der «Suszeptibilität». Sensitivität meint die Empfindlichkeit gegenüber einem Reiz oder Schadstoff, Suszeptibilität hingegen die Wahrscheinlichkeit, durch diesen Reiz oder Schadstoff geschädigt zu werden. Auf den ersten Blick wirkt diese Unterscheidung wie eine alberne Spitzfindigkeit, scheint es doch, als meinten beide Begriffe im Grunde das gleiche. Leider liegen die Dinge so einfach nicht: Sensitivität kann nämlich durchaus ein *Schutz* vor Beschädigung sein – weil, zum Beispiel, eine empfindliche Nase uns davor bewahren kann, uns einem Luftschadstoff auszusetzen, den ein anderer gar nicht bemerkt, um am Ende desto nachhaltiger von ihm geschädigt zu werden. Im Fachjargon: Sensitivität und Suszeptibilität sind nicht direkt miteinander korreliert.

«Stimmt genau», pflichtet Heinrich bei. «Am Vieh kann man das sehr gut beobachten. Tiere sind für vieles sensibel, was wir Menschen zunächst nicht verstehen wollen – kein Rind grast gerne auf derselben Wiese, auf der schon Schafe geweidet haben. Unzählige Wildwestfilme haben von diesem Stoff gelebt. Aber der Mensch, der ja alles besser weiß, kam dann auf die Idee, tote Schafe an Rinder zu verfüttern, ein großartiger Einfall. Nur so hat BSE überhaupt entstehen können. Es gibt also eine angeborene Empfindsamkeit, die davor schützt, sich einem Schaden auszusetzen. Bloß haben wir Menschen diese Sensibilität weitgehend verloren. Oder besser gesagt, sie ist uns abdressiert worden ...»

Ich erwähne diese Unterscheidungen nicht, um die Dinge unnötig zu komplizieren. Sondern um darzustellen, wie kompliziert die Sachlage wird, wenn wir ernsthaft versuchen, bis zum «subjektiven Faktor» vorzudringen. Kann es sein, daß ab einem bestimmten Komplexitätsgrad «allgemeine Regeln» gar nicht mehr formulierbar sind?

Wie dem auch sei, mir selber kommt jedenfalls, wenn ich die

oben zitierte Stelle aus dem *Tagebuch* von Max Frisch lese, immer wieder ein anderer Mann, ebenfalls ein Handwerksmeister, in den Sinn. Er war Elektriker, Leiter eines eigenen Kleinbetriebs, und ich – damals noch als Medizinstudent – hatte ihn auf einer internistischen Station der Mainzer Universitätsklinik zu betreuen. Dieser Mann litt unter häufig wiederkehrenden (rezidivierenden) Schmerzattacken in der Großzehe, die so typisch waren, daß sie sich unschwer mit einem treffenden diagnostischen Etikett versehen ließen. Es handelte sich um klassische Gichtanfälle, also um Schmerzzustände, die immer dann entstehen, wenn sich bei erhöhtem Harnsäurespiegel im Blut Kristalle der Harnsäure im Großzehengelenk ausfällen und anlagern – die unangenehme Folge einer Stoffwechselstörung, wie sie bei dem erheblichen Übergewicht und dem nicht minder erheblichen Alkoholkonsum jenes Patienten kaum verwundern konnte. Von unserem Stationsarzt auf die Gesundheitsgefahr eines solchen «Lebenswandels» angesprochen, antwortete der Mann vergnügt: «Ja, ja, was soll's – solange es gute Ärzte gibt, wird mir schon nichts passieren.» Vermutlich, so denke ich heute, fühlte dieser Mann sich in seinem Selbstverständnis wirklich gesund, auch wenn ihn jeder neue Gichtanfall heftig leiden ließ und ihn in seiner Beweglichkeit arg beeinträchtigte. Was beseitigt werden mußte, waren die Schmerzen; was es abzustellen galt, war die Gefährdung seiner Arbeitsfähigkeit. Er definierte – nach Handwerkerart – seine Gesundheit wohl so, daß er darunter eine Art Grundbefindlichkeit verstand, die sich bei kurzfristigen Störungen durch kompetente Fachleute rasch reparieren ließ. Sobald er die Klinik verlassen hatte, fühlte er sich «wiederhergestellt» wie sein Auto nach der Inspektion und freute sich gleich auf einen Kringel Fleischwurst und einen Schoppen Wein dazu («Weck, Worscht, Woi», wie man in «Määnz» zu sagen pflegt ...).

Was folgt daraus? Zunächst einmal die Einsicht, wie schwer es fällt, «Gesundheit» allgemein gültig zu definieren. Mit der Gesundheit geht es uns offenbar ganz ähnlich wie mit dem Glück oder mit der Liebe: In beiden Fällen handelt es sich um Ziele, die wir verfolgen, als sei dies ganz selbstverständlich – sowohl das Ziel wie auch der Wunsch, es anzustreben, gelten uns sozusagen als «die natürlichste Sache der Welt». Aber worin besteht denn eigentlich das Ziel? Wir sind, wenn wir «Glück», «Gesundheit» oder «Liebe» genauer umreißen sollen, kaum besser dran als der berühmte Kirchenvater Aurelius Augustinus (354–430). Dieser kluge Mann hat über ein kaum minder seltsames Ding, über die Zeit, einmal geschrieben: «Wenn keiner mich fragt, weiß ich, was die Zeit ist. Aber wenn ich es erklären soll, weiß ich es nicht mehr ...»

Wenn wir das scheinbar Selbstverständliche am Glück, an der Liebe oder an der Gesundheit nicht mehr für selbstverständlich nehmen, sondern klären und erklären wollen, befinden wir uns plötzlich in einem ähnlichen Dilemma. Gesundheit gilt normalerweise als «Wert an sich». Ein einfaches Gedankenexperiment kann das sofort beweisen: Denken wir an einen engen Freund, an einen geliebten Menschen – würden wir einer solchen Person je wünschen, zu erkranken, ihre Gesundheit zu verlieren? Aber andererseits wissen wir keineswegs, wie wir erklären und begründen können, was das eigentliche Wesen dieses so überaus wünschenswerten «gesunden» Lebenszustandes ist. Jeder Versuch einer Begriffsbestimmung, einer Definition, gerät rasch in die größten Schwierigkeiten.

Ein Beispiel mag dies verdeutlichen. Die Weltgesundheitsorganisation (WHO) ist eine Unterorganisation der 1945 gegründeten Vereinten Nationen (UNO). Diese Vereinigung, in der sich Ärzte und Wissenschaftler aus allen Ländern zu einem regelmäßigen Gedankenaustausch treffen, hat 1948 eine seither vielzitierte und heftig diskutierte Begriffsbestimmung von Gesundheit versucht:

> «Gesundheit ist nicht nur die Abwesenheit von Krankheit, sondern ein Zustand vollkommenen physischen, psychischen und sozialen Wohlbefindens.»

Diese gewissermaßen «amtliche» Definition ist freilich bis heute höchst umstritten geblieben. Immer wieder wurde sie als «zu weit» und «zu vage» bezeichnet. Die Kritik machte sich seit 1948 vor allem an zwei Punkten fest: Zum einen hieß es, hier werde ja nur eine Leerformel (Gesundheit) durch eine andere (Wohlbefinden) ausgetauscht. Was «Wohlbefinden» eigentlich sein soll, ist ja wohl ebenfalls klärungsbedürftig – wo bleibt also der Gewinn einer solchen begrifflichen «Umtauschaktion»? Zum zweiten wird eingewandt, daß es kaum jemanden gebe, der sich auf Dauer «vollkommen wohl» befinde. Wir alle werden mehr oder minder häufig von Zahnschmerzen, Kopfweh, Angst und Langeweile geplagt (oder von einer Kombination aus alledem). Kariöse Zähne sind – statistisch gesehen – ein «Normalbefund», und in einer gewissen Altersgruppe läuft kaum ein deutsches Schulkind ohne Zahnspange herum. Also ist Gesundheit *unerreichbar*? Laufen wir ihr – vor Sehnsucht blind – hinterher wie ein einfältiger Mitmensch dem sprichwörtlichen Topf Gold am Ende des Regenbogens, der stets in unerreichbarer Ferne bleibt? Aber dann, könnte man folgern, sind wir alle *nicht* gesund … Sind wir also allesamt krank? Ist es somit nicht abwegig, überhaupt noch von «Gesundheit» zu sprechen? Welchen Sinn kann es haben, eine Meßlatte derart hoch zu legen, daß niemand sie noch überspringen kann? Welchen Wert hat es, Gesundheit so zu definieren, daß es nur noch «gesundheitsferne», möglicherweise sogar kranke Menschen gibt?

Diese Kritik an der WHO-Definition erscheint mir durchaus berechtigt. Und dennoch hat diese Begriffsbestimmung einen unschätzbaren Vorteil: In ihr wird nämlich klipp und klar festgehalten, daß Gesundheit *mehr* ist als die bloße Abwesenheit von Krankheit. Damit ist sie sozusagen ein ständiger Stachel des Nachdenkens – des Nachdenkens darüber, daß die Gleichung Gesundheit = Nicht-Krankheit fehlerhaft ist. Aber warum? Und wo genau steckt der Fehler, der die Rechnung über den Haufen wirft?

Denkt man konsequent in dieser Richtung weiter, so betritt man offensichtlich jenen Pfad, auf dem Aaron Antonovsky dann sehr weit vorangeschritten ist: Könnte es sein, daß die Schutzfaktoren, mit deren Hilfe wir uns gesund erhalten, mehr umfassen als das bloße Vermeiden von «Risikofaktoren» wie etwa Zigarettengenuß und übermäßig fette Ernährung? Daß Gesundbleiben mehr ist, als durch Risikovermeidung gar nicht erst krank zu werden? Es zeigt sich sehr schnell, daß ein tieferes Verständnis dieser Fragen und Probleme erst dann möglich werden wird, wenn wir die Eingliederung des menschlichen Individuums in seine Um- und Mitwelt genauer betrachten. Gerade diese *ökologische* Dimension des lebendigen Organismus ist von der medizinischen Forschung jedoch sehr lange sträflich vernachlässigt worden. Aber eine Medizin außerhalb unserer ökologischen Erkenntnisse wird es auf Dauer nicht geben können.

Ökologie und Weltbezug

Ob wir krank werden oder uns gesund erhalten – das eine wie das andere steht offensichtlich in engem Zusammenhang mit der Beziehung des Menschen zu seiner Umwelt. Man könnte deshalb auch sagen: Es ist eine *ökologische* Frage. «Ökologie ist die gesamte Wissenschaft von den Beziehungen des Organismus zur Außenwelt» – so hat es der bekannte deutsche Biologe Ernst Haeckel (ein begeisterter Hörer von Rudolf Virchows Würzburger Vorlesungen) schon 1866 niedergeschrieben.

Nun ist die «Ökologie» heute ebenso in aller Munde wie die

«Umwelt», zu der sie das Lebewesen in Beziehung setzt – um die Gesamtheit dieser vielfältigen Beziehungen ausforschen zu können. Angesichts der Wunden, die dieser Umwelt von der menschlichen Zivilisation geschlagen werden, mag dies auch dringend nötig sein. Freilich gibt es über diese «Umwelt» oder «Mitwelt» mitunter falsche Vorstellungen, die sich besonders dann als hinderlich erweisen, wenn über «Gesundheit» und «Krankheit» diskutiert werden soll.

«Das kannst du laut sagen, daß hier vieles unklar ist», meint Heinrich. «Die Touristen, die hierher in unser Allgäu kommen, freuen sich über die schönen Almwiesen – ‹Diese herrliche Natur!› Und in diesem Ton geht es weiter. Dabei ist die Wiese ein Kulturprodukt; ohne den Bauern mit seiner Sense gäbe es sie ja gar nicht. Von Natur aus wächst hier Wald! Da muß man schon vorsichtig sein, wenn man etwas von ‹natürlicher Umwelt› daherschwätzt und keine Ahnung hat, wovon man spricht.»

Wenn wir das Problem ganz grundsätzlich anpacken, zeigt sich, daß unsere «Umwelt» nicht etwas ist, was uns nach Gutdünken zu Verfügung steht – sie ist nicht etwa eine Art großes Zimmer, in dem wir umhergehen und das wir bei Belieben auch verlassen können. Jeder Mensch ist mit der Welt, mit seiner Welt unlösbar verkoppelt: er ist *weltgebunden*. Dieses Schicksal teilt er mit allen anderen Tieren. Aber da er von dieser Bindung weiß, da er über sie nachdenken und dabei zu sehr verschiedenen Schlußfolgerungen kommen kann, dürfen wir ihn auf der anderen Seite auch als *weltoffen* bezeichnen. Unserer Umwelt entkommen wir nicht, erst recht nicht, wenn wir sie ruinieren – und wir sind dazu verurteilt, uns innerlich mit ihr auseinanderzusetzen, sosehr wir uns darüber auch hinwegtäuschen mögen. Daß die menschliche Weltoffenheit, die Möglichkeit zur verschiedenartigen Interpretation der Welt und unserer Stellung darin, auch eine Quelle des ständigen Streits bildet, bis hin zu

Kreuzzügen und Kriegen, sei nur am Rande erwähnt: Der Mensch liegt mit seinen Mitmenschen im Hader, nicht weil er besonders dumm wäre, sondern ganz im Gegenteil, weil er *intelligenter* ist als alle anderen Tiere. Wenn wir irgendein Verbrechen «bestialisch» nennen, so können wir im Grunde sicher sein, daß kein Tier je in der Lage wäre, es zu verüben.

«Dafür bin ich dir wirklich dankbar, daß du das endlich einmal klarstellst», fällt Heinrich ein, sichtlich erregt. «Nichts bringt mich schneller in Rage, als wenn die Menschen von sich selber sagen, sie seien ‹halb Engel, halb Bestie›. Ganz abgesehen davon, daß man kein Engel sein muß, um sich anständig zu benehmen – welche ‹Bestie›, das heißt also, welches *Tier* ist in der Lage, sich die raffiniertesten Foltermethoden auszudenken? Welches Tier gründet eine Heilige Inquisition und führt Kreuzzüge? Welches Tier baut Konzentrationslager? Es ist gerade diese Überheblichkeit der Menschen, die die Wurzel des Bösen ist – die Überheblichkeit gegenüber allen Menschen, aber auch gegenüber ihren Mitgeschöpfen!»

Unsere Fähigkeit, die Welt kritisch zu durchdringen, ist jedenfalls nicht nur eine Errungenschaft (die uns zum Beispiel das wissenschaftliche Denken ermöglicht), sondern auch eine Last. Sie ist insbesondere auch der Ursprung vieler Ängste, die den Tieren wesensfremd sind, sie ist die Ursache von Grübelei, Zweifel, Streitsucht und möglicherweise auch der Nährboden von neuartigen, menschentypischen Krankheiten bis hin zur Depression, ja sogar zur Selbsttötung.

Wie immer wir aber über unseren Bezug zur Umwelt und Mitwelt denken mögen – dieser Weltbezug ist ganz entscheidend von Gefühlen getönt (die Begriffe «Gefühle», «Affekte» und «Emotionen» werden hier als gleichbedeutend verwendet). Wir sprechen in diesem Sinn auch von Gestimmtheit oder Befindlichkeit. Bisweilen, so fühlen wir, lacht die Mitwelt uns zu, wir möchten daher «die ganze Welt umarmen» – manchmal ödet sie uns an, bedrückt uns, wir fühlen uns nicht wohl in ihr. Wir alle kennen diese Stimmungsschwankungen aus dem Alltagsleben. Daß sie nicht immer einfach zu fassen und zu beschreiben sind (manchmal sind sie uns ja auch überhaupt nicht bewußt), ändert aber noch nichts an ihrem Vorhandensein. Und wie wichtig sie auch für die «Salutogenese» sind, in welch hohem Ausmaß wir sie als «Widerstandsressourcen» benötigen – das werden wir im übernächsten Kapitel noch im Detail erörtern.

Auch die Erlebnisqualität «Gesundheit» ist eine besondere Form unseres «Weltbezuges». Über ihr «Warum?» und «Wieso?» haben die Menschen schon seit Jahrtausenden nachgedacht. Es wäre eine Illusion, unser Gesundheitsverständnis nur auf jenem Wissen aufbauen zu wollen, das die moderne Naturwissenschaft angehäuft hat.

Wir alle wissen recht gut, wann wir uns gesund fühlen. Worte wie «Spannkraft», «Flexibilität» und so weiter kommen diesem umgangssprachlichen Gesundheitsbegriff ziemlich nahe. Die so verstandene Gesundheit umfaßt offenbar auch die Fähigkeit, etwas «aushalten» zu können, gegebenenfalls sogar Leiden und Schmerzen zu erdulden. Flexibilität zeigt sich im erfolgreichen Umgang mit Störungen, die durch Regulations- und Kompensationsvorgänge von den «entscheidenden Variablen» ferngehalten werden können. Es ist nicht anders als bei einem guten Autofahrer, der auch kritische Situationen meistert, ohne daß die Wageninsassen verletzt werden – gegebenenfalls bemerken sie gar nichts von der drohenden Gefahr.

«Das stimmt», räumt Heinrich nach kurzem Nachdenken ein. «Ich habe zum Beispiel heute, bei diesem feuchten Wetter, Kreuzschmerzen nach der Arbeit im Stall. Aber ist das bei einem fünfzigjährigen Mann nicht ganz normal? Ich fühle mich jedenfalls trotzdem gesund.»

Gesund sein heißt also auch, mit der Umwelt «fertig werden» zu können. Der auch als Autor bekannte Psychologe und Psychoanalytiker Wolfgang Schmidbauer hat es so ausgedrückt: «Das Gefühl, gesund zu sein, stellt sich da ein, wo der Mensch fähig ist, mit seinen inneren Zuständen und äußeren Anforderungen fertig zu werden. Das heißt nicht, immer glücklich und zufrieden zu sein, sondern den zyklischen Wechsel von Lust und Unlust ertragen zu können.»

Gesundheit ist bei genauerem Hinsehen also weniger ein Zustand als der Ausdruck von *Fähigkeiten*. In der Erkrankung geht etwas von diesen Fähigkeiten verloren. Kranksein ist Ausdruck eines Mangels: Die Erhaltung der Gesundheit ist mißglückt.

«Dann würde ich die umstrittene WHO-Definition doch einfach umschreiben», schlägt Heinrich vor: «Gesundheit ist nicht bloß die Abwesenheit von Krankheit, sondern der Ausdruck der Fähigkeit, für ein möglichst optimales körperliches, seelisches und soziales Wohlbefinden sorgen zu können. Basta! Wenn die Wissenschaft mehr auf Lebenspraktiker wie mich hören würde, ließe sich manches Problem vermeiden!»

Man könnte einwenden: Das ist doch selbstverständlich, dem Kranken mangelt es eben an Gesundheit – was ist denn so besonders an dieser Erkenntnis? Das Problem steckt woanders: Mit ihrer Ausrichtung auf die Untersuchung der Krankheitsentstehung gerät die Medizin in Gefahr, jene positiven Qualitäten zu verfehlen, die das Wesen der Gesundheit ausmachen. Krank zu werden und zu sein – das bedeutet offenbar vor allem eine Verminderung jener Anpassungsleistungen, jener *Regulationsmöglichkeiten*, deren Zusammenspiel das Erlebnis «Gesundheit» bewirkt.

Das landläufige Gesundheitsverständnis ist allerdings anders (was wiederum – eine bittere Ironie der Geschichte – der Gesunderhaltung mehr schadet als nützt ...). Das Werbefernsehen zeigt uns beständig schöne, jugendliche, leistungsfähige Menschen. Sie sind allesamt gesund, attraktiv und sportlich. In einer ansprechend gestalteten Umwelt ohne Bedrohung, ohne Makel, wissen sie sich anmutig zu bewegen – da taucht kein Raucher auf, der sich morgens die Lunge aus dem Leibe hustet, kein behinderter Mitmensch, kein chronisch Kranker stört mit seinen Problemen diese heile Welt des schönen Scheins.

Beginnen wir nicht alle bisweilen, die Grenzen zwischen Schein und Realität zu verwechseln? Der Arzt Herbert Will hat schon vor Jahren vom «Fetisch Gesundheit» gesprochen, vom Drang zum *Gesündeln*, dem viele Mitmenschen anheimfallen wie einer Sucht. Es handele sich, so meinte Will, um ein «heute weitverbreitetes Syndrom. Es nimmt, unbewußt gesehen, unsere unbewußte Vorstellung, wir seien unsterblich und unverletzlich, beim Wort und treibt sie auf die Spitze, verbindet sie mit der Hoffnung, wir selbst könnten unsere Gesundheit herstellen und würden damit zu Herren unserer phantasierten Unsterblichkeit – und zwar im Diesseits unseres irdischen Lebens. Diese verzweifelte Forderung muß notwendig scheitern, weil die Realität von Krankheit und Tod ihr radikal widerspricht. Doch was tun (oder denken oder glauben) angesichts der Sicherheit des Todes, wenn kein Jenseits zu Hilfe kommt? Offenbar bietet es sich dann an, das Diesseits zum Jenseits zu machen und nicht zuletzt alle Sehnsucht nach Transzendenz auf die Gesundheit zu richten. So entsteht der Fetisch Gesundheit mit all seinen Verschleierungen und unbegriffenen Merkwürdigkeiten.»

Beispiele für diesen «Fetisch Gesundheit» lassen sich der Tagespresse zuhauf entnehmen – insbesondere dem Anzeigenteil. Vom Heilfasten auf Teneriffa bis zum Segeltörn mit Selbsterfahrungsgruppe an Bord: Das nötige Kleingeld vorausgesetzt, kann jeder mitbieten auf diesem Jahrmarkt der Selbstbespiegelung. Doch solche und ähnliche Auswüchse des Gesundheitswahns führen selten zu wirklicher Gesundheit. Häufiger ist das krasse Gegenteil der Fall.

Die US-Streitkräfte haben ihren Offizieren ab einem gewissen Alter das Joggen verboten – zu viele von ihnen wurden bei dieser «gesunden» sportlichen Betätigung vom Herzinfarkt hinweggerafft ...

Hinter dem heute allgegenwärtigen «Gesundheitskult» stehen einerseits massive finanzielle Interessen (zum Beispiel der Sportartikelindustrie). Andererseits wird er entfacht und unterhalten vom Leistungsdruck und von der Rekordsucht einer Zeit («Schneller, höher, weiter!»), die sich auch den menschlichen Körper unterwerfen – mit fragwürdigen Folgen, nicht zuletzt für die Gesundheit. Die Kehrseite alles dessen ist eine fast schon krankhafte Neigung zur Selbstbeobachtung und Selbstkontrolle, die nicht selten ins *Hypochondertum* abgleitet. Beides ist Ausdruck einer gestörten Selbstregulation, in der sich mangelnde Flexibilität und verminderte Anpassungsfähigkeit offenbaren.

Als zumindest vorläufige Arbeitsgrundlage möchte ich deshalb an dieser Stelle die folgende Definition von Gesundheit festhalten, die der *Europäischen Enzyklopädie zu Philosophie und Wissenschaften* von 1990 entnommen ist:

> «Beim gegenwärtigen Erkenntnisstand der Medizin kann Gesundheit als jene Verfassung des individuellen Daseins angesehen werden, die einen geordneten und weitgehend störungsfreien Vollzug der durch die genetische Ausstattung im Prinzip möglichen, von den Umweltbedingungen erforderten und durch die Anpassung der Reaktionsformen an Anforderungsstrukturen der aktiven Lebensgestaltung ausgebildeten Lebensfunktionen ermöglicht.»

«Das ist doch eigentlich dasselbe, was ich bereits gesagt habe», meint Heinrich. «Bloß viel geschwollener ausgedrückt. Damit es richtig wissenschaftlich klingt ...»

Flexibilitätsverlust und Erkranken

Und der Widersacher des Gesund-Bleibens – das Erkranken?

Noch bevor das Leben im Tod sein Ende findet, kann seine Regulationsfähigkeit, seine Flexibilität herabgesetzt sein. Wir mögen uns in solchen Fällen müde, abgespannt und wenig leistungsfähig fühlen – vielleicht kommen noch Schmerzen hinzu. Irgend etwas «stimmt nicht» mit uns. «Du bist krank!» sagt uns ein Freund. Möglicherweise leuchtet uns das ein, und wir suchen einen Arzt auf, um herauszufinden, ob wir wirklich krank sind.

«Mir ist egal, was du und deine Freunde daherschwätzt – *ich* würde mich jedenfalls ganz anders ausdrücken», widerspricht Heinrich. «Bei uns im Allgäu sagt man: Du bist wohl nicht gut beieinander. Ich finde, das ist eine sehr kluge Redensart. ‹Beieinander› – das bedeutet doch, daß sich unser Wohlbefinden aus dem Zusammenspiel von Einzelteilen zusammensetzt. Das ist genau das, was du uns die ganze Zeit predigen willst. Die Allgäuer haben es halt schon immer gewußt!»

Wir haben oben vom «Weltbezug» des Menschen gesprochen. Es ist dieser Bezug zur Welt, durch dessen Veränderung wir uns als gesund oder als krank erleben. Sind wir gesund, fühlen wir uns «im Vollbesitz unserer Kräfte», leistungs- und anpassungsfähig. Fühlen wir uns krank, so ist unsere Flexibilität eingeschränkt. Der Austausch zwischen Organismus und Umwelt hat die später «kränkelnde» Person derart stark «gefordert», daß ihre Reaktionsweisen und Regulationsfähigkeiten, die der Anpassung an die Umwelt dienen, an Belastbarkeitsgrenzen gestoßen und schließlich *überfordert* worden sind.

In vielen Fällen liegt zunächst eine Funktionsstörung vor: etwa der «Muskelkater» durch Ansammlung saurer Stoffwechselprodukte im Gewebe oder die Harnröhrenentzündung durch übermäßig konzentrierten Urin bei starkem Schwitzen und geringer Trinkmenge (eine Erscheinung, die jedem Wüstenreisenden vertraut ist). Wenn eine solche gestörte *Funktion* nicht rasch genug behoben wird, kann eine Schädigung der *Struktur* sich anschließen. Das geschieht beispielsweise dann, wenn ein Giftstoff das Hämoglobin in den roten Blutkörperchen «blockiert» und diese infolgedessen nicht mehr ausreichend Sauerstoff transportieren – massenhafter Zelltod und damit ein nicht mehr behebbarer Schaden im mangelhaft versorgten Gewebe, zum Beispiel im Gehirn, kann die Folge sein.

Wenn wir diese Vorgänge rein oberflächlich betrachten, könnte es so aussehen, als ginge es bei einer Maschine auch nicht anders zu, als sei «krank» etwas Ähnliches wie «kaputt». Nehmen wir den Motor eines Autos als Beispiel: Bei mangelhafter Schmierung (= Funktionsstörung), etwa infolge von Ölverlust, kommt es zum Kolbenfresser (= Strukturschaden). Allerdings kann ein Automotor auch deshalb Schaden nehmen, weil er ständig zu hochtourig gefahren wird, weil der Zeiger des Drehzahlmessers sich dauernd im «roten Bereich» bewegt. Die Lebensführung des modernen Menschen entspricht in vielerlei Hinsicht diesem Vorgang: Die Ursache der Schädigung liegt eigentlich nicht im Motor selber, auch nicht in seinem «Stoffwechsel», sondern in der Handhabung des Autos durch den Fahrer – in seiner Steuerung. Der erkrankende menschliche Organismus darf deshalb nicht mit der Maschine Automobil verglichen werden, erst recht nicht mit deren Motor, sondern allenfalls mit dem *Gesamtsystem aus Fahrer und Fahrzeug.* Das «Fahrzeug» unseres Organismus ist unser Körper, der «Fahrer» das Seelenleben samt seinen Erinnerungen, Wertvorstellungen, Ängsten und Begierden. Einem hochtourigen Fahrstil entspräche in diesem Vergleich die risikofreudige Motivationslage des Menschen – etwa der Drang eines 56jährigen Mannes, das eigene Alter zu verleugnen und sich permanent zu überfordern, die eigene Leistungsfähigkeit zu «überdrehen», bis dann am Ende der «Strukturschaden» Herzinfarkt die logische Folge ist.

Jedes «Erkranken» wäre also die Konsequenz einer versagenden leib-seelischen Anpassung an äußere oder innere Anforderungen. Diese These ist, was den Stoff- und den Energieaustausch des offenen Systems Mensch mit seiner Umwelt anbetrifft, dem Grunde nach akzeptiert (ob aus ihr dann sinnvolle Konsequenzen gezogen werden, steht allerdings auf einem anderen Blatt). Daß die gewaltige Energie eines Blitzschlags, wenn sie den Menschen trifft, zum Tode führen kann, daß die Aufnahme eines Giftstoffs wie zum Beispiel Quecksilber oder eines gefährlichen Mikroorganismus wie etwa des Pesterregers (das von Alexander Yersin 1894 entdeckte und nach ihm benannte Bakterium «Yersinia pestis») Wohlbefinden und Gesundheit schädigen – das gehört zum Standardwissen aller heilkundlichen Schulen. Die Akzente werden freilich höchst unterschiedlich gesetzt: Wo die Schulmedizin Gifte, Mikroben und Viren, neuerdings auch genetische Defekte als Wirkfaktoren ersten Ranges betrachtet, setzen «Alternativmediziner» gerne auf die Beseitigung von Elektrosmog, Wasseradern oder gar von «Störfeldern» einer Art, die mit den Mitteln der herkömmlichen Physik nicht mehr zu beschreiben ist.

Weit weniger Augenmerk wird von diesen konkurrierenden Ideologien der möglicherweise schädigenden Wirkung des Informationsaustauschs Mensch – Umwelt geschenkt. Eine in das alltägliche medizinische Handeln wirklich integrierte Psychosomatik gibt es derzeit weder auf seiten der Schul- noch im Lager der Alternativmedizin.

«Das ist wirklich sonderbar», merkt Heinrich nachdenklich an. «Na ja, verfeindete Brüder haben ja oft mehr miteinander gemeinsam, als sie zugeben mögen. Wir haben hier einen Doktor, für den besteht anscheinend die ganze Welt nur aus Amalgamplomben. Ob du Kopfweh hast oder Potenzprobleme, erst einmal mußt du dir das Maul sanieren lassen. Was eine ziemlich teure Sache ist. Da kann ich nur sagen: Schön, wenn alles so einfach wäre!»

Dabei liegt schon im experimentellen Bereich übergenug Material vor – von den Hundeversuchen des Iwan Petrowitsch Pawlow, der eine «experimentelle Neurose» zu erzeugen vermochte, bis hin zu den Mutterattrappen-Experimenten bei Rhesusaffen, die Harry Harlow durchgeführthat. Das Schädigungspotential existentiell verwirrender Information darf als zweifelsfrei bewiesen gelten (Einzelheiten dazu weiter unten). Was wir Krankheit nennen, ist also ein mehrdimensionales Ereignisgefüge, in dessen Entstehung und Verlauf die Informationsverarbeitung immer mit eingebaut ist.

Jede menschliche Erkrankung ist insofern auch eine doppelte Auseinandersetzung: einerseits mit einem Wirkstoff oder Agens der «Außenwelt», zum Beispiel mit Bakterien, die wir mit dem Trinkwasser in uns aufgenommen haben. Zugleich aber – und darin liegt eine qualitativ neue Dimension menschlichen Krankseins – ist sie eine Auseinandersetzung mit uns selber (etwa deshalb, weil wir zornig und ungeduldig werden, wenn eine «Sommergrippe» uns die Urlaubsreise zu verderben droht – das Wissen um etwaige Wirkungen der Erkrankung kann uns heftiger «aus der Bahn werfen» als die Krankheit selber). Es gibt somit nicht etwa zwei verschiedenartige, sauber abgrenzbare Gebiete, auf denen strikt voneinander zu trennende seelische und körperliche Erkrankungen angesiedelt wären. Es gibt «nur» verschiedene Akzentsetzungen, die sich aus dem jeweiligen existentiellen Interesse ergeben. Der Weltbezug des erkrankenden Menschen ist stets ein leib-seelisches Ganzes (und deshalb ist der Mensch auch nach jedem Erkranken ein anderer – weil er stets um die Erfahrung dieser Krankheit reicher ist). Die Art seiner Erkrankung – die ja stofflich verursacht sein mag wie zum Beispiel eine Schwermetallvergiftung – ändert daran nichts. Jede Krankheit ist «psychosomatisch».

Die folgende Abbildung versucht diese Zusammenhänge deutlich zu machen:

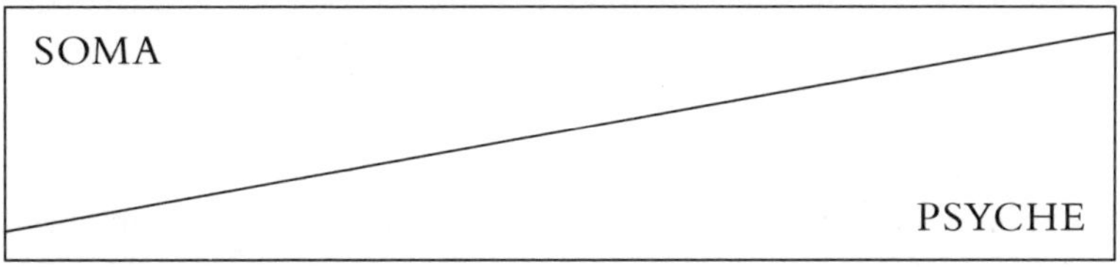

«somatopsychische» «psychosomatische»
Krankheiten

Es mag durchaus Ereignisse geben, bei denen aus praktischen Gründen die körperliche Befindensstörung massiv im Vordergrund steht. Bei einem lebensgefährlich Vergifteten werden wir nicht die familiären Spannungsverhältnisse recherchieren, jedenfalls zunächst nicht. Doch auch in solchen Fällen kann man unterschiedlich weit gesteckte Regelkreise betrachten (und man muß es zum Beispiel dann tun, wenn sich die Vergiftung als Selbstmordversuch herausstellt).

Wenn ein Autofahrer bei einer nächtlichen Fahrt gegen einen Baum rast und dabei schwer verletzt wird, handelt es sich bei dem ihn schädigenden Prozeß um ein plötzliches Einwirken mächtiger, beim Zusammenprall Auto–Baum frei werdender Kräfte auf seinen Körper, denen gegenüber das «Seelenleben» des Autofahrers nicht ins Gewicht zu fallen scheint. Wer würde also in diesem Extremfall von einer psychosomatischen Krankheit reden wollen? Für die möglicherweise lebensrettenden Sofortmaßnahmen kommt es auf das «Seelenleben» des Schwerverletzten nicht an. Aber es wäre schon recht sonderbar, ja geradezu waghalsig, daraus folgern zu wollen, dieses habe grundsätzlich keine Bedeutung. Betrachtet man die Ereignisse aus einer anderen, umfassenderen Perspektive, so stellt sich die Frage, warum der Mann bei seiner nächtlichen Fahrt so sehr «aufs Tempo gedrückt» und schließlich «die Kontrolle verloren» hat – die Frage nach seinem Fahrstil also (der ja, wir wissen es aus der Unfallstatistik, bei jungen Männern besonders rasant und risikoreich ist). In einem solchen Sinn ist es mehr als eine bloße Metapher, wenn wir sagen, daß das sein Automobil steuernde «Seelenleben» dieses Menschen den Unfall geradezu «angezogen» hat. Nicht unbedingt den Unfall selber, also den Zusammenprall mit jenem Baum (und, im Überlebensfalle, von ihm verursachte Erkrankungen und Folgeschäden), werden wir «psychosomatisch» nennen können, sehr wohl aber die Lebens- und Verhaltensweise, die ihn ja erst ermöglicht und somit zumindest mitbedingt hat. Dieses Prinzip läßt sich auf viele Verhaltensweisen anwenden, und es sollte insbesondere dort gebraucht werden, wo es um die vorbeugende Verhinderung von Unfällen und Krankheiten geht. Leider wird das aber viel zuwenig getan.

Informationsverarbeitung und menschliche Spezialprobleme

Eine solche «Vermaschung der Regelkreise» ist ein menschliches Sonderproblem, das uns immer wieder deutlich vor Augen tritt, wenn wir uns mit der Fähigkeit zur Gesunderhaltung befassen. Schon die Information über eine – wirkliche oder vermeintliche – Erkrankung, etwa durch eine überraschende ärztliche Diagnose, kann neues Leid erzeugen, die Abwehrkräfte schwächen und so zur Verschlimmerung des Gesamtverlaufs beitragen. Die Information selber – ob zutreffend oder nicht – kann sogar unmittelbar schädigen: Daß bei einem gegen bestimmte Blütenpollen allergischen Patienten auch der Anblick einer entsprechenden Plastikblume einen Asthmaanfall auslösen kann, ist mehrfach dokumentiert worden.

Für den höheren Organismus ist ein bestimmter Zustrom an Information lebensnotwendig, wie «Kaspar Hauser»-Versuche an Tieren, aber auch das Hospitalismus-Syndrom verwahrloster Kleinkinder zeigen. Schon der Stauferkaiser Friedrich II. hatte ein sehr grausames Experiment in die Wege geleitet: Um herauszufinden, welche Sprache die «natürliche» sei, ließ er Kinder unter Bedingungen aufziehen, in denen sie optimal mit Wasser, Nahrung usw. versorgt wurden, aber auf alle verbalen Sozialkontakte verzichten mußten. Die Kinder starben ...

Bei den Tupajas – Baumspitzhörnchen, die in den Urwäldern Ostasiens leben – kommt es in Gefangenschaft zu ausgeprägten Streßreaktionen (der Begriff «Streß» wird im nächsten Kapitel kritisch beleuchtet werden), wenn zu mehreren rangniedrigen Tieren ein ranghöheres Tier in den Käfig gesperrt wurde. Die Information «ranghöheres Exemplar anwesend» gibt das Signal, sich zu entfernen – aber nur unter den Bedingungen der «freien Wildbahn» kann eine solche Reaktion auch praktisch verwirklicht werden. Wäre hingegen die Rangfolge unklar und zwischen den Tieren strittig, so käme es eventuell zu einer kurzen und unblutigen Balgerei – aber niemals würde das unterlegene Tier im Gesichts-

«Ja, was denn nun», sagt Heinrich ärgerlich. «Erst behauptest du, das sei ein menschliches Spezialproblem, und jetzt erzählst du was von Tieren. Wahrscheinlich bringst du gleich noch Eichhörnchen und anderes Viehzeug als Beispiel. Paß auf, ich helfe dir auf die Sprünge: Glaubst du wirklich, bei uns Menschen wäre das Problem besonders groß? Vielleicht ist das so, weil es durch unsere Intelligenz geschaffen wird. Unsere Phantasie ist zu groß! Wir kümmern uns ständig um das, was morgen oder übermorgen passieren kann. Mögliche Krankheiten quälen uns so, als seien sie schon Wirklichkeit. Ich kenne eine Nachbarin, die den ganzen Tag jammert und stöhnt, weil sie sich darum sorgt, was ihr zustoßen *könnte*. Dabei ist sie nie wirklich krank. Glücklich und zufrieden ist sie aber erst recht nicht.»

kreis des dominanten Exemplars verbleiben. Im Käfig wird es jedoch zu solchem Verhalten gezwungen – und schon wenige Stunden «Dauerstreß» führen zu starken Schäden am Nerven- und Kreislaufsystem, unter Umständen sogar zum Tod.

In diesem Fall handelt es sich um eine Information, aus der keine Handlung folgen «darf», und das bedingt Krankheit. Aber auch in sich widersprüchliche Informationen können die Gesundheit schädigen. Das klassische Experiment dazu stammt aus den zwanziger Jahren und von dem berühmten russischen Physiologen Iwan Petrowitsch Pawlow. Ein Hund wurde «konditioniert», indem ein Kreis die Futtergabe ankündigte – schon bald stellte sich bei diesem optischen Reiz «gesetzmäßig» ein bestimmtes Reaktionsmuster ein, unter anderem Speichelfluß. Von einem «bedingten Reflex» zu reden ist jedoch falsch, denn es trifft nur bei Zwangshaltung im Käfig zu: Läßt man das Tier frei, läuft es zum Futtergeber und bettelt ihn an. Es handelt sich also, korrekt gesprochen, um «bedingtes Appetenzverhalten» (Betteln), das durch eine zu erwartende «Endhandlung» (Verzehren des Futters) ausgelöst worden ist. Lernt der Hund, daß eine Ellipse Strafe bedeutet, und werden dann Ellipse und Kreis einander angenähert, kommt es – etwa beim Achsenverhältnis 8:9 – zum «vegetativen Zusammenbruch»: Der Hund reagiert panisch, läßt Urin, beißt in die Gummischläuche seiner Umgebung etc. etc. Für solches Verhalten hatte man zu Pawlows Zeiten das Wort von der «experimentellen Neurose» geprägt.

Seither sind solche «Überforderungskrisen», bei denen widersprüchliche Botschaften Konflikte erzeugen, immer wieder experimentell reproduziert worden. So hat man bei Katzen, die durch einen Knopfdruck Nahrung erhielten, die Fütterung mit einem unangenehmen Reiz (Stromschlag) gekoppelt. «Nach ein paar Tagen entstanden daraufhin allgemeine Fehlverhaltensweisen: Furcht vor Gegenständen, die mit der Schocksituation gar nichts zu tun hatten, Erschrecken bei harmlosen Reizen, reaktive Aggression bei jeder Versagung, Verlust der Rangstellung in der Gruppe. Auch körperliche Symptome ließen sich beobachten: beschleunigter Blutdruck, Aufrichten der Haare, Schwitzen, Zittern, Verdauungsstörungen, Speichelfluß, Harnabgang, Asthma, sexuelle Impotenz und anderes ... Auch organische Leiden wurden bei Tieren als Folgen von chronischer Belastung durch Konflikte festgestellt: Ekzembildung bei Hunden, Magengeschwüre bei Affen und Ratten, Hypertrophie der Nebenniere mit Todesfolge bei Ratten.» So faßte der Biologe Bernhard Hassenstein 1973 die Befunde zusammen. Wie immer man diese zum Teil recht grausamen Experimente bewerten mag: Es ist auf jeden Fall hinreichend belegt, daß der Funktionsbereich «Informationsverarbeitung» – beim Menschen ohnehin überdimensioniert – auch für sich genommen, das heißt ohne Kombination mit Schadstoffen oder zerstörerischen Energiequantitäten, hinreichend gesundheitsschädlich ist.

Ein anderes Beispiel mag dies weiter verdeutlichen. In den fünfziger Jahren berichtete eine amerikanische Forschergruppe über sogenannte Doppelbindungssituationen («Double bind» – ins Deutsche meist als «Beziehungsfalle» übersetzt), die sie vor allem in den Familien schizophrener Patienten gefunden haben wollte und als wesentlichen Teilfaktor bei der Entstehung dieser Krankheit identifizieren zu können glaubte. Es handelt sich dabei um einen Konflikt zwischen verschiedenen Ebenen der Kommunikation, zwischen offenen und verborgenen Botschaften. Es ist beispielsweise möglich, daß der kommunikative Akt – zu dem ja nicht nur die verbale Äußerung gehört, sondern auch Gestik, Mimik und so fort – einerseits eine «Sachaussage» enthält, andererseits aber auch einen Appell, der vielleicht im krassen Gegensatz zu dieser Aussage steht. Als klassisches Beispiel gilt der Fall einer Mutter, die dem Kleinkind sprachlich mitteilt: «Komm her, mein Schatz», während die Körpersprache den gegenteiligen Eindruck

Heinrich seufzt. «Da ist was dran! Es gibt wirklich furchtbare Dinge ... Meine Mutter schenkt mir jedes Weihnachten zwei Oberhemden, das ist ihr einfach nicht abzugewöhnen. Am ersten Weihnachtsfeiertag bin ich immer zum Mittagessen bei ihr, dann ziehe ich eines der Hemden an. Das freut Mutter natürlich – und trotzdem sagt sie immer: ‹Wie schade, daß dir das andere nicht gefallen hat.› Dagegen kommt man einfach nicht an ...»

(«Bleib mir vom Leib!») vermittelt.

Die Ergebnisse ihrer umfangreichen Studien formulierten Bateson, Jackson, Haley und Weakland 1956 so: «Zusammenfassend können wir also sagen, daß die Double-bind-Natur der Familiensituation eines Schizophrenen das Kind in eine Lage bringt, in der es, wenn es auf die simulierte Zuneigung der Mutter reagiert, in ihr Angst auslöst, so daß sie es bestraft ... Macht das Kind jedoch keinen Versuch, ihre Neigung zu gewinnen, so hat sie das Gefühl, sie sei keine liebevolle Mutter, und ihre Angst meldet sich. Sie wird das Kind daher entweder für seinen Rückzug strafen oder Annäherungsversuche unternehmen, um darauf zu drängen, daß es seine Liebe zu ihr zeigt. Wenn es darauf reagiert und ihr Zuneigung zeigt, so wird sie sich nicht nur erneut in Gefahr fühlen, sondern vielleicht auch übelnehmen, daß es sie zu dieser Reaktion zwingen mußte. In einer Beziehung, die höchst bedeutend für sein Leben und Modell

	Botschaft	Information
Bewußt:	sprachlich: «Komm her, Schatz»	metasprachlich: «Ich bin eine gute Mutter»
Unbewußt:	metasprachlich: «Halt dich fern»	metasprachlich: «Ich verabscheue dich»

für alle anderen Beziehungen ist, wird das Kind auf jeden Fall bestraft, ob es nun Liebe und Zuneigung zeigt oder nicht, und die Wege zur Flucht aus der Situation wie etwa Erlangung von Unterstützung durch andere sind bei ihm abgeschnitten. Darin besteht der Grundcharakter der Double-bind-Beziehung zwischen Mutter und Kind.»

Spätere Autoren haben die Bedeutung dieses Double-bind-Konzepts wieder in Frage gestellt oder zumindest erheblich relativiert. Selbstverständlich besteht noch umfassender Forschungsbedarf, um die gesundheitsschädliche Wirkung «entgleister» menschlicher Kommunikation genauer und detailliert zu beleuchten. *Daß* es eine solche Wirkung tatsächlich gibt – daran kann heute jedoch kein Zweifel mehr bestehen.

Menschliches Verhalten beruht auf einem Motivationsgefüge

Anders als bei einem Stein, der ja nicht aus eigenem Entschluß den Abhang eines Berges hinunterrollt, gilt die Aktivität lebender Organismen als «motiviert», das heißt als durch innere «Motoren» zielgerichtet gesteuert. Wenn der Stein ins Rollen kommt, dann deshalb, weil sich ein Gefüge löst, das ihn zuvor festgehalten hatte – wenn dagegen ein Mensch bergab wandert, dann dürfen wir vermuten, daß er das auch «will», daß er dafür «seine Gründe hat». Allerdings lehrt uns die Erfahrung, daß solches «Wollen» keineswegs ein einheitlicher, widerspruchsfreier Vorgang ist, sondern ein vielschichtiger, oft sogar in sich selber konflikthafter Prozeß. Wir nehmen «Motive» an, die den Menschen bewegen, also sein Verhalten steuern, und sprechen wegen der erwähnten Vieldimensionalität auch vom *Motivationsgefüge*. Motive aller Art – Hunger, Durst, Angst und so fort – gibt es selbstverständlich auch beim Tier. Daß aber das Motivationsgefüge des Menschen besonders komplex ist, liegt auf der Hand. In ihm wirken – unter anderem – zusammen:

- Antriebe wie Hunger, Durst, Sexualität, Neugier etc.
- Gefühle wie Angst, Trauer, Freude, Scham, Wut etc.
- Kognitive Leistungen – Sinneswahrnehmungen und ihre «Aufbereitungen» («Beurteilung» der Lage etc.)
- Phantasien und Wunschbilder
- Erinnerungen
- Kulturelle Wertvorstellungen, Ideale, Ideologien ...

Diese (unvollständige und sich zum Teil überlappende) Aufzählung läßt die Bedeutung der menschlichen Informationsverarbeitung für das Motivationsgefüge deutlich werden, zeigt zugleich aber auch dessen Störanfälligkeit. Motivationskonflikte können in Krankheiten münden, sie können aber auch auf anders verursachte Krankheiten folgen und deren Verlauf möglicherweise entscheidend beeinflussen. Dies nicht zuletzt deshalb, weil lang anhaltende «Demotivation», die in *Demoralisierung* mündet, unser Immunsystem negativ beeinflußt (mehr dazu im nächsten Kapitel).

«Störanfälligkeit ...», wirft Heinrich ein. «Das erinnert mich an ‹Störfall›, an Atomkraftwerke. Da kommen auch so viele technische Probleme zusammen, daß sie nur noch mit Mühe beherrscht werden können. Deshalb baut man ja auch den Druckbehälter drum herum, um das Schlimmste zu verhindern, wenn doch etwas schiefgeht ...
Vielleicht waren die Religionen von einst – denk nur an deinen Grazer Apotheker – auch so eine Art Druckbehälter. Der ist jetzt zerbröselt, und alles schwätzt vom Werteverfall. Plötzlich geraten wir viel leichter aus der Fassung – wir merken überhaupt erst, wie bedroht wir eigentlich sind.
Und ebendeshalb sehnen sich so viele nach allem möglichen esoterischen Schund, von ‹Uriella› bis zum philippinischen Wunderheiler ...»

Die von Sigmund Freud 1895–1900 begründete und

später vielfach fort- und weiterentwickelte «Tiefenpsychologie» bemüht sich seit langem um eine «psychosomatische» Krankheitstheorie, die das Wechselverhältnis zwischen Körper und Seele nicht bloß voraussetzt, sondern auch erklärend erhellt. Grundlegend ist dabei die damals anstößige, heute aber kaum noch bestrittene Erkenntnis, daß innere Konflikte – zum Beispiel zwischen verbotenen, «unanständigen» Wünschen und anerzogenen Normen – einerseits dem Wachbewußtsein entzogen bleiben, andererseits aber dennoch (oder gerade deshalb) eine selbstschädigende Wirkung entfalten können. Ein allgemein anerkanntes, umfassendes Lehrgebäude ist auf dem Fundament dieser Grundeinsichten bis dato allerdings nicht errichtet worden, die Zahl der Lehrmeinungen enorm, die Terminologie oft verwirrend und widersprüchlich. Unser Wissen ist – zum Schaden der Patienten – gerade auf diesem Sektor noch höchst lückenhaft.

IV. Der andere Weg: Salutogenese statt Pathogenese

«Wenn dir's in Kopf und Herzen schwirrt,
Was willst du Beßres haben!
Wer nicht mehr liebt und nicht mehr irrt,
Der lasse sich begraben!»
Johann Wolfgang von Goethe

Noch einmal «Widerstandsressourcen»

Das erste wegweisende Buch von Aaron Antonovsky – *Health, Stress and Coping* – erschien 1979, vor über zwanzig Jahren. Seine zentrale These haben wir bereits zitiert; sie lautet kurz und bündig: «Stark streßbelastete Personen mit einem Mangel an Widerstandsressourcen erkranken.»

Diese Formel mag schlicht, fast banal anmuten. Sie ist es aber nicht, wenn wir sie, als zusätzlichen Stein für unser Puzzle, im Licht des bisher Gesagten hin und her wenden und dabei genauer betrachten. Es kommt also bei einem etwaigen «Erkranken» nicht bloß auf die «Belastung», auf die auf unseren Organismus einwirkenden Störgrößen, auf Stoffe, Energien, Signale und andere Informationen an. Wir wußten zwar schon, daß auch die sogenannten Wirtsfaktoren eine große und möglicherweise entscheidende Rolle spielen, wenn nicht die kollektive *Krankheitsstatistik*, sondern das individuelle Schicksal in den Mittelpunkt des Interesses tritt. Wir hatten mit der Unterscheidung von «Sensitivität» und «Suszeptibilität» auch schon eine vorläufige Ordnung in den Wirrwarr möglicher «Wirtsfaktoren» zu bringen versucht. Aber ich glaube, daß der zunächst eher unscheinbare Begriff der «Widerstandsressourcen» noch einen weiteren Schritt nach vorne möglich macht. Und das vor allem deshalb, weil er deutlich das Aktive des Vorgangs, des Widerstands, betont (für dessen Ausübung freilich ein geeigneter «Kraftvorrat» zur Verfügung stehen muß). Es geht nicht um *Eigenschaften*, obwohl auch diese – als Basisdaten – von Bedeutung sind, sondern um deren Integration in *Verhaltensweisen*. Um den Vergleich mit einem fahrenden Automobil noch einmal zu bemühen: Es geht nicht um Grundmerkmale wie PS-Stärke oder Benzinverbrauch – die Mobilisierung von (möglicherweise sehr verschiedenartigen) Widerstandsressourcen entspricht, im praktischen Ergebnis, weit eher dem, was wir als «Straßenlage» oder «Kurvenverhalten» eines Fahrzeugs bezeichnen. Wobei abermals deutlich wird, daß sich der Vorgang nur verstehen läßt, wenn wir nicht allein die Maschine Auto, sondern auch dessen Lenker und seine Fahrweise in die Betrachtung mit einbeziehen. Denn erst das Zusammenwirken von Fahrweise einerseits, den technischen Charakteristika des gefahrenen Autos andererseits führt dazu, ob das Gesamtsystem Fahrer plus Auto die Kurve bewältigt oder im Straßengraben landet. Widerstandsressourcen verstehen zu wollen, ohne das Seelenleben eines Menschen zu untersuchen – das wäre etwa ebenso klug wie der Versuch, einen Autounfall damit erklären zu wollen, daß der Motor des verunglückten Wagens mit vier Ventilen pro Zylinder ausgestattet ist …

Vermutlich handelt es sich bei den «Ressourcen», die uns in die Lage versetzen, erfolgreich «Widerstand» zu leisten, um ein ganzes Ensemble von unterschiedlichen einzelnen Vorgängen. Welche Vorgänge sind das – und wie wirken sie zusammen? Eine konkrete Antwort auf diese Frage ist unabdingbar, wenn wir die Weite des Blickfelds abschätzen wollen, das sich uns für unsere «neue medizinische Perspektive» eröffnen kann. Und um einer solchen Antwort näherzukommen, genügt es nicht, die Fragwürdigkeit und Vieldeutigkeit des Begriffs «Gesundheit» zu erörtern. Das haben wir ja bereits versucht – aber noch immer haben wir zu wenig Puzzlesteine aneinandergefügt, unser Bild weist noch erhebliche Lücken auf. Es ist vermutlich nötig, noch einmal das ganze Arsenal an Strukturen und Funktionen Revue passieren zu lassen, das unserem Körper zu seiner eigenen, aktiven «Gesunderhaltung» zu Verfügung steht – von den diversen Schutzvorrichtungen lokaler Art bis zum Immunsystem, zum «allgemeinen Adaptationssyndrom», das Hans Selye vor sechzig Jahren erstmals beschrieben hat. Nach einer vergleichenden Untersuchung all dieser Faktoren werden wir dann besser erkennen können, welche wirklich neuen Aspekte uns der Blick auf «Widerstandsressourcen» und die auf ihnen beruhende «Salutogenese» am Ende erschließen kann.

Unspezifische Abwehrvorrichtungen des Körpers

Die «vorderste Verteidigungslinie», die unser Organismus gegen die ihm aus der Außenwelt drohenden Gefahren errichtet hat, besteht aus einer Vielzahl sehr verschiedenartiger Vorkehrungen für Schutz und Abwehr. Unsere *Haut* wäre hier in erster Linie zu nennen, des weiteren aber auch ein ganzes Ensemble höchst unterschiedlicher Mechanismen wie etwa die Fähigkeit, das Auge mit der Tränenflüssigkeit zu spülen, wie der Hustenreflex, der Gegenstände entfernen soll, die in unsere Atemwege geraten sind, dort aber nicht hingehören, oder wie das Ekelgefühl, das – weil meist mit Würg- und Brechreiz verbunden – möglicherweise gefährliche Substanzen, etwa verdorbene Speisen, aus unserem Körperinneren wieder hinausbefördert, und dies möglichst rasch, das heißt, noch

«Pfui Teufel! Mir wird zum Beispiel schlecht, wenn ich Schnecken oder Austern sehe», ruft Heinrich. «Wobei es ja schon sehr verschieden ist, wovor die Menschen sich ekeln. Wenn ich mir vorstelle, daß die Chinesen keinen Käse mögen ... eigentlich will ich mir das gar nicht vorstellen. Aber es ist schon unglaublich, was die Menschen alles ausprobiert haben. Welche geschichtliche Erfahrung steckt in unserem Speisezettel! Zu wissen, welche Frucht roh gegessen werden kann, welche gekocht werden muß, welche Pilze eßbar sind, welche nicht ... Heute ist das den meisten egal. Die denken, das Essen kommt aus der Tiefkühltruhe. Die wissen gar nicht, was ihnen entgeht.»

bevor sich eine etwaige Giftwirkung entfalten kann.

Diese überaus vielfältigen Vorrichtungen, mit deren Hilfe sich der Organismus inbesondere bei uns Menschen und bei unseren nächsten Verwandten, den «Primaten», gegen Bedrohungen und Gefahren zur Wehr setzt, mögen an die bizarren Verteidigungsarsenale mittelalterlicher Burgen erinnern – von der Schießscharte bis zur Zugbrücke, von der Pechnase bis zum Fallgatter.

Bei der Verteidigung des Menschen gegen die allgegenwärtigen Gefährdungen seiner Fähigkeit, sich gesund zu erhalten, wären – in einer unvollständigen Aufzählung – als weitere Schutzvorkehrungen noch zu nennen:

- Reaktive Hautverdickungen an besonders exponierten Körperpartien (Hornhautbildung);
- die Blutung, die die Wunde säubert, aber auch die Blutgerinnung, die die verletzte Haut mit einer Kruste wieder verschließt;
- die Zentralisation des Kreislaufs bei größeren Blutverlusten;
- die Menstruationsblutung des weiblichen Körpers;
- das Fieber als unspezifische Abwehrreaktion, möglicherweise –

das ist strittig – auch die Senkung des Eisenspiegels bei Infektionen;

- die vermehrte Sekretproduktion durch entzündete Schleimhäute (Katarrh);
- die vermehrte Harnproduktion bei Blasenentzündung;
- die Produktion von stark konzentrierter Salzsäure im Magen;
- der Durchfall (Diarrhöe) nach Aufnahme von unverträglichen Substanzen in das Körperinnere.

Daß die Evolution des Lebens die Entstehung solcher «Schutzvorkehrungen» immer wieder «belohnt» hat, ist einleuchtend. Ebenso augenfällig ist aber auch, daß diese Strukturen niemals optimal sein können, sondern auf Kompromissen beruhen, weshalb sie sich unter anderen Gesichtspunkten (oder unter veränderten Bedingungen) als problematisch oder geradezu als Nachteil erweisen können. Eine Befestigungsanlage kann in Feindeshand geraten und den Belagerern dazu dienen, die Burg, gegen die sie anrennen, besser beschießen zu können – der Durchfall, mit dem der Körper sich entleert und von eingedrungenen Giften befreit, schwemmt auch Salze und Mineralien nach außen und kann dadurch zum Tod führen, obwohl die Schadstoffe eliminiert worden sind. Wir haben hier keinen Raum für evolutionstheoretische Überlegungen; es muß der Verweis darauf genügen, daß die Evolution des Lebens sehr wohl, um kurzfristiger Vorteile willen (das heißt für einen gesteigerten Fortpflanzungserfolg), immer wieder «Designkompromisse» eingeht, die sich an anderer Stelle – oder unter veränderten Lebensumständen – als hinderlich herausstellen. Das Musterbeispiel hierfür ist der aufrechte Gang, der uns Menschen Bandscheibenprobleme, Venenleiden und andere Beschwerden in Fülle beschert. Daß beim Menschen die biologische Evolution noch von einer zweiten, der kulturellen Evolution überlagert wird, ändert an die-

«Mag sein, daß es nichts daran ändert», merkt Heinrich an, «aber die Kultur kann die Schlampereien der Evolution lindern. Oder verstärken. Zum Beispiel mit der Erfindung des Stuhls, der die Folgen des aufrechten Gangs noch verschärft. Ich bin ja sowieso kein Schreibtischhocker wie du, aber wenn ich Bürokram zu erledigen habe, mache ich viel davon an meinem Stehpult. Das wäre bestimmt ein gutes Mittel gegen die Rückenschmerzen, über die du klagst. Oder du solltest dir den Wecker stellen und nach jeder Stunde, die du vor deinem Computer gesessen hast, eine Viertelstunde spazierengehen.»

sen Grundtatsachen des Lebens nichts.

So vielfältig die Verteidigungsmaßnahmen des menschlichen Organismus auch sein mögen: sie sind noch keineswegs bis ins letzte Detail erforscht. Es ließe sich vielleicht noch viel lernen über die Fähigkeit des menschlichen Körpers, sich mit Gefahren auseinander- und sich gegen diese durchzusetzen, wenn wir andere Tiere besser und systematisch studieren würden – die *Bären* zum Beispiel. Dieser Hinweis mag seltsam und abseitig anmuten, doch er ist es keineswegs. Während des Winterschlafs können Bären ihre Körpertemperatur absenken, mit einer negativen Kalorienzufuhr leben und auf eine Urinausscheidung weitgehend verzichten, ohne deshalb – wie es jedem Menschen widerfahren würde – am «urämischen Koma» zu sterben (also an der Selbstvergiftung des Körpers durch die sich mit der Zeit ansammelnden «harnpflichtigen» Stoffe, die normalerweise von der Niere aus dem Blut gefiltert und über die Blase nach außen abgepumpt werden). Das Fehlen eines «Winterschlafs» beim Menschen wird übrigens von manchen Psychiatern für die Entstehung der «endogenen Depression» mitverantwortlich gemacht (bei der in einigen Fällen interessanterweise gerade eine «Lichttherapie» hilfreich sein kann).

Wie dem auch immer sei – der Organismus der höheren Tiere

(und erst recht der des Menschen) hat sich in Sachen «Krisenmanagement» nicht auf die Existenz der diversen einzelnen Schutzvorkehrungen verlassen, die wir bis jetzt geschildert haben – so raffiniert diese jeweils auch sein mögen. Er hat zusätzlich umfassende, miteinander koordinierte Verteidigungsstrategien entwickelt, die es jetzt genauer zu betrachten gilt.

Verinnerlichte, dynamische «Verteidigungssysteme»

Die im letzten Abschnitt erörterten sehr verschiedenartigen Schutzmechanismen sind dezentral angeordnet; sie arbeiten weitgehend unkoordiniert und unabhängig voneinander.

Das Immunsystem, die «innere Verteidigungslinie» des Organismus, koordiniert seine Abwehrleistungen, ist aber immer noch dezentral strukturiert. Seine Bestandteile – Milz, Lymphknoten, Thymusdrüse und Knochenmark – sind über den gesamten Körper verteilt.

«In der Vielfalt seiner Funktionen läßt sich das Immunsystem mit dem Nervensystem vergleichen», schreibt der Wissenschaftler Niels Kaj Jerne, der 1984 den Nobelpreis für Medizin erhalten hat. «Beide Systeme sind nicht klar abgegrenzt und durchdringen die meisten Gewebe des Körpers. Beim Menschen wiegen alle Bestandteile des Immunsystems zusammen knapp ein Kilogramm. Dazu gehören ungefähr eine Billion (10^{12}) Zellen, sogenannte Lymphozyten, sowie rund 100 Trillionen (10^{20}) spezielle Moleküle, die man als Antikörper bezeichnet und die von den Lymphozyten produziert und sezerniert (ausgeschüttet) werden. Das Immunsystem zeichnet sich insbesondere dadurch aus, daß es Muster zu erkennen vermag; es fungiert als Wächter im Körper und wahrt dessen Identität.»

Daß die Übereifrigkeit dieses Wächters ebenso zu Problemen

führen kann wie seine Überforderung, ist allgemein bekannt und braucht an dieser Stelle nicht im Detail erläutert zu werden. Die Allergie als «Überschußproduktion» von Antikörpern gegen bestimmte, oft «eigentlich» gar nicht bedrohliche «Reizstoffe» ist ebenso häufig erörtert worden wie die Fülle von «Autoimmunkrankheiten», deren spezifische Ursachen freilich noch weitgehend ungeklärt sind.

Weit wichtiger erscheint mir im Zusammenhang dieses Kapitels, daß das Immunsystem des Menschen ganz offensichtlich auch durch seelische Reize – also letztlich durch die Verarbeitung von Informationen – beeinflußt werden kann, und zwar im positiven wie im negativen Sinn. Ein Hypothalamus genanntes Hirnareal sowie die in der Hirnanhangdrüse (Hypophyse) als «Botenstoffe» gebildeten Neuropeptide spielen bei diesem Prozeß eine Schlüsselrolle. Das ist durch eine Fülle von Tierversuchen eindeutig belegt, ebenso wie – bei Tier und Mensch – die Beeinflußbarkeit der «Abwehrkraft» durch die allgemeinen «Lebensumstände». Um nur ein Beispiel zu nennen: Mäuse, die Mykobakterien – den Erregern der Tuberkulose – ausgesetzt waren, fielen dieser Krankheit sehr viel leichter zum Opfer, wenn der Experimentator auch anderweitig in ihrem Käfig «für Aufregung sorgte» (umgangssprachlich ausgedrückt) – wenn sie zwar in einem infektiösen Milieu lebten, aber ansonsten in Ruhe gelassen wurden, war ihr Erkrankungsrisiko deutlich geringer.

Wenn auch die Übertragbarkeit von Tierexperimenten auf die menschliche Lebensrealität immer wieder – und oft zu Recht – in Frage gestellt wird: Die prinzipielle Beeinflußbarkeit des Immunsystems durch «die emotionale Reaktion auf eine gesellschaftliche Umwelt» (so nannte es der Physiologe Hans Schaefer) steht außer Zweifel.

Damit erhält auch eine unstrittige menschliche Alltagserfahrung ihr wissenschaftliches Fundament: daß nämlich eine belastende Lebenssituation eine Krankheit verschlimmern kann, wie umgekehrt eine Veränderung der Lebensumstände auch das körperliche Befinden und die Widerstandskraft eines Patienten verbessert. Es wird so auch verständlich, wie zum Beispiel eine «rein geistige» Tätigkeit, etwa regelmäßiges Meditieren, die Immunabwehr und damit die Gesundheitsressourcen eines Menschen verbessern kann.

Allerdings trifft auch das Gegenteil zu. Diether Findeisen und Lothar Pickenhain – zwei Immunologen und Sportmediziner – führen in ihrem 1990 erschienenen Buch über *Psychoimmunologie* ein eindrucksvolles Beispiel für eine negative seelische Beeinflussung der menschlichen Immunlage an: den Verlust eines Lebenspartners nach jahrelanger glücklicher Gemeinschaft: «In mehreren Untersuchungen konnte nachgewiesen werden, daß bei dem überlebenden Partner eine oft starke Funktionsabschwächung der B- und T-Lymphozyten eintritt und daß diese Beeinträchtigung des Immunsystems ein Jahr und länger anhalten kann. Dies kann dazu führen, daß Risikopersönlichkeiten, insbesondere ältere, deren Immunsystem ohnedies bereits geschwächt ist, schon kurz nach dem Tod ihres Ehepartners ebenfalls sterben: Ein vorhandenes Krebsleiden kann sich schlagartig verschlechtern, andere chronische Erkrankungen können neu auftreten oder sich verschlimmern. Auffällig ist die Beobachtung eines Autors, daß diese Erscheinung beim männlichen Ehepartner häufiger zu beobachten ist als beim weiblichen. Dies hängt sicher mit der bei der älteren Generation noch sehr stark ausgeprägten traditionellen Rollenverteilung zusammen, die dazu führt, daß der Mann beim Verlust seiner Partnerin den neu auf ihn zukommenden Anforderungen und Belastungen im allgemeinen weniger gewachsen ist.»

Zusammenfassend kann gesagt werden: Die Beziehung zwischen Immunantwort und leib-seelischer Befindlichkeit ist vielgestaltig und komplex. Die Wissenschaft hat derart viele «psychoimmunologische» Befunde zusammengetragen, daß damit dem Bild von einer «Menschenmaschine» endgültig der Boden entzogen worden ist. Immer deutlicher wird erkennbar, daß es in der Tat nur jeweils unterschiedlich akzentuierte «psychosomatische» und «somatopsychische» Erkrankungen gibt. Die Alltagspraxis der Medizin ist jedoch gerade in dieser Hinsicht weit hinter ihrem theoretischen Wissensstand zurückgeblieben.

Allgemeine Adaptation und «Streß»

Als «Verteidigungssysteme» organisierte lokale Körperstrukturen einerseits, das dezentrale, über den gesamten Organismus verteilte Immunsystem andererseits werden ergänzt durch Reaktionsweisen, die den ganzen Körper betreffen. Diese bilden eine neue Qualität – auch, was die Intensität betrifft, mit der sie von uns erlebt werden. Ein kalter Luftzug, der das Auge trifft, hat möglicherweise Tränenfluß zur Folge; eine hohe Staubbelastung der Luft löst Hustenreiz aus. Beides behindert uns nicht weiter bei den Aktivitäten, mit denen wir gerade beschäftigt sind, eventuell sind wir so konzentriert, daß wir diese lokalen Regulationsvorgänge, mit denen der Körper auf Außenreize antwortet, nicht einmal bemerken. Auch der Kampf unseres Immunsystems gegen trotz aller Schutzvorkehrungen in das Körperinnere eingedrungene Mikroorganismen wird uns, unterhalb einer gewissen Schwelle, entweder gar nicht oder allenfalls als eine «leichte Grippe» oder als «Schnupfen» bewußt.

Übersteigt die Störung allerdings ein gewisses Ausmaß, so gerät rasch der gesamte Körper in eine Art «Alarmzustand». Diesen Vorgang hat der aus Österreich-Ungarn stammende und später in Kanada forschende, 1982 gestorbene Wissenschaftler Hans Selye schon in den dreißiger Jahren genauer untersucht.

Selye beschrieb ein «allgemeines Adaptationssyndrom», mit dem der Körper auf «Streß», das heißt auf ungewöhnliche Beanspruchungen, reagiert und das charakteristischerweise in drei Phasen abläuft, die sich recht genau voneinander abgrenzen lassen. Selye nannte diese Phasen Alarmreaktion, Widerstandsstadium und Erschöpfungsstadium.

Die drei Stadien des Allgemeinen Anpassungssyndroms

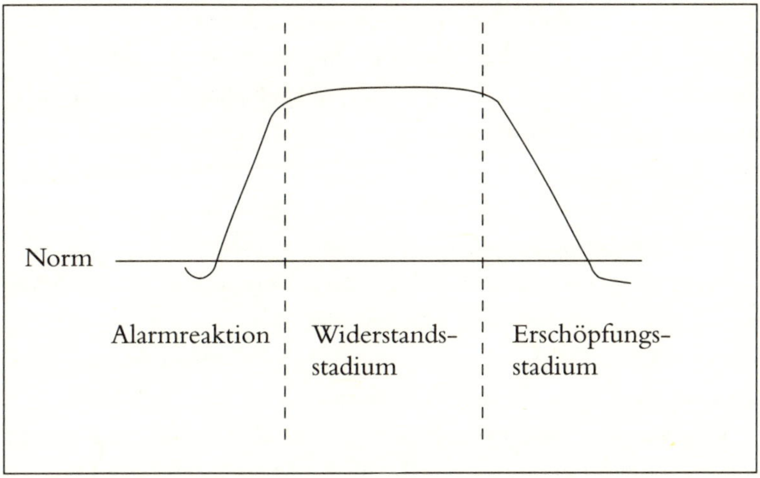

Quelle: Hans Selye: Streß, München 1974

Mit der heute umgangssprachlich üblichen Gleichsetzung von «Streß» = «übermäßige, gesundheitsschädliche Belastung» hatte Selye allerdings nichts im Sinn – das hat er immer wieder und mit Nachdruck betont. Er unterschied die Streßreize, die an sich neutral sind, für das Individuum aber durchaus eine wertvolle und bereichernde *Herausforderung* darstellen können, sehr genau vom «Distress», also von der schädlichen Überbeanspruchung, die vor allem dann entsteht, wenn ein angemessener Umgang mit Streßreizen nicht mehr möglich ist.

Der «angemessene», von der Natur vorgebahnte Umgang mit Streßreizen wurde von Selye als eine «Adaptation», also als eine Anpassung beschrieben, bei der Veränderungen des physiologischen Zustands (insbesondere erhöhte Aktivität von Komponenten des vegetativen Nervensystems, vermehrte Ausschüttung von Hormonen wie Adrenalin und Steigerung des Blutdrucks) einhergehen mit verändertem Verhalten. Essen, Schlaf oder Sex spielen in solchen Situationen, wo nur das Überleben zählt, keine Rolle mehr – die entsprechenden Motivationen werden gehemmt. Das entscheidende Problem liegt heute darin, daß dieser Mechanismus auch dann anspringt, wenn nicht der Kampf gegen einen Säbelzahntiger, sondern ein – scheinbar nebensächlicher – Streit mit dem nörgelnden Büroleiter auf der Tagesordnung steht. Nicht, daß wir die Faust ballen, sondern daß wir die Faust *in der Tasche* ballen (müssen), ist das «Streßproblem» des Gegenwartsmenschen: Er regt sich viel zu häufig auf und darf viel zu selten kämpfen. Durch die Kulturentwicklung wird einer Haltung der Weg bereitet, die wir als «innerlich feindselig, äußerlich angepaßt» beschreiben können und die eindeutig gesundheitsschädlich ist.

Wenden wir diese Erkenntnisse der Streßforschung auf unsere gegenwärtigen Lebensverhältnisse an, so ist zu beachten, daß

- Streßreize sich heute von unmittelbaren physischen Bedrohungen (lebensbedrohliche Angriffe durch Menschen und Tiere, Unwetter, Hungersnot etc.) zumindest in unserer europäischen Lebenswelt immer mehr zu seelischen Belastungen weiterentwickelt haben;
- das «traditionelle Bewältigungsprogramm» – Kampf oder Flucht – meistens nicht mehr in Frage kommt und daß
- sich viele Streßreize quasi als Dauerbelastung in unserer zivilisatorisch gestalteten Umwelt «eingenistet» haben.

Der berühmte Soziologe Norbert Elias hat solche Veränderungen in seinem epochalen Werk *Der Prozeß der Zivilisation* am Beispiel des Reisens im Mittelalter einerseits und in der heutigen Zeit andererseits deutlich gemacht. Ein Reisender aus dem Jahr 1299, der sich natürlich sehr viel langsamer fortbewegte, als wir das heute tun, war auf seinem Reiseweg vor allem von äußerlichen Gefahren bedroht: von Räubern, wilden Tieren, Unwettern und so fort. Wer 1999 in ungleich höherem Tempo auf der Autobahn München–Hamburg dahinrast, ist dabei vor allem «von innen her» gefährdet: durch Müdigkeit und infolgedessen verlangsamte Reflexe, durch Konzentrationsverlust bei hohem Restalkoholpegel vom Vortag und so weiter. Das Ausmaß der Streßreize mag heute nicht geringer sein als damals, aber ihre Qualität hat sich drastisch geändert, sie sind «chronifiziert», und es gibt kaum noch Ruhepausen und Erholungsphasen zwischen ihnen. Der Adrenalinpegel bleibt hoch, er wird nicht mehr «abgearbeitet» – der Autofahrer sitzt – wie ein Versuchstier im Petersburger Labor des Iwan Petrowitsch Pawlow – festgeschnallt hinter dem Steuerrad, er ärgert sich, ballt die Faust, und sein Blutdruck steigt ...

Es ist also im wahrsten Sinne des Wortes überlebenswichtig, möglichst oft vermeiden zu können, daß aus Streß die schädliche Dauerbelastung des «Distress» wird, gegen die wir unter den gegenwärtigen Lebensbedingungen nicht mehr durch unsere überkommenen «Anpassungsreaktionen» geschützt werden können. Denn diese Reaktionen sind (oder waren) dazu da, kurzfristig «alle Reserven» des Organismus zu mobilisieren. Dauert die Belastung aber fort und ist jeder entlastende Ausweg versperrt, schadet der dauererregte Organismus langfristig vor allem sich selber.

Wie schon im letzten Abschnitt angedeutet, gibt es eine Feinabstimmung zwischen dem Gehirn, das die allgemeine Adaptations-Reaktion auf Streßreize in Gang setzt (der Hypothalamus produziert CRH = Corticotropin-Releasing-Hormon; die Hypophyse setzt Corticotropin frei, und die Nebennieren produzieren Cortisol), und dem Immunsystem. Wie ist diese Feinabstimmung, wie auch immer ihre hormonelle Regelung im einzelnen funktionieren mag, auch der seelischen Beeinflussung zugänglich? Offenbar können das «Streßsystem» und das «Immunsystem» konstruktiv zusammenwirken, aber auch in Gegensatz zueinander geraten. Sind übergeordnete Instanzen vorhanden, von deren Funktionen abhängt, was geschieht? – Es gibt sie in der Tat – und es handelt sich dabei um ebenjene Instanzen, die die «Salutogenese» und die dafür eingesetzten «Widerstandsressourcen» koordinieren.

Spezifischer Umgang mit Streßreizen und Salutogenese

Wie ich bereits erläutert habe, postulierte der Soziologe Aaron Antonovsky die Existenz von «Widerstandsressourcen» – von leibseelischen Kräften, die seiner Meinung nach zum Prozeß des Sich-gesund-Erhaltens mehr beitragen als das bloße Weglassen von Risikofaktoren wie Alkohol und Nikotin. Gesund zu bleiben fordert mehr als ein solches «Risikomanagement» – dieses mag zwar notwendig sein; *hinreichend* ist es noch lange nicht.

Antonovsky definierte das «Kohärenzgefühl» («Sense of Coherence») als «eine globale Orientierung, die ausdrückt, inwieweit jemand ein sich auf alle Lebensbereiche erstreckendes, dauerhaftes, aber zugleich dynamisches Vertrauen besitzt, daß

- die Reize, die wir im Laufe des Lebens aus der inneren und äußeren Welt erhalten, geordnet, vorhersagbar und erklärbar sind;
- es Mittel und Wege gibt, die Aufgaben zu bewältigen, die uns durch diese Reize gestellt werden; und daß

- diese Aufgaben Herausforderungen darstellen, die es lohnend erscheinen lassen, sich zu engagieren und in ihre Bewältigung zu investieren».

Es kommt also weniger auf den Streßreiz als solchen an, sondern auf seine Bewertung – und auf die Art und Weise, wie er in eine Lebensstrategie eingeordnet wird. Diese Strategie ist wiederum durch ein Bild von der Welt und von der Position des Selbst in dieser Welt geprägt: eben davon hängt auch die Bewertung der Stressoren ab.

«Na gut, das hatten wir schon mal», schaltet sich Heinrich ein. «Du hast es jetzt etwas genauer ausgeführt, das ist ja recht und schön, aber allmählich wäre es mir doch wichtig, ein bißchen mehr über die Einzelheiten zu erfahren. Für mich ist es echt Streß, wenn du so lange brauchst, bis du zur Sache kommst.»

Über die Einzelheiten dieses positiv getönten Selbst- und Weltbildes werden wir im nächsten Kapitel diskutieren. Eines kann aber schon jetzt vorweggenommen werden: Sowohl für die aktuelle Streßbewältigung wie für die langfristig angelegte Lebensstrategie, die auf dem Kohärenzgefühl aufbaut, sind die immateriellen – die nichtstofflichen, nichtenergetischen Aspekte der Daseinsbewältigung ausschlaggebend. Hierbei stehen sowohl der Umgang mit Zeit wie die Verarbeitung von Information im Vordergrund.

Die Psychoimmunologen Findeisen und Pickenhain schreiben dazu: «Neben Hektik, Ärger und Frustration sehen wir heute oft die Angst als scheinbar unausweichlichen Stressor in den Tagesablauf der Patienten integriert. Dies resultiert weitgehend aus der einseitigen Zeitwahrnehmung in Form der ‹linearen› bzw. physikalischen Zeit. Als Hauptmerkmal von Streßgeplagtheit beruht diese ‹Zeitfehlwahrnehmung› auf der ‹klassischen› Physik Isaac Newtons, die alle Gegenstände auf das Meßbare, mathematisch Rekonstruierbare zurückführte ... Den Denkanstößen der neuen Physik mit ihrem ‹Raum-Zeit-Kontinuum› von Albert Einstein und einer darauf gründenden Medizin verdanken wir die volle Erfassung der tieferen Werte des Menschen. Mit ihrer Hilfe können Raum, Zeit und Erkenntnis hinreichend ‹hinterfragt› werden. Zu diesen Werten gehört die ‹innere› bzw. physiologische Zeit. Sie ist an den Zustand unserer Gewebe, Drüsen und Organe und die vielerlei Wechselbeziehungen des inneren und äußeren Milieus gebunden. Sie steht in enger Beziehung zu freudigen Ereignissen, einer Mußestunde am Tage, dem Erleben ergreifender Musik, Partnerbeziehungen und Liebe, einem sinnvoll gestalteten Tag mit ausreichend körperlicher Tätigkeit sowie auch dem Bedürfnis und dem Entsprechen von Entspannung. Die lineare oder Uhrzeit mit ihrer Gebundenheit an das Sonnensystem ist für uns unverzichtbar zur Verständigung und Regelung zahlreicher äußerer Bedürfnisse. Dagegen ist ihr Absolutheitsanspruch für die Gesamtgestaltung unseres Lebens, wie er in Form einer Diktatur der Uhr von vielen akzeptiert wird, weder sinnvoll noch nützlich. Das zeigt uns schon unser subjektives Erleben. Die lineare Zeit ist etwas Fremdes, die innere Zeit sind wir selbst.»

Nicht nur die aus einer bestimmten Art des Umgangs mit der (linearen) Zeit folgende Eile prägt unser modernes Leben (und schadet unserer Gesundheit), auch eine massive Informationsüberflutung und Überstimulierung gehört zu den Charakteristika der Gegenwart. Neuere Studien – so eine groteskerweise von der US-Computerindustrie in Auftrag gegebene, 1998 publizierte Untersuchung – machen allerdings deutlich, daß zum Beispiel die exzessive Internet-Nutzung mit einer merklichen Verkümmerung zwischenmenschlicher Sozialkontakte einhergeht. Zu der ständig wachsenden Beschleunigung aller technischen und sozialen Abläufe gesellt sich außerdem noch

«Das kannst du laut sagen», stimmt Heinrich zu. «Du kannst ja in keinen Laden mehr gehen, ohne daß du mit

das immer stärkere «Grundrauschen» unserer Zivilisation und die ihr eigentümliche permanente mehrkanalige Dauerstimulierung. Zusammengenommen führt all das nicht nur zu einer Überforderung, sondern auch zu einer Vereinzelung des Individuums, die dieses seiner «Widerstandsressourcen» (zum Beispiel der Absicherung im sozialen Verbund) zunehmend beraubt und es damit auch in erhöhtem Maße «anfällig» werden läßt.

Musik berieselt bist. Und mit den Kühen und Hühnern soll ich es auch so machen, heißt es. Vielleicht werde ich mir demnächst einen Walkman ins Ohr stöpseln, wenn ich den Stall ausmiste. Stille gibt es überhaupt nicht mehr – die gilt als vertane Zeit. Überall heißt es Mehr! Mehr! Mehr! – Ihr Mediziner müßtet doch herausfinden können, ob es nicht eine richtige Sucht ist, die da dahintersteckt.»

Die Überflutung insbesondere der Kinder mit einer – passiv erfahrenen – Bilder- und Medienwelt führt beispielsweise zu einer wachsenden Entfremdung vom eigenen Körper. Kinderärzte wie auch Sportlehrer klagen seit geraumer Zeit, daß unter den Kindern in den Industrienationen viele einfache motorische Fähigkeiten (etwa: mit geschlossenen Augen rückwärts gehen) im Schwinden begriffen sind.

Es ist offensichtlich, daß auch im Umgang mit der Informationsüberfülle der modernen Industriegesellschaft neue Perspektiven gesucht werden müssen, um die Gesunderhaltung des Individuums zu fördern. Zu hoffen, dies sei ohne tiefgreifende Bewußtseinsänderung möglich, ist jedoch höchstwahrscheinlich illusionär.

Therapie und Informationsaustausch

Bei einer *substitutiven* Therapie (zum Beispiel bei Insulinmangel: hier wird dem Körper ersatzweise Insulin von außen zugeführt) wie bei einer *restriktiven* Therapie (zum Beispiel bei Phenylketonurie: hier wird mit einer speziellen Diät die Zufuhr von Phenylalanin verhindert, weil der Körper aufgrund eines Enzymdefekts diese Aminosäure nur in selbstzerstörerischer Weise verstoffwechseln kann) geht es um die Bilanzierung von Substanzen, um ihre Zufuhr oder um die Drosselung ihrer Zufuhr. Solche Maßnahmen greifen also in den Stoffaustausch zwischen Organismus und Umwelt ein. In der Tat ist die moderne Medizin, was ihr therapeutisches Vorgehen anbetrifft, entweder chirurgisch orientiert oder pharmakologisch-diätetisch, was bedeutet, daß sie versucht, den Stoffwechsel des Menschen zu beeinflussen oder ihm Medikamente einzuverleiben.

«Bei uns im Allgäu», sagt Heinrich, «werden Lehmumschläge gemacht, vor allem gegen Hautausschläge. Der Lehm wird mit Wasser zu einem Brei angerührt, ein Leinenhemd hineingetaucht – das ziehst du an und wickelst erst ein Leintuch, dann eine Wolldecke herum. Ich litt als Kind am Nesselfieber (heute nennt man das wohl Neurodermitis), und Großmutters Lehmumschläge waren die letzte Rettung, wenn es am ganzen Körper so heftig juckte, daß ich mich hätte überall blutig kratzen wollen.»

Aber die ärztliche Therapie – wo sie auf Operationen verzichtet – muß nicht Substanzen in den Vordergrund ihres Interesses rücken. Sie kann auch Prozeduren bevorzugen, die den Energieaustausch beeinflussen – etwa die Verabreichung von Wadenwickeln bei Fieber oder die Bestrahlung mit Schwarzlicht bei der Schuppenflechte (Psoriasis). Praktisch noch weitaus wichtiger – aber sonderbarerweise viel weniger erforscht – ist der therapeutische Eingriff in den Informationsaustausch des Patienten mit seinem externen Milieu. Dieser wird gezielt beeinflußt durch Hypnose, autogenes Training und alle Formen von Psychotherapie.

Probleme in der Therapie rühren oft daher, daß ein klar umrissenes Ziel mit den vorhandenen Mitteln nicht zu erreichen ist (die gebrochenen Knochen wachsen in einer fehlerhaften Stellung zusammen; die Operationswunde heilt schlecht; Keime sind resistent gegen die vom Arzt benutzten Antibiotika etc. etc.). Oft ist das Beschwerdebild eines Patienten uneindeutig, mehrere Leiden bestehen nebeneinander und beeinflussen sich wechselseitig (= Multimorbidität). In anderen Fällen liegen verschiedene Schädigungsvorgänge vor, die miteinander zusammenwirken und zu einer «Komplexerkrankung» führen (= Polyätiologie). Der Arzt wird zu Mitteln greifen, von denen er hofft, daß sie günstige Effekte haben, obschon er keineswegs sicher sein kann, daß er das Problem damit wirklich «an der Wurzel» packen kann (= Polypragmasie). Ein solcher pragmatischer Behandlungsversuch muß keineswegs sinnlos sein, wichtig ist freilich, daß für die Kommunikation zwischen Arzt und Patient genug Zeit und Raum zur Verfügung steht und daß sie offen und ehrlich gestaltet wird. Denn gerade in solchen Fällen erfährt der Arzt letztlich nur aus dem Gespräch, ob sein Therapieversuch «greift» oder ins Leere geht – Laborwerte und andere Daten können allenfalls dabei helfen, sich so weit wie möglich Gewißheit zu verschaffen.

Der Informationsaustausch zwischen dem Menschen und seiner Mitwelt (darunter Ärztin oder Arzt) wird auch – nicht immer absichtsvoll – mitgestaltet durch den sogenannten Placebo-Effekt. Hier wird dem Körper eine Substanz (etwa eine Zuckerpille) oder eine Energie (zum Beispiel beim Handauflegen) zugeführt, von der «eigentlich» zu erwarten wäre, daß sie keine therapeutische Wirksamkeit entfaltet – sie tut es aber doch, was auf den Informationsfluß, auf die «Droge Arzt» als heilsame Größe schließen läßt (der Ausdruck stammt von dem berühmten Psychoanalytiker Michael

Balint). Der exakte Beweis für die Placebo-Wirkung wird in «Doppelblindversuchen» erbracht, bei denen weder dem Arzt noch dem Patienten bekannt ist, ob die ihm verabreichte Pille Zucker oder Wirksubstanz enthält.

Diese Placebo-Wirkung wird auch in Rechnung gestellt, wenn Alternativ- und Außenseiterverfahren zur Debatte stehen, zum Beispiel homöopathische Medikamente, die bisweilen in solcher Verdünnung verabreicht werden, daß nach den Gesetzen der klassischen Chemie von einer molekularen Wirkung nicht mehr die Rede sein kann. Es ist dabei zu beachten, daß das Wissen, sich einer «ungewöhnlichen» Heilprozedur zu unterwerfen, natürlich seine Wirkung auf den Patienten hat – hinzu kommt, daß «Alternativmediziner» sich häufig sehr viel mehr Zeit für ihre Patienten nehmen als die in ihren Praxisablauf eingespannten Schulmediziner, und dieses größere Maß an Interesse und Zuwendung hat natürlich schon in sich eine heilsame Wirkung.

In jüngster Zeit wird bei Patienten, die über umweltbedingte Schädigungen klagen (zum Beispiel über Multiple Chemical Disease = MCS), deren Ursachen sich aber nicht fassen lassen, seitens der Schulmedizin bisweilen eine sogenannte *Nocebo-Wirkung* vermutet: Das Wissen um wirkliche oder vermeintliche Umweltgifte – etwa Dioxin im Boden oder Formaldehyd-Dämpfe in der Luft – erzeuge Angst und diese mache krank, auch wenn wirkliche Schädigungen durch diese Giftstoffe mit Laboruntersuchungen und anderen diagnostischen Mitteln nicht nachweisbar seien. Die Diskussion um dieses Thema hat eben erst begonnen, doch steht zu vermuten, daß die tatsächlichen Wirkmechanismen erheblich komplexer sein dürften, als in diesem simplen Schema angenommen – was nicht ausschließt, daß über Information (und Desinformation) vermittelte Angst einen wesentlichen Teilfaktor vieler Erkrankungen darstellen kann.

Die Erforschung der «Suszeptibilität», also des individuell unterschiedlichen Wirtsfaktors «Empfänglichkeit», wurde bisher vor allem von der Arbeits- und Betriebsmedizin in Angriff genommen; immer häufiger werden – dem aktuellen wissenschaftlichen Modetrend entsprechend – genetisch verankerte Dispositionen für eine höhere Suszeptibilität verantwortlich gemacht. Dieses einfache Denkmodell bringt natürlich auch praktische Vorteile mit sich: «Risikopersonen», bei denen mit dem Auftreten einer Berufskrankheit, eventuell auch mit Gerichtsverfahren, Schadensersatzforderungen zu rechnen ist, ließen sich dann mit einem genetischen Suchtest ausfindig machen und vorbeugend aus dem Kollektiv der Betriebsangehörigen herausfiltern (wenn sie nicht von vornherein davon ferngehalten werden können). Es dürfte indessen der Wahrheit näher kommen, daß jene Faktoren, die die individuelle Empfänglichkeit fördernd oder schützend beeinflussen, keineswegs rein genetisch determiniert sind.

Seit in den USA der Versuch einer vollständigen «Kartierung» des menschlichen Erbguts eingeleitet worden ist und seit die chemisch-pharmazeutische Großindustrie in immer höherem Maße genetische Manipulationen anwendet (etwa bei der Produktion von Nutzpflanzen wie gentechnisch verändertem Soja oder Mais), wird mit nicht geringem Propagandaaufwand auch von medizinischen Erfolgen gesprochen, die durch «Gentherapie» herbeigeführt werden sollen. Die Szenerie erinnert bisweilen an die fünfziger Jahre, als Politik und Industrie die vermeintlichen Vorzüge der Atomkraftnutzung verkündeten, die angeblich in der Lage sein werde, jedermann auf dieser Erde dauerhaft mit billiger und ungefährlicher Energie zu versorgen – weder das eine noch das andere traf zu. Auch bei der Gentherapie gibt es keinen Anlaß zur Euphorie. 1990 wurde in den USA erstmals ein therapeutischer Versuch mit der Behandlung des erblichen Adenosin-Desaminase-Mangels unternommen; seither hat man an rund 1000 Patienten gentherapeutische Studien durchgeführt – zu einer «Heilung» sei es jedoch bislang in keinem einzigen Fall gekommen, resümierte das gewiß nicht sonderlich industriekritische *Deutsche Ärzteblatt* im November 1998 in einer Übersicht mit dem Titel «Was nützt die Gentechnik dem Menschen?». Hingegen ist am 17. September 1999 im Falle des achtzehnjährigen Jesse Gelsinger zum ersten durch Gentherapie verursachten Todesfall gekommen. Die bisherigen Fortschritte lägen, so das *Ärzteblatt*, fast ausnahmslos im Bereich der verbesserten Diagnostik und seien in ihren weiteren Auswirkungen eher zweifelhaft: «So könne Chorea Huntington zwar diagnostiziert, aber nicht behandelt werden, was zu schwerwiegenden Folgen bei den getesteten Personen führen könne.» Andererseits hat der euphorische Einsatz gentherapeutischer Methoden zumindest in den USA bereits zu mehreren Todesfällen geführt – daß es sich, wie seitens der Wissenschaftler mehrfach betont worden ist, dabei um unheilbar kranke Menschen mit geringer Lebenserwartung gehandelt hat, ist wohl kaum geeignet, den Eindruck eines leichtfertigen Vorgehens zu zerstreuen.

Bei der Propaganda für die «Gentherapie» sollen wohl eher der Öffentlichkeit vermeintliche Vorzüge einer von ihr bislang eher skeptisch beurteilten neuen Großtechnik eingeredet werden. Einer «durchschlagenden Wirkung» der Gentherapie steht die schlichte Tatsache entgegen, daß die große Mehrzahl der weitverbreiteten Krankheitsbilder nicht durch genetische Aberrationen verursacht sind – und wo genetische Faktoren mitspielen, sind diese in der Regel dem Zusammenwirken mehrerer Gene anzulasten. Es wäre verhängnisvoll, sich von einer euphorischen Stimmung, hinter der sich weniger berechtigte Hoffnungen auf eine bessere Zukunft als vielmehr mächtige wirtschaftliche Interessen verbergen, Sand in die Augen streuen zu lassen.

Unübliche Verfahren und «Alternativtherapie»

Die Konzentrierung der modernen Medizin auf chirurgische und/ oder pharmakologische Behandlungsverfahren hat viele andere Therapieformen – Psychotherapie, Musiktherapie, Krankengymnastik, diätetische Verfahren – sehr weitgehend in den Hintergrund gedrängt, was insbesondere im Interesse der Prävention außerordentlich zu bedauern ist, zumal solche Verfahren oft in der Lage sind, die «Widerstandsressourcen» der Patienten langfristig zu stärken (während die herkömmliche medizinische Therapie sie oft genug nachhaltig schwächt, wie schon das Beispiel ganz am Anfang dieses Buches zeigt).

Es verwundert unter diesen Bedingungen nicht, daß «alternativmedizinische Verfahren» derzeit einen wahren Boom erleben. Einerseits ist diese Vielfalt gut und begrüßenswert – nur so können neue Ideen auf eine Überlebenschance hoffen. Andererseits werden solche «unüblichen Heilmethoden» oft höchst unkritisch eingesetzt. Nicht selten bauen sie offen auf die Autoritätsgläubigkeit der Konsumenten, ja sie fordern diese sogar als eigene Erfolgsgrundlage. Der mit der herkömmlichen Medizin unzufriedene Patient wird so nicht selten vom Regen in die Traufe geschwemmt. Ebenfalls skeptisch zu beurteilen sind viele Volks- oder «Allerweltsheilmittel», von denen nur allzuoft gilt, was bereits der Philosoph Immanuel Kant vor mehr als zweihundert Jahren über die «Pesttropfen» und den «Venedigschen Theriak» sagte – daß sie nämlich «wegen des gar zu vielen Guten, was in ihnen rechts und links aufgegriffen wird, zu nichts gut sind». Bei manchen sogenannten Hausmitteln – etwa «Klosterfrau Melissengeist» – handelt es sich im Grunde um einen hochprozentigen Kräuterschnaps mit entsprechender Wirkung – was vermutlich ihre allgemeine Beliebtheit erklärt.

Falsch ist es in jedem Fall, «natürliche» Heilmittel (zum Beispiel

«Richtig», hakt Heinrich ein. «Bloß wohlbehütete Stadtbewohner meinen, daß die Natur nur sanft und wohlwollend ist. Jeder Bauer weiß, wie viele harte, bedrohliche und gefährliche Seiten sie hat. Sie kann uns ernähren – aber auch umbringen. Jederzeit. Sie ist nicht nur eine gütige Mutter. Das glauben bloß die, die keine Ahnung haben.»

Kräutertees) als möglicherweise hilfreich, in jedem Fall aber unschädlich den «chemischen» Präparaten polemisch entgegenzustellen («Natur ja – Chemie nein!»). Was natürlich ist, ist deswegen noch keineswegs gesund, wie dies der Tabak, der Knollenblätterpilz und der Schierlingsbecher der alten Griechen hinreichend beweisen – jeder afrikanische Medizinmann weiß, daß man mit entsprechenden Kräuterextrakten einem mißliebigen Patienten jederzeit einen «natürlichen Tod» bereiten kann ...

Lebensverlängerung und Todesverachtung

Nachdem der britische Philosoph und Politiker Sir Francis Bacon die Lebensverlängerung erstmals ausdrücklich als Ziel der Medizin bezeichnet hatte, wurde 1796, rund anderthalb Jahrhunderte später, das Buch *Makrobiotik oder die Kunst, das Leben zu verlängern* zu einem frühen Weltbestseller. Verfaßt hatte es der deutsche Arzt Christoph Wilhelm Hufeland. Hufelands Hinweis, die Ursprünge solcher Kunst vor allem in der Lebensführung und insbesondere in der Ernährungsweise zu vermuten, traf durchaus ins Schwarze; in der Antwort des Philosophen Kant auf Hufelands Buch werden sogar erste philosophische Ansätze für ein «Salutogenese-Konzept» sichtbar.

Heute gilt ein möglichst langes Leben allgemein als hoher Wert, und es wird von der Medizin erwartet, das Ihrige dazu beizutragen. Übersehen wird dabei oft, daß die quantitative Dauer des Lebens nicht unbedingt dessen Qualität verbürgt und daß Jahre, die im Pflegeheim oder im Krankenhaus zugebracht werden, nicht unbedingt glückliche Jahre sein müssen (schon Kant wies darauf hin, daß eine Kunst, unser Leben zu verlängern, nicht unbedingt eine solche sei, es auch besser genießen zu können).

Dem Wunsch nach einem langen Leben – das selbstverständlich aktiv und weltläufig sein soll, etwa so, wie es uns das Werbefernsehen vorgaukelt – tritt eine allgegenwärtige Todesverleugnung zur Seite. Der Tod ist sozusagen der bedauerliche Abschluß eines Lebens, das wir nicht mehr nach unserem Gutdünken planen und handhaben können, das sich unserer Kontrolle entzieht. Das Idealbild des Gegenwartsmenschen ist daher ein *plötzlicher* Tod – «möglichst kurz und schmerzlos». Und wie dieses Leben, wären wir nur technisch perfekt, eigentlich gar nicht mehr zum Tode führen dürfte, so hat auch das Leiden in ihm keinen rechten Platz mehr. Das zeigt sich vor allem in der seit etwa einem Jahrzehnt wieder aufgeflammten Diskussion um Euthanasie und aktive Sterbehilfe. Diese Diskussion ist angeheizt worden durch zwei Veröffentlichungen des australischen Philosophen Peter Singer: *Praktische Ethik* (1979, deutsch 1984), und *Should the baby live* (gemeinsam verfaßt mit Helga Kuhse, 1985), der vehement für das Recht der Eltern eintritt, behinderte Neugeborene töten zu dürfen (diesen Kindern erkennt Singer den Status einer «Person» nicht zu – und nur einer Person könnten unverlierbare Menschenrechte zugesprochen werden).

Die Angst vor einem qualvollen Sterben in den Mühlen einer «leer laufenden» Apparatemedizin ist gewiß nicht unberechtigt – der Philosoph Rainer Otte hatte 1994 bei einem Symposium den Fall eines 77 Jahre alten Patienten erwähnt, der bei seiner Klinikeinweisung noch hundert Tage zu leben hatte – und in dieser Zeit 56 Röntgenuntersuchungen, drei Computertomographien und mehrere Magenspiegelungen über sich ergehen lassen mußte. Das Fazit des Philosophen: «Durch den massiven Einsatz der Technik hat die Pflege ihre humane Dimension verloren.» Ob allerdings eine Hinwendung zur aktiven Sterbehilfe das Problem wirklich löst, darf bezweifelt werden. Wer gleichsam aus Angst vor dem Sterben den Tod wählen möchte und wer wirkliches oder vermeintliches Leiden anderer – etwa behinderter Kinder – durch eine gnädig gewährte Tötung vermeiden will, der studiere sorgsam den Leserbrief, den eine junge Hamburgerin im Sommer 1989 an die Wochenzeitschrift *Die Zeit*, die über Singers Thesen ausführlich und positiv berichtet hatte, und an Peter Singer selber geschrieben hat:

«Das ist sehr vorsichtig ausgedrückt», wirft Heinrich ein. «Ich habe den Eindruck, daß immer nur behauptet wird, das Leben des Schwerkranken oder Sterbenden sei unerträglich geworden. In Wirklichkeit finden die Verwandten ihre eigene Situation unerträglich. Sie wollen sich selber erlösen, das ist es, was in Wahrheit hinter der ‹Sterbehilfe› steckt. Bei uns auf dem Land kommt das nicht in Frage, da sterben die Leut noch daheim. Dann verliert der Tod auch seinen Schrecken, wenn man beieinanderbleibt.»

«Ich selbst bin 26 Jahre alt und gehörte bei meiner Geburt 1962 mit einem Gewicht von 1100 Gramm zu der von Ihnen als ‹noch vor wenigen Jahren› nicht lebensfähig beurteilten Gruppe der Frühgeburten. Seit 1963 habe ich aufgrund eines Hydrocephalus eine künstliche Gehirnwasserableitung ... Auch meine Eltern standen damals vor der Frage, ob sie mich dem Risiko aussetzen sollen, bei der Operation zu sterben beziehungsweise durch sie lebensfähig zu werden. Oder mich ohne Operation auf die von Ihnen so anschaulich geschilderte Weise qualvoll sterben zu lassen. Angesichts der Verantwortung des Arztes bei diesem Entscheidungsprozeß bin ich sehr froh, nicht einem Arzt mit Ihrem eingeschränkten Verständnis von Lebensfähigkeit ausgeliefert gewesen zu sein. Heute bin ich weder geistig zurückgeblieben noch erblindet, wie Sie es in dem Artikel als gängige Folge suggerieren. Im Gegenteil, ich habe Abitur gemacht und studiere erfolgreich. Obwohl ich mich inzwischen zwanzig Operationen und vierzig Krankenhausaufenthalten unterziehen mußte, möchte ich keine Minute gerade dieses Lebens missen! Und ich weiß Gleiches von vielen anderen Kindern, Jugendlichen und Erwachsenen, die mir bekannt sind.»

Versuch einer Zusammenfassung

Bevor ich ein kurzes Fazit ziehe, soll ein praktisches Beispiel die Alltagsrelevanz unserer Darstellung schlaglichtartig erhellen:

Auch die Reaktion des Individuums auf eindeutig identifizierte Umweltgifte ist individuell unterschiedlich. Eine finnische Studie aus dem Jahr 1996 hat dies sehr gut belegen können. Für die Studie wurde eine repräsentative Gruppe von über 3200 Personen – 2058 Nichtraucher und 1181 Raucher –, die allesamt bei Studienbeginn dreißig Jahre oder älter gewesen waren, über vierzehn Jahre lang medizinisch betreut. In dieser Zeit traten in der Gruppe (die Wissenschaftler bezeichnen sie als «Kohorte») insgesamt 70 Fälle von Lungenkrebs auf, 21 unter Nichtrauchern und 49 unter Rauchern. Das relative Risiko, an Lungenkrebs zu erkranken, war für die Raucher also sechseinhalbmal höher.

Dieser Befund entspricht dem medizinischen Kenntnisstand. Verblüffende Resultate wurden allerdings ermittelt, als die Wirksamkeit eines zweiten Faktors erörtert wurde, nämlich der Depressivität. Bei Nichtrauchern ergibt sich durch einen unterschiedlichen Grad an persönlicher Depressivität kein Unterschied im Lungenkrebsrisiko – bei den Rauchern sehr wohl. Ist das Risiko des nichtdepressiven Rauchers, einen Krebs zu entwickeln, rund dreieinhalbmal höher als das des Nichtrauchers, so beläuft sich die Abweichung zwischen der Erkrankungswahrscheinlichkeit des hochdepressiven Rauchers von der des Nichtrauchers – ob depressiv oder nicht – immerhin auf einen Faktor 12! So unbezweifelbar die Schädlichkeit des Rauchens insgesamt ist: das Krankheitsrisiko wird durch die persönliche Eigenart des Rauchers, insbesondere durch seine Stimmungslage, ganz wesentlich modifiziert, und zwar entweder verringert (allerdings nicht bis zum Nullwert – die Natur läßt sich nicht austricksen) oder noch wesentlich vergrößert. Der Bremer Arbeitsmediziner Wolfgang Hoffmann hat diesen erstaunlichen Zusammenhang 1999 folgendermaßen kommentiert: «Die Autoren diskutieren zwei Erklärungen für diesen erstaunlich deutlichen Effekt. Zum einen könnte die Depressivität das Rauchverhalten beeinflussen (längere Züge, tieferes Inhalieren, ‹Aufrauchen› der Zigarette bis an den Filter). Ähnliche Effekte wurden in der Literatur bereits beschrieben, sind jedoch als ausschließliche Erklärung des ausgeprägten Effekts unwahrscheinlich. Die andere Erklärung bezieht sich auf biologische Mechanismen, über die eine Depressivität die Abwehr- bzw. Reparaturmechanismen des Körpers gegenüber den schädlichen Wirkungen des Rauchens beeinflußt. Die Möglichkeiten umfassen Funktionen des Immunsystems und/oder des Fremdstoff-Metabolismus bis hin zu Störungen der Reparatur von Schäden an der DNA. Es ist heute unstrittig, daß individuelle Faktoren existieren, die die Auswirkung exogener Faktoren auf die Gesundheit beeinflussen können. Diese sogenannten Suszeptibilitäts-Faktoren umfassen angeborene und erworbene, biologische, psychische und soziale Eigenschaften des einzelnen Menschen. Vieles spricht dafür, daß zum gegenwärtigen Zeitpunkt erst ein Bruchteil dieser Faktoren bekannt ist.»

Genau an diesem Punkt wollen wir ansetzen. Und um einen Ansatzpunkt finden zu können, haben wir in diesem Kapitel all jene Schutzvorkehrungen Revue passieren lassen, die dem menschlichen Organismus zur Verfügung stehen, falls er von möglichen Schäden bedroht wird und zu erkranken droht – Strukturen und Funktionen, die von der Evolution des Lebens in Jahrtausenden entwickelt und zu einem bewundernswerten Ensemble ausgebildet worden sind.

Aber auch dieses Abwehrarsenal kann versagen. Es wird dann ergänzt oder gar ersetzt durch Techniken, die die kulturelle Evolution bereitgestellt hat – durch Techniken der *Heilkunde*, die im Europa der letzten dreihundert Jahre Zug um Zug zu einem ärztlichen Behandlungsmonopol herangereift ist und sich vor allem naturwissenschaftlicher Erkenntnisse und Methoden bedient.

Problematisch ist allerdings, daß biologische Widerstandskraft und die kulturelle Intervention in Form medizinischer Therapie einander nicht – wie es sinnvoll und wünschenswert wäre – ergänzen und sich damit in ihren Fähigkeiten wechselseitig verstärken. Im Gegenteil: Die Therapieverfahren der modernen Schulmedizin *schwächen* oft genug unsere Widerstandsressourcen, statt sie zu stärken; sie bauen nicht auf ihnen auf, sondern treten zu ihnen in Gegensatz. Diese Dysbalance ist nicht nur für das Individuum schädlich, das vom «medizinisch-industriellen Komplex» in hohem Grade abhängig geworden ist und von ihm die wesentlichen Hilfestellungen für das eigene «Gesündeln» erwartet, während eine verantwortungsbewußte Gestaltung der eigenen Lebensführung in den Hintergrund tritt. Sie ist auch hinderlich für das soziale Anliegen der vorbeugenden Verhinderung von Krankheiten, der «Primärprävention», von der auf Dauer der wirksamste Beitrag zur «Kostendämpfung im Gesundheitswesen» zu erwarten wäre – jede Krankheit, die gar nicht erst entsteht, ist nicht nur die beste, sondern auch die *billigste*. Welche Bedeutung in diesem Zusammenhang das Salutogenese-Konzept haben könnte, würde es sich erst einmal allgemein durchsetzen, wird durch neuere Studien nachdrücklich belegt. «In unserer eigenen Untersuchung haben wir eindrucksvolle Befunde für die Bedeutung des Kohärenzsinns gefunden», schreibt der Münchner Sozialpsychologe Heiner Keupp: «Wir haben Antonovskys Meßinstrument zur Messung des Kohärenzsinns eingesetzt und klar belegen können, daß Heranwachsende um so mehr psychosomatische Beschwerden berichten, je geringer ihre Werte für den Konhärenzsinn sind.»

Ob die Schulmedizin aus solchen Befunden die notwendigen Konsequenzen ziehen wird, bleibt abzuwarten (ich selber bin da eher skeptisch). Aber nichts spricht dagegen, daß es die «normalen Menschen» tun – nämlich alle, denen ihre höchstpersönliche «Salutogenese» am Herzen liegt.

Ich bin verblüfft und auch ein wenig verletzt, als ich Heinrich nachdenklich, ja fast bekümmert dreinschauen sehe – meine letzten Sätze sind mir selber als richtig markig, ja geradezu als richtungweisend erschienen. Ist er, der notorische Querdenker, mit dieser Richtung am Ende gar nicht einverstanden?

«Ach, na ja, also weißt du», gibt Heinrich auf meine Frage zurück und wirkt ein wenig verlegen dabei, «ich habe ein unbehagliches Gefühl, wenn ich dir so zuhöre. Vielleicht auch, weil es mir so schwerfällt, auf mein geliebtes Pfeifchen zu verzichten ... Hin oder her, es ist ja sicher richtig und wichtig, was du da zusammengetragen hast. Bloß sehe ich noch kommen, daß es auf einmal heißt: Du bist für deine Widerstandsressoucen selber verantwortlich – selbst schuld, wenn du sie nicht trainierst, das hast du dann davon, wenn du krank wirst. Und am Ende kommt dann noch die Krankenkasse oder die Lebensversicherung und sagt: Bitte schön, so ein Ressourcenschwächling wie Sie, der muß dann eben mehr Beitrag zahlen, weil ja auch sein Risiko höher ist ...»

Dieser unerwartete Einwand erschreckt mich nicht wenig. Ich habe gewiß alles andere im Sinn, als die Individualisierung, die Entsolidarisierung unserer Gesellschaft noch weiter vorantreiben zu wollen.

«Vielleicht gibt es diese Gefahr wirklich», räume ich widerstrebend ein. «Aber was wären die Alternativen?»

«Woher soll ich das wissen? Wer ist denn hier der Experte? Aber ich bin stutzig geworden, als du gesagt hast, dieser Begriff der Sus ... Sus ... Suszeptibilität – verdammt noch eins! – sei vor allem in der Arbeitsmedizin auf Interesse gestoßen. Nämlich deshalb, weil man derartige Menschen aus der Belegschaft fernhalten will. In unserer Ellenbogengesellschaft setzt sich der Fitteste durch. Der, der große Widerstandsreserven hat. Aber die anderen ...»

«Ich verstehe schon, was du meinst. Trotzdem bin ich nicht so pessimistisch. Es zeigt sich ja, daß gerade die Querköpfe und Sonderlinge besonders widerstandsfähig und besonders langlebig sind – also genau die, die nicht begeistert in der Tretmühle mitlaufen. Es handelt sich offensichtlich um Eigenschaften, die in der modernen Erwerbsgesellschaft eher sperrig und hinderlich sind. Von daher ist es zwar möglich, daß man versucht, sie profitträchtig auszubeuten – andererseits aber doch wenig erfolgversprechend.»

«Du meinst, diese ‹Tugenden› – wenn ich mal so sagen darf – sind sozusagen von gestern? Überbleibsel aus einer früheren Welt? Das gefällt mir! Wer sich selber Gesundheit und Lebensfreude erhalten will, stellt sich also gegen die Forderungen der Gesellschaft. Er akzeptiert einfach nicht, daß Leistungsbereitschaft und Selbstkontrolle heute das A und O sein sollen. Mensch, das kann ja unübersehbare Folgen haben! Stell dir mal vor, die Menschen würden begreifen, daß es an ihrer Gesundheit zehrt, wenn sie das Rädchen im Getriebe spielen ... Und wenn sie dann plötzlich nicht mehr mitmachen oder sich in die andere Richtung drehen – jeder so, wie es ihm gut erscheint ...»

Ich nicke. Und registriere, wie Heinrichs Gesicht – das heute noch zerknitterter wirkt als sonst – sich plötzlich wieder glättet und strafft. Er zaubert etwas hervor, was fast ein Lächeln sein könnte, und beginnt wieder einmal, umständlich nach seiner Pfeife zu kramen.

«Unübersehbare Folgen ... in der Tat», murmelt er und wirkt plötzlich richtig zufrieden. «Das mit den Widerstandsressourcen bekommt dann eine ganz neue Bedeutung. Partisanen im Dienst der Gesundheit, sozusagen. Nicht schlecht.»

V. Die Perspektive: Widerstandsressourcen und ihr Training

«Weite Welt und breites Leben,
Langer Jahre redlich Streben,
Stets geforscht und stets gegründet,
Nie geschlossen, oft geründet,
Ältestes bewahrt mit Treue,
Freundlich aufgefaßtes Neu,
Heitern Sinn und reine Zwecke:
Nun! Man kommt wohl eine Strecke.»
Johann Wolfgang von Goethe

Wo stehen wir jetzt?

Unser gegenwärtiges Medizinsystem, das so viele «Krankheiten» wirkungsvoll behandelt, aber dabei nicht wenige Beschwernisse verschlimmert oder sogar selbst erzeugt, ist weder durch bloßen Zufall noch durch eine klammheimliche Verschwörung einiger weniger profitgieriger Bösewichte entstanden und zu dem geworden, was es heute ist – *wir alle* sind (wenngleich in unterschiedlichem Grade) daran beteiligt, daß dieses System existiert und fortbesteht: mit unseren Wünschen, unseren Hoffnungen, unserer Ungeduld, unserer Angst, unserer Todesfurcht ... Und eben deshalb tun wir gut daran, uns darüber Rechenschaft abzulegen, wieso dem so ist – und auch darüber, inwiefern wir daran beteiligt sind. Erst dann, wenn wir beide Fragen beantwortet haben, *und nur dann*, können wir auf wirkliche Veränderungen hoffen. Diese werden auf das System zurückwirken, und zwar vor allem dadurch, daß sie uns selber – den für unsere eigenen Belange entscheidenden Baustein dieses Systems – verändert haben.

Wenn wir jetzt solche Veränderungen erörtern – ihren Ansatzpunkt, ihre Eigenart, ihre Tragweite –, wird es für den praktischen Nutzeffekt dieses Buches vor allem darauf ankommen, welche Antworten auf die folgenden Fragen gegeben werden können:

- Worin genau bestehen denn nun jene Widerstandsressourcen, die wir so dringlich benötigen, um uns gesund erhalten zu können?
- Wie kommen sie zustande, und vor allem: was schädigt, was fördert sie?
- Und wie können wir diese Kräfte «auftrainieren», falls sie ungenügend entwickelt sein sollten?

Gesundsein und Erkranken sind in den einleitenden Kapiteln dieses Buches als jeweils spezifische Formen des menschlichen Weltbezuges dargestellt worden (woraus sich unter anderem die Schlußfolgerung ergab, in der Medizin ein Spezialfach der angewandten Ökologie zu erblicken). Dieser Weltbezug ist freilich ein *Prozeß*, kein Zustand, und er ist mehrdimensional aufgebaut, ist in sich keineswegs einheitlich. Innere Konflikte sind möglich, sind sogar wahrscheinlich; der Prozeß kann daher seine innere Balance verlieren, er kann sogar in seine Teilstücke zerfallen, etwa bei bestimmten Formen von psychotischer Wesensveränderung, wie sie gerne auch als Aufspaltung der Persönlichkeit aufgefaßt werden (zum Beispiel «Schizophrenie» – früher noch bisweilen eingedeutscht als «Spaltungsirresein»).

An diesem komplexen und komplizierten Gesamtvorgang möchte ich zum besseren Verständnis einzelne Facetten beleuchten, bevor ich mich dann an einer Synthese versuche. So können wir zum Beispiel die *kognitiven Anteile* (Erkenntnisleistungen) quasi «herausvergrößern» aus jenem Wirkungsgefüge (das in der Praxis beständig ineinandergreift, wenn auch nicht immer reibungslos und störungsfrei). Wir können sie «unter der Lupe» gesondert betrachten – und dasselbe können wir mit ihrem Gegenpol tun, also mit den *Affekten* oder *Emotionen*.

Die praktische Bedeutung dieses Zusammenwirkens war übrigens schon Francis Bacon durchaus klar gewesen: «Der Intellekt ist kein Licht, das ohne Öl brennt, sondern er empfängt Zufluß vom Willen und von den Gemütsbewegungen», hatte er in seinem *Neuen Organon* geschrieben – leider verhallte seine Mahnung rund dreihundert Jahre ungehört.

Für Aaron Antonovsky freilich wäre dieser Satz eine schiere Selbstverständlichkeit gewesen: Eine besondere, schon seit früher Kindheit herangebildete Form des *gefühlshaften* Weltbezuges galt ihm ja als der wesentlichste Wirkfaktor bei der «Salutogenese»: das «Kohärenz*gefühl*». Die Eigenart dieses «Gefühls» haben wir oben bereits skizziert. Wichtig ist, daß es sich dabei wohl nicht nur um ein passives Erleben, sondern weit eher um eine *aktive Strategie* handelt, um eine spezifische Art und Weise, sich selber in die Welt einzuordnen, sich in ihr *zu positionieren.* Diese Positionsbestimmung erfolgt offensichtlich in einer Art und Weise, die *Zusammenhänge* schafft, also Kohärenz stiftet. Es geht darum, daß die «Einzelteile» einer Welt, an die man prinzipiell unendlich viele Fragen stellen kann, in ein «Miteinander» eingeordnet werden, in dem es auch unserem Selbst möglich ist, eine sinnvolle Rolle zu spielen.

Eine derartige Positionsbestimmung scheint unserer Gesundheit förderlich zu sein. Das mag nicht zuletzt daran liegen, daß die Positionsbestimmung selbst eine gelungene Balance zwischen kognitiven und gefühlshaften Leistungen erfordert, um überhaupt gelingen zu können. Pointiert gesagt: Nur wer in sich selber ausbalanciert ist, darf auch darauf hoffen, bei seiner Wanderung durch eine sich rasch und bisweilen höchst unerwartet verwandelnde «Außenwelt» nicht das Gleichgewicht zu verlieren. Oder, drastischer ausgedrückt: Wer selber nicht «im Lot» ist, verliert bei schwankendem Untergrund besonders leicht das Gleichgewicht!

Um die Balance zwischen Verstand und Gefühl genauer zu bestimmen, ist es nötig, sich ein zutreffendes Bild von den Chancen, aber auch von den Gefahren unseres Erkenntnisvermögens zu entwerfen – und von seinem Zusammenwirken mit unserem «Gefühlsleben», dessen Aufgabe es – unter anderem – ist, ein Gegengewicht gegen solche Gefahren zu bilden.

Unser kognitiver Apparat hat uns Menschen vor allem mit dem einen großen Vorzug ausgestattet, der uns allen anderen Tieren überlegen sein läßt: mit der Fähigkeit, ein virtuelles «Modell-Ich» im Feld einer innerlich simulierten Zeit hin und her bewegen zu können. Wenn ich auf eine Wanderung aufbreche, kann ich mir schon vor dem Abmarsch vorstellen, daß ich nach drei Stunden durstig sein werde (bei hoher Außentemperatur womöglich früher) – und deshalb verstaue ich eine Flasche Mineralwasser in meinem Rucksack. Kein Tier ist zu dieser Art gezielter Lebensplanung in der Lage. Die Vorteile des Verfahrens brauchen kaum weiter betont zu werden – wohl aber, daß es auch erhebliche Risiken birgt: Wir Menschen erkennen, daß wir letztlich alleine durch ein Leben gehen müssen, dessen Spielregeln uns zu großen Teilen nicht bekannt sind. Der Rest der Welt kümmert sich, wie es scheint, nur wenig um uns (wenn überhaupt); der unbelebten Natur ist unser Schicksal ohnehin gleichgültig. Zwar können wir uns innerlich die Zukunft vergegenwärtigen – damit aber auch unsere Verletzlichkeit, unser Leben zum Tode hin; und dazu gesellt sich noch die Belastung mit all den Verletzungen der Vergangenheit, mit den schlimmen Erfahrungen, die wir nicht mehr loswerden können: Die Wunden unserer Seele vernarben nie. Es ist das System der Gefühle, das das Gegengewicht bildet zu den schrecklichen Abgründen, in die unser Verstand uns blicken läßt – ein Lebenskompaß, der uns meist sehr verläßlich wieder «einnordet», wenn wir aus der Bahn zu geraten drohen.

Dieses Wechselverhältnis zwischen Kognition und Emotion wird zwar allgemein anerkannt, wenn es aber darum geht, menschliches Verhalten praktisch begreifen zu wollen, werden dennoch alle entscheidenden Funktionen im kognitiven Bereich, also auf dem Feld des Erkenntnisvermögens, gesucht. Mit den Worten eines modernen Affektforschers: «Für die Emotionen bleibt etwa soviel übrig wie für das Öl im Getriebe, das Kräfte nicht selbst umsetzt, aber doch dazu beiträgt, daß alles gut läuft.»

Otto Kruse, der diese Zeilen 1985 geschrieben hat, vertritt mit Recht einen gegensätzlichen Standpunkt. Mit seinen eigenen Worten aus der bereits zitierten Arbeit über *Emotionsdynamik und Psychotherapie*:

> «Die Anhaltspunkte ... mehren sich, die belegen, daß Kognitionen und Emotionen nicht sukzessiv, sondern parallel verarbeitet werden, daß es sich um zwei distinkte, wenn auch miteinander verwobene Formen menschlicher Informationsverarbeitung handelt. (...) Wenn emotionale Bewertung und kognitive Analyse zu gleichen Ergebnissen kommen, so wird dies im Bewußtsein nicht sonderlich vermerkt. Dagegen regen Diskrepanzerlebnisse zwischen beiden zu neuem Nachdenken, Informationssuche oder Handeln an.»

In einem ersten Schritt zur genaueren Skizzierung unserer «Widerstandsressourcen» – die ja, wie bereits im letzten Kapitel festgestellt, vor allem auf dem fein ausbalancierten Zusammenspiel höchst verschiedenartiger Teilsysteme beruhen – möchte ich deshalb nun die folgenden Themen erörtern:

- Das Zusammenwirken von Verstand und Gefühl;
- das Ensemble der Gefühle, seine innere Balance und die Rolle der destabilisierenden, selbstblockierenden Gefühle im Unterschied zu ihren auf Zusammenhalt und Stabilität zielenden Gegenspielern;
- die Möglichkeit einer «Entgleisung» dieses Systems und ihre etwaigen Folgen für unsere Lebensstrategie;
- die Chancen für eine erfolgreiche Verhinderung eines solchen «Entgleisens».

Der letzte Punkt soll dann bereits überleiten zum übernächsten Kapitel, das sich in aller Ausführlichkeit den gesundheitsförderlichen «Lebenskünsten» widmet. Ein besseres Verständnis des in sich vielschichtigen Salutogenese-Vorgangs und seiner «treibenden Kräfte», unseres inneren Ensembles an verschiedenartigen Widerstandsressourcen, ist allerdings die erste wichtige Voraussetzung, um ein «Lebenskünstler» zu werden.

Das Zusammenwirken von Verstand und Gefühl

Auch Gefühle – oder Affekte, Emotionen – sind *Bewertungsvorgänge*, die von der Evolution des Lebens hervorgebracht worden sind und sich in einem jahrtausendealten Prüfverfahren bewähren konnten. Zwar galten sie der abendländischen Philosophie, die die Vernunft über Gebühr vergöttert hat, zu manchen Zeiten als ausgesprochen verdächtig («Affekten und Leidenschaften unterworfen zu sein ist wohl immer eine Krankheit des Gemüts, weil beides die Herrschaft der Vernunft ausschließt» – so hieß es 1798 bei Immanuel Kant, der Bacons oben zitierten Hinweis nicht ernst genommen hatte – trotz seiner sonstigen Sympathie für den englischen Philosophen). Doch sie sind keineswegs die Verkörperung des schieren Irrationalen, der

Willkür, der Unkontrollierbarkeit – sie haben ihre besondere Logik und ihren speziellen Sinn. Andernfalls hätten sie nämlich schon längst die eigene Auslöschung bewirkt, hätten sich selbst samt den ihnen «unterworfenen», so schrecklich «widervernünftigen» Menschen schlicht ausgerottet. Angst mag manchmal wirklich ein «schlechter Ratgeber» sein – sehr viel öfter jedoch ist sie einer der besten, die wir haben. Am Gegenwartsmenschen fällt allzuoft nicht ein Zuviel an Ängsten auf (mögen Industriemagnaten und Wirtschaftsbosse auch noch so sehr das Gegenteil predigen), sondern weit eher das Fehlen sachlich durchaus begründeter Ängste – etwa ein Mangel an angemessener Angst vor den Folgen der selbstverantworteten Umweltzerstörung.

Das Problem liegt also *nicht* darin, daß Gefühle unsere «Vernunft» – psychologisch gesprochen: unsere kognitiven Fähigkeiten – stören und korrumpieren; die Herausforderung, die es salutogenetisch zu meistern gilt, liegt in einem gelungenen Zusammenwirken von Emotionen und Kognitionen, die beide gleichermaßen unverzichtbar für unser Wohlergehen sind. Um es mit den Worten des Marburger Psychologen Wolfgang Rost aus-

«Ganz genau!» ruft Heinrich, sichtlich aufgeregt. «Denk doch nur an diese schreckliche Ruck-Rede, die Roman Herzog in Berlin gehalten hat. Wie hat ihn die Presse dafür gefeiert, wie haben sie es alle nachgeplappert. Dabei war alles Nonsens. Ich habe mir den Originaltext vom Bundespräsidialamt schicken lassen – wenn du das heute liest, denkst du, dich trifft der Schlag! Er komme gerade aus Südostasien zurück, hat Herzog gesagt, dort katapultieren sich die Volkswirtschaften mutig ins nächste Jahrtausend – und bei uns nur Bedenkenträger. So ein Quatsch: Ein paar Monate später war die Asienkrise da, und in Indonesien, Thailand und anderswo sind Hunderttausende in bodenloses Elend abgerutscht. Da bin ich gerne Bedenkenträger. Lieber Bedenken als diese dummdreiste Begeisterung!»

zudrücken, dessen Buch *Emotionen – Elixiere des Lebens* aus dem Jahr 1990 für mich immer noch zu den Standardwerken auf diesem Gebiet zählt:

> «Die parallel zueinander ablaufenden emotionalen und kognitiven Prozesse stehen in Interaktion, dabei können sie übereinstimmen, zueinander passen, aber auch in Widerspruch geraten. Die emotionale Einschätzung und Beurteilung ist unmittelbarer und der kognitiven oft voraus, vor allem ist sie motivierend, das heißt, sie regt zum Handeln an. Was nicht heißen soll, daß es nicht auch Handlungen gibt, die primär unter kognitiver Kontrolle eingeleitet werden. Wir wissen jedoch alle, daß die Überlegung, dieses oder jenes müsse getan werden, *allein* in den seltensten Fällen etwas oder jemanden in Bewegung bringt, es sei denn, zusätzlich würden die möglichen unlustvollen Konsequenzen bei Unterlassung oder die lustvollen bei Vollzug ins Bewußtsein gerufen – also die emotionale Seite.»

Kognitive Vorgänge können in vielerlei Hinsicht hemmend und störend in unser Gefühlsleben eingreifen (zum Beispiel als einschränkendes Wissen um familiäre und gesellschaftliche Normen, als Erinnerung an Beschämungen und Bestrafungen bei früheren Regelverstößen etc. etc.) – wie auch umgekehrt emotionale Prozesse unser Kognitionsvermögen erheblich aus dem Gleichgewicht zu bringen vermögen (was allerdings manchmal recht hilfreich ist). Für die Ausbildung eines wohlausgewogenen Wechselverhältnisses zwischen Verstand und Gefühl – mithin für die Entstehung einer «Widerstandsressource erster Ordnung» – ist jener Vorgang prägend, den wir «Sozialisation», «Enkulturation» oder schlicht und einfach Erziehung nennen: Kinder müssen sich mit den Gefühlsäußerungen ihrer Eltern identifizieren können; gleichzeitig dürfen die Gefühlsäußerungen der Kinder von den Eltern nicht dis- und abqualifiziert werden. Einzig das *Verhalten* des Kindes sollte als möglicherweise inakzeptabel gelten und seine Erzieher zu Verboten, äußerstenfalls sogar zu Strafen veranlassen können – Emotionen hingegen sind vorhanden (und möglicherweise diskussionsbedürftig), aber niemals «gut» oder «schlecht» im moralischen Wortsinn. Wenn ein Kind fernsehen will, statt seine Hausaufgaben zu machen, ist es das gute Recht der Eltern, dies nicht zu erlauben; ebenso ist es aber das gute Recht des Kindes, deshalb auf seine Eltern sauer zu sein. Viele Eltern erwarten jedoch eine vermeintlich «natürliche» Harmonie in der Familie und tun sich schwer damit, Interessengegensätze und Konflikte zwischen den Generationen zu akzeptieren. Die Folge sind nicht selten Erziehungsstrategien, die anstelle der (unabdingbar notwendigen) Bewertung von *Handlungen* eine Abwertung der *Person* setzen: «Wenn du das tust, bist du aber böse», «Wenn du das tust, habe ich dich nicht mehr lieb … / bist du nicht mehr meine liebe Kleine …» und so weiter. Eine ausgewogene Balance zwischen Kognition und Emotion kann sich so schwerlich herausbilden, weil das Kind lernt, zu einem großen Teil seines Emotionsvorrates «nicht stehen zu können» beziehungsweise diesen verbergen zu müssen – gegebenenfalls auch vor sich selbst.

«Oje», seufzt Heinrich, «ich habe Jahre gebraucht, um *das* zu begreifen. Aber es stimmt: Kinder brauchen Eltern, die nicht nur gut, sondern auch böse sind – die man am liebsten auf den Mond schießen möchte, von denen man sich abgrenzen, gegen die man sich durchsetzen muß. Wenn ich das schon höre: ‹Ich möchte der beste Freund meiner Kinder sein …› – die totale Konfusion. Nichts als Ausweichen vor der Verantwortung. Was habe ich mich mit meinem Vater gestritten. Ein besseres Training als das kannst du dir nicht vorstellen.»

Es ist also möglich (und in der Praxis sogar sehr häufig), daß sich bestimmte Anteile des emotionalen Ensembles gar nicht erst angemessen entwickeln. Auf der anderen Seite kann es aber auch vorkommen, daß sich solche Anteile über Gebühr «verhärten» – daß, mit anderen Worten, die emotionale Funktion zur *Charakterstruktur* «gerinnt». Von besonderer Bedeutung ist dabei die Chronifizierung aggressiver Strebungen zur dauerhaften, systematischen Feindseligkeit – die, wie viele sozialmedizinische Studien beweisen, mit einem über der Zufallswahrscheinlichkeit liegenden Risiko gekoppelt ist, an einer koronaren Herzkrankheit zu leiden, möglicherweise sogar zu sterben.

Das Problem der Balance zwischen Verstandesleistung und Gefühlsleben läßt sich sehr gut am Thema «Enttäuschung» demonstrieren. Bei Enttäuschungen – vor allem bei solchen chronischer Art – haben wir es ja mit einer Art «negativer Motivation» zu tun, mit einem komplexen Demotivationsimpuls, in dem sich Erwartungen, Erkenntnisse, Erlebnisse und Emotionen zu einem schmerzlichen, gesundheitsschädlichen, oft sogar lebensbedrohlichen Gebräu zusammenmischen. Die Steigerung der chronischen Enttäuschung (und zugleich häufig ihre Folge) wäre die *Demoralisierung*, von der gleich noch die Rede sein wird.

Es ist aber auch auf den Vorboten der Enttäuschung zu achten, und dieser ist oft das Mißtrauen. Am Mißtrauen zeigt sich deutlich das emotional-kognitive Zusammenwirken, denn es spielen sowohl Affekte eine Rolle (vor allem Aggressivität, nicht selten bereits zur Feindseligkeit verhärtet, die aber oft am eigenen Selbst gar nicht mehr bewußt wahrgenommen, sondern in die «böse Außenwelt» projiziert wird: «verfolgte Unschuld») wie auch kulturell vermittelte Welt- und Leitbilder (mit Neigung zur Intoleranz, insbesondere zur Fremdenfeindlichkeit) sowie eigene persönliche Erlebnisse beziehungsweise die Erinnerung daran. Mißtrauen provoziert die Enttäuschung geradezu, macht sie hochwahrscheinlich. Unterm Strich ist richtig, was der Philosoph Otto F. Bollnow 1958 in seinem immer noch lesenswerten Bändchen *Wesen und Wandel der Tugenden* geschrieben hat: «Mißtrauen läßt das Leben vertrocknen und schließlich ganz ersterben» – indem es nämlich die Flexibilität und damit die Fähigkeit des Ausbalancierens mindert.

«Da ist was dran», stimmt Heinrich zu. «Mißtrauische Menschen kommen mir manchmal vor wie Leute, die sich mit einem Trockenkurs des Lebens begnügen, statt das Leben selber zu wagen. Sie haben so viel Angst davor, daß irgend etwas schiefgehen könnte, daß sie erst dann zufrieden sind, wenn überhaupt nichts mehr passiert.»

Schon Hans Selye, der Erforscher des Allgemeinen Adaptationssyndroms und Begründer der Streßforschung, hat mehrfach und nachdrücklich auf die besondere Bedeutung hingewiesen, die gerade die Enttäuschung bei der Verwandlung von zunächst neutralen, aber eventuell durchaus stimulierenden Streßreizen in den schädlichen Distress spielt. Ich zitiere deshalb eine etwas längere Passage in vollem Wortlaut:

> «Wie kommt es wohl, daß ein und dieselbe Arbeit sowohl Streß als auch Distress verursachen kann? Erfolg vermehrt sich durch nichts leichter als durch Erfolg, nichts hemmt ihn mehr als die Enttäuschung. Selbst die hervorragendsten Sachverständigen auf diesem Gebiet wissen nicht, warum der Streß der Enttäuschung soviel eher Krankheiten hervorruft (z. B. Magengeschwüre, Migräne, hohen Blutdruck) oder auch nur ‹auf die Nerven geht› als der Streß übermäßiger Muskelarbeit ... Die einzige Erklärung, die wir dafür zu bieten haben, ist die im Abschnitt ‹Was ist Streß?› gegebene; dort habe ich zu veranschaulichen versucht, wie ein und dieselbe Reaktion ganz verschiedene Schädigungen erzeugen kann. Da der Streß als die Folge jedweder Anforderungen an den Körper zu betrachten ist, ist es auf den ersten

> Blick schwer zu verstehen, warum ein Stressor in seiner Wirkung so verschieden sein sollte von der eines anderen. Wie wir jedoch gesehen haben, beruht dies vermutlich darauf, daß die unspezifischen Auswirkungen eines Stressors durch seine spezifische Wirkung sowie durch ererbte oder erworbene Anfälligkeit kompliziert werden, wodurch dann die Streßsymptome weitgehend abgewandelt werden können. Gewisse seelische Faktoren, wie etwa die Enttäuschung, sind besonders geeignet, Streß in Distress zu verwandeln ...»

Und an einer anderen Stelle seines Buches betont der Autor: «Die verschleißende Wirkung der Arbeit kommt hauptsächlich von der Enttäuschung über unsere Mißerfolge.»

Ganz so schwer ist die Frage, warum gerade der «Enttäuschungsstreß» sich so besonders schädlich auswirkt, allerdings auch wieder nicht zu beantworten. Bei der Enttäuschung kommt es ja nicht so sehr auf den Streßreiz selber an als vielmehr auf dessen *Bewertung* – vor allem aber darauf, wie das *Ergebnis der Auseinandersetzung* mit ihm bewertet wird. Eine negative Bewertung verursacht neuerlichen Streß – eine erschöpfende Kette ohne absehbares Ende bahnt sich an ... Enttäuschungen wirken, wenn sie chronisch sind, ab einem bestimmten Punkt nicht mehr als Stimulus und Ansporn: Sie frustrieren unsere Erwartungen, sie beeinträchtigen unser Identitätsgefühl, sie stören die Balance zwischen Verstand und Gefühl, und sie setzen eine Reihe negativer Emotionen frei, beispielsweise Angst, Scham und Trauer. Allem, was dieser Entwicklung gegensteuern könnte, wird durch die chronische Enttäuschung gleichsam der Boden entzogen.

Und eben deshalb mündet anhaltende Frustration immer wieder in das Dauersyndrom der *Demoralisierung*. Der oben bereits zitierte Münchner Sozialpsychologe Heiner Keupp schreibt hierzu:

«Wenn Menschen keine sinnhafte Ordnung in ihrem Leben finden oder entwickeln können, dann wirkt sich das in dem Phänomen der ‹Demoralisierung› aus. Dieses Muster beinhaltet Einstellungen und Grundhaltungen, die durch ein geringes Selbstwertgefühl, Hilflosigkeit, Hoffnungslosigkeit, unbestimmte Zukunftsängste und allgemein gedrückte Grundstimmung geprägt sind. Für die USA liegen folgende Ergebnisse vor: Demoralisiert in dem beschriebenen Sinne wurde etwa ein Drittel der Bevölkerung eingeschätzt. Die Demoralisierungsrate von Frauen liegt um 10 Prozent höher als bei Männern. Etwa die Hälfte der Angehörigen der untersten sozialen Schicht erwies sich als demoralisiert. Etwa die Hälfte des Bevölkerungsanteils, der als demoralisiert eingeschätzt wurde, wies klinisch auffällige Symptome auf. Bei dieser Gruppe hatten die verfügbaren Ressourcen offensichtlich nicht ausgereicht, um mit Lebensproblemen und Krisen produktiv umgehen zu können. Das Demoralisierungssyndrom bringt zum Ausdruck, daß ein erheblicher Anteil der Bevölkerung für sich keinen Sinn mehr darin sieht, sich für oder gegen etwas einzusetzen. Diese Personen lassen Ereignisse fatalistisch auf sich zukommen und über sich hereinstürzen, weil sie nicht mehr daran glauben, daß sie wirksam etwas gegen diese unternehmen können. Bei unserer Untersuchung zeigte sich deutlich die umgekehrte Relation zwischen Kohärenzgefühl und Demoralisierung: Je ausgeprägter das Demoralisierungsgefühl vorhanden ist, desto geringer ist das Kohärenzgefühl entwickelt.»

Abermals zeigt sich hier die politische, soziale und medizinische Gewichtung der Salutogenese – die Bedeutung des Kohärenzgefühls, aber auch die Folgen eines Mangels davon. Der vielfach beschriebene und fast ebensooft beklagte Unterschied in der Lebenserwartung der unteren und der «gehobenen» Gesellschaftsschichten (in Deutschland liegt die durchschnittliche Lebenserwartung eines Universitätsprofessors heute immerhin noch neun Jahre über der eines ungelernten Arbeiters!) bekommt aus dieser Perspektive eine neue Dimension. Der faktisch durchaus zutreffende Satz «Weil du arm bist, mußt du früher sterben» darf ganz offensichtlich nicht alleine mit schlechterer Ernährung bei niedrigerem Einkommen, mit höherer Luftverschmutzung in den Straßenschluchten zwischen den billigen Mietskasernen der Vorstädte etc. etc. begründet werden – so wichtig diese Einzelfaktoren auch sein mögen. Die *psychische Widerspiegelung* der sozialen Lage und das daraus resultierende Selbstbild sind jedoch ebenso bedeutsame Faktoren, wenn es um mangelhaft ausgebildete Widerstandsressourcen im Sinne der salutogenetischen Perspektive geht. Den Gegenpol zu einem salutogenetisch wirksamen hohen Kohärenzgefühl bildet offenkundig eine nach heutigem Kenntnisstand gesundheitsgefährdende, ja selbstschädigende Lebenshaltung, die mit den Schlagworten «innerlich resigniert, aber äußerlich angepaßt» umrissen werden kann.

Das bisher skizzierte Bild läßt sich weiter vervollständigen. Es muß quasi noch um eine «dritte Dimension» ergänzt werden. Denn wir werden dem komplexen Geschehen nicht gerecht, wenn wir übersehen, daß jene sozialen Interaktionen, die irgendwann in den Zustand «Enttäuschung» münden, stets in ein weites Aktionsfeld eingebettet sind – in ein Feld, das zwischen zwei verschiedenen Polen aufgespannt ist. Den einen dieser Pole bilden die Anforderungen der Umwelt, die sich zumindest teilweise objektivieren, manchmal sogar messen lassen. Ihr Gegenpol, nämlich das Selbstbild und die Erwartungen der am Ende enttäuschten Person, ist unserer Beobachtung weit schwerer zugänglich. Das eigene Selbstbild, die Erwartungen an sich selber und das Leben sind dem Betreffenden womöglich zu großen Teilen selbst gar nicht bewußt. Um dieses Spannungsfeld zu verringern und künftigen Dissonanzen vorzubeugen, sollte der Hebel der Veränderung möglichst *an beiden Seiten* ansetzen. Das «Individuum» und die «Gesellschaft» wechselseitig gegeneinander auszuspielen wäre eine unangemessene Vereinfachung. In der Praxis geschieht das meist, um sich dadurch selber entlasten zu können: Der Werksleiter, dessen Fabrik die Umwelt vergiftet, verweist auf die ungesunde Lebensweise der Betroffenen, die ja viel gravierender sei; der Kettenraucher wälzt die Verantwortung für seinen Lungenkrebs auf die Schadstoffe am Arbeitsplatz ab und so weiter und so fort.

In Wahrheit schließt der eine «Pol» den anderen keineswegs aus, sondern im Gegenteil mit ein: Sozioökonomische Anforderungen können durch Sozialreform gemildert, aber auch individuelle Erwartungen müssen zurückgefahren werden. Wenn hier und im weiteren Text in erster Linie die *subjektive Dimension* des sozialen Feldes beleuchtet wird, dann vor allem deshalb, weil sich in ihr – und nur in ihr – jener Ort finden läßt, an dem «Krankheit» und «Gesundheit» *erlebt* werden. Das soll weder heißen, daß diese Zustände nur eindimensional *bedingt* wären, noch bedeutet es, daß jene anderen Dimensionen, die ja unstrittig vorhanden sind, darüber in Vergessenheit geraten sollten. Es geht um etwas anderes: daß es schlechterdings nicht gerechtfertigt ist, in grob vereinfachender Manier «hüben» gegen «drüben» auszuspielen. Auch wenn in meiner Firma objektiv ein äußerster Konkurrenzdruck besteht (und womöglich noch von interessierter Seite planmäßig verschärft wird), wenn sich in der Folge das Betriebsklima rapide verschlechtert – dann bedeutet das noch lange nicht, daß ich – als Subjekt – mich voll und ganz in eine solche vermeintlich objektive Situation hineinzwingen lassen müßte, daß es keinerlei Abgrenzungschancen, keine Möglichkeiten zur Distanzierung gibt (auch ohne Kündigung). Es ist sehr oft durchaus möglich, der eigenen Gesundheit den Vorzug vor der Karriere zu geben – und es ist fast immer in weit höherem Maße möglich, als es sich der Betroffene eingesteht.

Den eigenen Spielraum nicht auszuschöpfen, ja die Ausmaße dieses Spielraums gar nicht erst wahrzunehmen – das ist meist ein bedeutsamer Teil des «pathogenen», gesundheitsschädlichen Syndroms (das seinerseits aus einem kognitiv-emotionalen Zusammenwirken entsteht). In Wahrheit hat meist der Volksmund recht: «Es gehören immer zwei dazu.» – «Ein Scheit alleine brennt nicht.»

Menschen, deren Lebensschicksal von chronischer Enttäuschung, schließlich sogar von Demoralisierung geprägt wird, neigen – nicht als Einzelwesen, sondern als Kollektiv betrachtet, also statistisch erfaßt – nicht selten dazu, die ihnen zur Verfügung stehenden Spielräume zu unterschätzen. Möglicherweise fällt es ihnen schwer, sich – wenn ein Lebensprojekt gescheitert ist – andere, neuartige, vielleicht besser geeignete Spielräume zu erschließen. Ein Mensch mit hohem Kohärenzgefühl und starken salutogenetischen Ressourcen ist von vornherein «anders gepolt»; er schafft es zwar nicht immer, aber doch weitaus öfter als seine pessimistischen, kränkelnden Mitmenschen, «fruchtbar zu scheitern»: In einer Krise sieht er zugleich auch die Chancen der Wandlung. In diesem Sinne hatte schon Sigmund Freud darauf verwiesen, daß die Erfolgszuversicht sehr oft eine wichtige Bedingung dafür ist, daß der Erfolg sich am Ende wirklich einstellt.

Und noch etwas anderes gilt es hier zu berücksichtigen: «Enttäuschung» ist, wie bereits beschrieben, ein soziales Phänomen, das Ergebnis von *Interaktion*. An seinem «subjektiven Ende», das heißt im Seelenleben des enttäuschten Menschen, spielen das Erlebnis der *Beschämung* und der Affekt der *Scham* eine bedeutsame Rolle – eine Rolle, von der mit Fug und Recht angenommen werden kann, daß sie um so bedeutender ist, je weniger sie zur Sprache kommt. Scham ist eines der großen Tabuthemen im Reich der Gefühle – und das Schamerleben ein überaus starker Streßreiz, der sehr häufig zum Distress entartet. Wieder sind wir bei dem eigentümlichen, von der bisherigen Streßforschung wohl doch zu wenig berücksichtigten

Problem angelangt, daß es weniger auf den vermeintlich «objektiven» Außenreiz selber ankommt als auf seine subjektive Bewertung und Gewichtung; oft genug wird die eigene *Reaktion* auf einen Außenreiz zum eigentlichen «Streßfaktor» (simples Beispiel: die Gefahr, zu erröten). Eben das ist beim Schamerlebnis der Fall. Die Gefahr der «Verhärtung» und Chronifizierung, also der Entartung zum (Dauer-)Distress ist hier deshalb so groß, weil erstens die Scham selber angst macht, zweitens die Beschämung der Kommunikation verweigert wird, als «unaussprechlich» gilt und damit einem möglichen zwischenmenschlichen Beistand der Boden entzogen wird – und weil sich drittens wenig Möglichkeiten anbieten, Schamerlebnisse «abzuarbeiten»: Es gibt hier, ganz anders als etwa beim Schuldgefühl, keine «Wiedergutmachung», keine «Sühne» (die im Literaturverzeichnis aufgeführten Bücher von Micha Hilgers und mir selber vertiefen dieses Thema). Die Beschämung haftet unverlierbar und bildet damit eine Art schiefe Ebene – einen Untergrund, auf dem das ganze Ensemble der Gefühle ins Rutschen und aus dem Gleichgewicht gerät. Und gerade wegen dieser Unentrinnbarkeit und Unverlierbarkeit dürfte Beschämungserlebnissen – insbesondere solchen, die sich regelmäßig wiederholen – eine wichtige «Schrittmacherfunktion» bei der Entstehung von chronisch depressiven Stimmungslagen zukommen.

Aber damit sind wir schon bei unserem nächsten Thema – beim Zusammenspiel des gesamten Affektsystems. Hier müssen – wie bei einer Schauspielertruppe – die einzelnen Akteure «miteinander klarkommen», um ein befriedigendes Gesamtbild liefern zu können. Genau dies erweist sich in der Realität jedoch als schwierig – und macht infolgedessen krank (oder besser gesagt: senkt die Chancen, gesund zu bleiben).

Das Ensemble der Gefühle – seine innere Balance und seine Disharmonien

Wie viele Gefühle das menschliche Leben bestimmen und prägen, gilt unter Affektforschern als umstritten. Ins Auge fällt allerdings, daß die von ihnen angegebene Zahl unterscheidbarer Einzelaffekte meist bei acht bis zwölf, also in der Größenordnung des Dezimalsystems (und der Finger an unseren Händen) liegt. Ich selber möchte der Einteilung von Rainer Krause folgen und acht gut voneinander abgrenzbare («diskrete») Affekte annehmen: Diese sind Interesse, Freude, Überraschung, Scham, Trauer, Ekel, Furcht und Wut. Zu den Einzelheiten habe ich mich in meiner wissenschaftlichen Monographie *Der Blick, die Scham, das Gefühl* ausführlich geäußert, weshalb ich mich hier nicht weiter damit aufhalten will; gegebenenfalls kann dort nachgelesen werden.

Es ist ein Grundsachverhalt des «Gefühlslebens», daß unsere Affekte sich ineinander verwandeln und durch Modulation aufeinanderfolgen können – so haben wir haben möglicherweise Angst vor Beschämung, können uns aber auch schämen, weil wir so ängstlich sind, etc. etc. Diese Wandelbarkeit, dieses Ineinanderfließen und Aufeinanderfolgen ist wahrscheinlich einer der Gründe, weshalb die wissenschaftliche Beschäftigung mit der Gefühlswelt so lange als unattraktiv, ja fast schon als verdächtig galt (bei Wahrnehmungsvorgängen oder Gedächtnisleistungen hingegen wußte man, was man hat – da gab es Zahlen, Daten, Fakten ...). Wichtig ist aber auch, daß diese wandlungs- und verwandlungsfähigen Gefühle in einem fein austarierten Wechselverhältnis zueinander stehen – oder jedenfalls stehen können. Denn wenn das Ensemble der Gefühle zum Konzert aufspielt, können seine Melodien durch Dissonanzen verschiedenster Art empfindlich gestört werden. Um abermals Wolfgang Rost zu zitieren:

«Ähnlich wie das übersteigerte Schamgefühl zur Blockierung des Ausdrucks nahezu jeder Gefühlsregung dienen kann, können andere Emotionen im komplexen *Wechselspiel der Gefühle* im Übermaß in den Vordergrund treten und so ihre affektiven Antagonisten dominieren. Auf diese Weise wird die emotionale Regulation, die der Flexibilität bedarf, gestört. Bildlich gesprochen ist in einem solchen Fall die Balance gekippt und in diesem Zustand erstarrt. Der Betroffene entgeht dadurch dem Konflikt der Gefühle, der zugegebenermaßen recht belastend sein kann; er handelt sich aber mit diesem *Gefühlsexzeß* (nur noch Angst oder Schuldgefühl oder Traurigkeit oder Geilheit oder Wut oder Aktivität etc.) eine pathologische Konfliktlosigkeit, eine Friedhofsruhe im Gefühlsleben, eben einen faulen Frieden ein.»

Salutogenetisch wirksam ist wohl vor allem die Fähigkeit, sich die Balance des Affektsystems *auch unter verschärften äußeren Anforderungen* bewahren zu können. Den gesundheitsgefährdenden Gegenpol bildet die – aus der psychotherapeutischen Erfahrung wohlbekannte – Tendenz, einem Vorwalten selbstblockierender Affekte den Weg zu bereiten (als Musterbeispiel einer Selbstblockade gilt die Muschel, die sich schließt, wenn ein Raubfeind sich nähert – dann aber nicht mehr wahrnehmen kann, ob der Feind noch anwesend oder schon längst verschwunden ist und sich ergo irgendwann spontan wieder öffnen *muß* – möglicherweise im allerungünstigsten Moment). Die Verhärtung von Aggression zur Feindseligkeit wäre ein solcher Fall von Selbstblockade, ein anderer – oft wohl schon in früher Kindheit angebahnter – das Dominieren von Schamerlebnissen und Schamgefühlen. Damit sind wir wieder bei diesem existenzbedrohenden Thema angelangt. Und das nicht ohne Grund – es ist das Wesen des Beschämungserlebnisses, daß es uns «den Boden unter den Füßen wegzieht», wir möchten uns verkriechen oder in die Erde versinken, kurzum, unsere ganze Existenz steht in Frage.

Die Scham verletzt uns auch deshalb so überaus tief, weil sie – anders als das Schuldgefühl – keinen Zwiespalt, keinen Ambivalenzkonflikt zur Wurzel hat. Wer Schuld auf sich lädt und sich dann mit einem schlechten Gewissen herumplagen muß, hätte die «böse Tat» ja auch unterlassen können – er stand «am Scheideweg», an der Gabelung von «Pflicht» und «Neigung». Der Beschämte hingegen fühlt sich abgelehnt und zurückgewiesen wegen etwas (etwa wegen einer körperlichen Eigenart), wofür er nicht verantwortlich ist und woran er nichts ändern kann; eben deshalb erschüttert das Schamgefühl die Grundfesten seiner Existenz. Aus diesem Grund können auch scheinbar marginale Enttäuschungen bei dafür disponierten Personen schwerste seelische Krisen auslösen und tiefe Ohnmachtsgefühle zur Folge haben. Die selbstblockierende Wirkung der Scham besteht darin, daß die Angst vor der Scham uns daran hindert, uns bestimmten Situationen auszusetzen – und zwar gerade solchen, in denen wir lernen könnten, daß es gar keinen Grund gibt, sich zu schämen, weil niemand über uns lacht. Diese Angst vor der Scham wird obendrein häufig mit Pseudoerklärungen verbrämt – «Und standest so oft an der Wand mit dem hochmütigen Blick des Richters» heißt es in einem Lied von Klaus Hofmann. «Du wärest so gerne beteiligt gewesen an der Spontaneität der anderen. Hattest immer ein ‹Aber ...› bereit ...»

«Eine meiner Lieblingsplatten! ‹Westend› – du solltest aber auch zitieren, wie es weitergeht», schaltet Heinrich sich ein: «Und zwar so: ‹Sprangst dann doch mitten hinein, ohne zu denken, und erlebtest ein paar Minuten des Glücks› ...»

Die lebensnotwendige Balance des Affektsystems kann also «von innen her» gestört sein – durch kognitive Blockaden (weil wir zu viele «Aber» bereithalten) oder auch dadurch, daß ein einzelner Affekt sich «in den Vordergrund drängt» und die anderen Teile des Systems so stark dominiert, daß sie wie untrainierte

Muskeln zu verkümmern drohen. Doch auch durch äußere Einflüsse kann das System aus dem Gleichgewicht geraten. Die ständige Überstimulation ist eine der Störgrößen, auch der immer kürzere Weg vom Reiz zur emotionalen Reaktion, die aber nur höchst selten angemessen «abgearbeitet» werden kann, worauf dann auf den sich irgendwo im Körperinneren «leerlaufenden» emotionalen «Rest» oft sofort ein neuer Stimulus «draufgesattelt» wird. Um noch einmal den Psychologen Wolfgang Rost zu zitieren:

> «Zahlreiche *gesellschaftliche Entwicklungen* entziehen uns den Boden für genußvolles Erleben. So ziehen sich die Menschen von der Arbeit ins Privatleben zurück. Die Arbeit dient nur dem Gelderwerb – man ist froh, wenn es vorbei ist. Damit fällt ein Teil erfreulicher Erlebnisse aus dem schöpferischen Bereich oder dem Körpererleben, z. B. bei schwerer körperlicher Arbeit (wenn sie richtig dosiert ist), weg, und das Privatleben wird von hochgeschraubten Erwartungen überlastet. Die Hoffnung ist, daß das Leben dann nach Feierabend losgeht. Das tut es aber mitnichten, und rasch konsumierte Sinnesreize über Fernseher, Walkman, Alkohol und dergleichen mehr lassen ein Gefühl der Leere zurück. Für jedes Alltagsproblem stehen technische Lösungen zur Verfügung, die Zeit und größere Umstände sparen, aber dabei das Erleben verflachen lassen. Die ständige Verfügbarkeit von Belohnungen ist ein weiteres Übel, das dem Genuß entgegensteht. Viele Menschen leben ausschließlich auf *Ziele* hin. Auch wenn sie damit z. B. eine glänzende Karriere aufbauen können, hat diese Orientierung ihren Preis. Der *Weg* zum Ziel, der schließlich einen großen Teil der Lebenszeit schluckt, ist keine Quelle der Freude, sondern wird lediglich beschritten, um etwas anderes damit zu erreichen. Seelische Krisen (Entlastungsdepression) gerade dann, wenn ein lang erstrebtes Ziel erreicht ist, zeugen davon, daß hier etwas schiefläuft.»

Seelische Krisen bezeugen, daß der «Gefühlshaushalt» gründlich durcheinandergeraten ist. Dieser kann sein gutfunktionierendes Wechselspiel nämlich nur dann auf Dauer aufrechterhalten, wenn wir ihm den Raum und die Möglichkeit dafür einräumen und die Funktionsbedingungen nicht extrem verzerren. Rost bietet in seinem ausgezeichneten Werk übrigens eine Fülle von Ansatzpunkten für «Genußtraining», die ich hier nicht im einzelnen wiedergeben kann – ich empfehle, gegebenenfalls im Original nachzulesen.

Salutogenetisch wirkungsvoll ist es, den Pressionen der gesellschaftlichen Entwicklung (die sich als «Trends» tarnen – wer nicht mitmacht, ist «doof» oder «out») nicht eben feindselig, aber mit beharrlichem Eigensinn gegenüberzutreten. Wer dazu in der Lage ist, wird es auch schaffen, in nichts anderem als im Ausmaß eigener, selbstbestimmter Freude weiterhin den ausschlaggebenden Maßstab dafür zu sehen, wie weit man im Strom mitschwimmen will. Unter solchen Bedingungen wird sich bewahrheiten, daß Genuß und Freude eine höchst wichtige Rolle unter jenen Faktoren spielen, die unsere Gesundheit erhalten. Sie liefern sozusagen den «inneren Kitt» unseres Gefühlssystems, stärken seinen Zusammenhalt, wirken der Störung seines Gleichgewichts entgegen (und bilden somit den Gegenpol zu Scham, Ohnmacht und Feindseligkeit).

Allerdings spricht sehr viel dafür, daß Freude und Genuß diese stabilisierende, gesundheitsfördernde Wirkung verlieren, wenn sie gezielt eingesetzt oder von außen gefordert werden. *Geplante* Lebenslust verdient diesen Namen nicht. Die Einstellung, die wir zum *Glück* haben, spiegelt ja in gewisser Weise die Balance wieder, die in unserem kognitiv-affektiven System und im Zusammenspiel der einzelnen Affekte herrscht: Der Versuch, Glück um jeden seelischen Preis *erzwingen* zu wollen, deutet bereits darauf hin, daß dieses System seine «Mitte» verloren hat und instabil geworden ist. Leider tendieren wir sehr dazu, diese Instabilität mit ebenjenen

Mitteln zu bekämpfen, die für ihr Entstehen verantwortlich sind. Soll heißen: Wenn wir die Gefahr des «Entgleisens» spüren, neigen wir zu einer Art «Vorwärtsverteidigung» – zum Beispiel dazu, das Tempo des Lebens zu erhöhen, statt es abzubremsen; wir steigern die Hektik, statt innezuhalten. Das ist keinesfalls eine «Naturnotwendigkeit», sondern ein uns von der gegenwärtigen – allerdings selbst in hohem Maße instabilen – Industriezivilisation anerzogener «bedingter Reflex»: Wie oft kann man, zum Beispiel bei bestimmten volkswirtschaftlichen Prozessen, die fast schon gebetsmühlenhaft wiederholte Beteuerung hören, man müsse bei einer bestimmten Entwicklung «dabeisein», um nicht «den Anschluß zu verpassen», sonst «fährt der Zug ohne uns ab» und so weiter und so fort. Was für ein Zug das ist und in welche Richtung er fährt, wird kaum noch gefragt. Wer mit dem Fahrplan seines Lebens ebenso verfährt, beschwört die Gefahr eines Zusammenstoßes allerdings geradezu herauf.

«Hör mir bloß damit auf!» stöhnt Heinrich. «Diesen Satz kann ich nicht mehr hören. Er muß für nahezu jeden Blödsinn herhalten. Dabei gibt es genug Fälle, in denen wir von Glück sagen können, wenn der Zug ohne uns abfährt. Etwa dann, wenn es sich um einen ICE handelt, bei dem später ein Radreifen bricht. Weil nämlich die Wartung nicht so gründlich war, wie es dem hohen Tempo und dem Materialverschleiß angemessen wäre ...»

Ich möchte noch einmal zum Gesamtsystem der Affekte zurückblenden: Es kann sich offenkundig nur dann zur Reife und zur Ausgewogenheit ausbilden und damit zu einer «Widerstandsressource zweiter Ordnung» werden, wenn Affekte nicht von vornherein der Diskriminierung und der «Ausblendung» zum Opfer fallen – was voraussetzt, daß sie nicht nur wahrgenommen, sondern auch gelebt werden dürfen (problematisch ist ja niemals der Affekt als solcher, sondern allenfalls eine möglicherweise auf ihn folgende Handlung), womit wir wieder beim Sozialisationsprozeß sind, insbesondere bei der Atmosphäre, die ihn «trägt». Dazu gehört, daß die «Funktionslust» beim Ausleben des jeweiligen Affekts auch allgemein anerkannt und nicht durch eine entsprechende Ideologie behindert wird, wie sie sich oft in markigen Sinnsprüchen verkörpert («Männer weinen nicht», «Wer schreit, hat unrecht» und so weiter ...).

Das gegenteilige Extrem, Affekte sozusagen um jeden Preis herbeizwingen zu wollen, weil solchen Manövern vermeintlich ein befreiender Charakter innewohne, ist zwar derzeit arg in Mode – bedeutet aber, das sprichwörtliche Kind mit dem Bade auszuschütten, und verfehlt das Eigentliche, die ungekünstelte Spontaneität, kaum minder deutlich. Schon vor zwanzig Jahren hat der bekannte Psychoanalytiker und Friedensforscher Horst-Eberhard Richter dies mit auch heute noch treffenden Worten kritisiert:

> «Hier durchbricht man scheinbar die Oberflächlichkeit, indem man in diesen Arrangements alles an Emotionen herbeiorganisiert, was immer davon in den Menschen schlummert. Es hagelt nur so von Angst-, Traurigkeits- und Liebeseruptionen. Die Betreffenden sind ganz hingerissen davon, wie leidenschaftlich es dabei hergeht. Aber es funktioniert nur bei Inszenierungen. Der Trick provoziert das Natürliche. Aber das Natürliche wird zum Gemachten. Die Spontaneität wird trainiert – und verliert sich dadurch.»

Es handelt sich bei diesem Vorgang um die Kultivierung dessen, was ich *Bonsai-Emotionen* zu nennen pflege: Was in der geschilderten Art und Weise kunstvoll gehegt und veredelt wird, verkümmert während des Trainings. Emotionalle Spontaneität und Balance benötigt hingegen das genaue Gegenteil, nämlich Spielraum und Ruhe, um von selber wachsen zu können. Das bedeutet, daß auch ein vermeintliches «Unkraut» (also eine ungewohnte oder gar unerwünschte, weil möglicherweise «altmodische» Emotion) nicht von vornherein bekämpft werden soll. Auch für unser Gefühlsleben und seine Feinregulierung trifft jene fernöstliche Spruchweisheit ins Schwarze:

> «Die Blume welkt, wenn wir von ihr nicht lassen wollen;
> das Unkraut sprießt, wenn wir es widerwillig wachsen seh'n ... »

Zusammenfassend kann zu diesem Punkt gesagt werden, daß das Ensemble der Gefühle in ein instabiles Gleichgewicht gerät, wenn es auf einem Fundament aufbaut, das im wesentlichen durch Gefühle *von Scham, Ohnmacht und Feindseligkeit* geprägt wird – daß es sich umgekehrt zu einer stabilen Balance einregulieren wird, wenn es durch den Grundaffekt der *Freude* getragen und zusammengehalten wird. Freude (als Gefühl) und Genuß (als Erlebnis) bedingen einander wechselseitig. Bei der Darstellung der «Lebenskünste» werden wir diesen Punkt noch en detail betrachten.

Jedenfalls gilt, daß ein hohes Kohärenzgefühl sich auch in der Fähigkeit offenbart, das eigene Gefühlsleben gut ausbalanciert «zusammenzuhalten». Dazu gehört auch die Kraft, kurzfristig auftretende Ungleichgewichte – die zum Leben dazugehören und daher normal sind – aus eigener Kraft, gegebenenfalls auch durch Hilfe anderer, wieder ausgleichen zu können.

Das «Entgleisen» des Systems und seine Folgen

Jedes von der Evolution des Lebens über Jahrhunderttausende eingeübte Wechselspiel von Faktoren – seien sie körperlicher oder seelischer Art – besitzt eine gewisse Toleranz gegenüber größeren Auslenkungen einzelner Bestandteile. Jenseits dieser Toleranzgrenze jedoch bricht das Gleichgewicht zusammen.

Dies gilt auch für das Wechselspiel der Gefühle. Es ist ganz normal, wenn kurzfristig eines der Orchestermitglieder fortissimo spielt: wenn blinde Wut alle anderen Gefühle, ja auch den Verstand übertönt und «an die Wand spielt». Die gesunde Regulationsfähigkeit zeigt sich darin, daß diese kurzzeitige Besonderheit rasch wieder in den Gleichgewichtszustand zurückgeführt werden kann.

Oft aber ist das nicht der Fall. Das System entgleist, das Orchester gerät aus dem Gleichgewicht. Ein Instrument spielt sich in den Vordergrund – aus der Symphonie werden schräge Töne. Die zur Feindseligkeit verfestigte Aggressivität, die zur chronischen Angst geronnene Scham übertönen alle anderen Gefühle. Die Regulation klappt nicht mehr – eine neue, schlechter angepaßte, schwerer zu steuernde, der Umwelt unflexibel gegenübertretende Lebensstrategie hat sich «eingeschliffen» und behauptet jetzt ihren Platz. Die Dysbalance konnte nicht austariert werden, es ist zur «Entgleisung» gekommen.

Ein solcher Gleichgewichtsverlust kommt allerdings «nicht von ungefähr», er ist meist das deutliche Endergebnis einer Fülle vieler subtiler, oft unmerklicher und sich langsam aufsummierender Einzelereignisse – und irgendwann ist die Katastrophe da. Das rührt auch daher, daß unser «Weltbildapparat» (das Ensemble unserer kognitiv-emotionalen Fähigkeiten) auf den Umgang mit solchen «kleinen», allmählichen Schadwirkungen schlecht eingestellt ist. Und daß wir zudem diese Sensibilität, wo wir noch über sie verfügen, Zug um Zug verlernen. Das gilt für das menschliche Augenmerk für die ökologischen Gleichgewichte unserer Umwelt ebenso wie bei der Aufmerksamkeit, die wir der inneren Balance in unserem eigenen Organismus zuteil werden lassen. Es lohnt sich durchaus – gerade auch aus salutogenetischer Perspektive – dieses Dilemma einmal etwas genauer zu betrachten. Ein Dilemma, das darauf beruht, daß wir offenbar gerade dort *besonders wenig sensibel* sind, wo wir es *besonders nötig* hätten.

Woher rührt diese Diskrepanz? Sie hat, kurz und bündig gesagt, mit der Geschichte der Menschwerdung zu schaffen, die auch unsere Psyche, unser Wahrnehmungsvermögen und unser Seelenleben geprägt hat. Wir Menschen sind – durch eine lange Folge von Generationen, von denen sich 99 Prozent in der Welt der Steinzeit zu bewähren und an die damaligen Lebensbedingungen anzupassen hatten – auf eine Umwelt abgestimmt, die Wissenschaftler und Philosophen als «Mesokosmos» bezeichnet haben. Es handelt sich um eine «Welt der mittleren Dimensionen», in der der Mensch zu dem wurde, was er heute ist – in den afrikanischen Savannen, durch die unsere jagenden und sammelnden Vorfahren streiften, auch in der Tundra des eiszeitlichen Europas spielten Lichtgeschwindigkeit und Megatonnen keine Rolle, ebensowenig wie Risikoabschätzungen nach der Wahrscheinlichkeitstheorie. In dieser Welt langsamer Geschwindigkeit, gemächlicher Veränderungen, zyklisch-rhythmischer Vorgänge, kleiner Gruppen und überschaubarer Strukturen hat sich auch unser salutogenetisches Potential, haben sich die für uns verfügbaren Widerstandsressourcen herangebildet.

Es ist wichtig, sich immer wieder vor Augen zu halten, daß die «mesokosmische» Anpassung unseres «Weltbildapparats» schon bestand, als sich die Fähigkeit des Menschen zum reflektierenden Selbstbewußtsein, zum Denken als «innerem Probehandeln» zu ihrer vollen Höhe entwickelte. Der Weg über den Mesokosmos hinaus ist der kreativen Intelligenz von Homo sapiens zwar möglich – andernfalls wären weder die Newtonsche Physik noch die Einsteinsche Relativitätstheorie je entstanden, und wir wären auch gar nicht in der Lage, über diesen Mesokosmos nachzudenken: über unsere Anpassung an ihn und über die Probleme, die uns heute, in einer radikal veränderten Umwelt, daraus möglicherweise erwachsen. Andererseits sieht sich unser Denken mit all seinen Spielräumen und Freiheitsgraden doch immer wieder mit seiner archaischen «Bodenhaftung» konfrontiert.

Dieser «Haftung» oder «Verankerung» hat die gegenwärtige ökologische Krise freilich sehr weitgehend, sehr nachhaltig den Boden unter den Füßen weggezogen – und damit allerlei radikal neue Möglichkeiten des «Entgleisens» geschaffen. Daran ändert auch der Umstand nichts, daß es gegenwärtig nicht mehr en vogue ist, von dieser ökologischen Krise noch groß zu sprechen, ja sie überhaupt wahrzunehmen. Realität ist sie dennoch.

Die technokratische Umgestaltung unserer Welt mit ihren umweltzerstörerischen Konsequenzen hat in mindestens dreifacher Hinsicht unsere stammesgeschichtlich überkommenen Strategien zur Anpassung an den Mesokosmos unterlaufen und entwertet – und damit zu erheblichen neuartigen psychophysischen, kognitiv-emotionalen Dysbalancen und Instabilitäten geführt:

- Erstens durch eine Entwertung unserer *Sinnesorgane* und ihrer Leistungsfähigkeit, die uns zum Beispiel den Gefahren radioaktiver Strahlung hilflos gegenüberstehen läßt, da man diese weder sehen noch hören oder riechen und schmecken kann.
- Zweitens durch eine Entwertung überkommener *Tugenden*, die traditionsgemäß hoch eingeschätzt werden, wie etwa Mut oder Tapferkeit, mit denen aber weder dem troposphärischen Treibhauseffekt noch der stratosphärischen Ozonverdünnung beizukommen ist.

- Drittens durch eine Entwertung soziokulturell tradierter *Selbstverständlichkeiten*, auf die sich der mehr oder minder gesunde Menschenverstand eben nicht mehr vertrauensvoll verlassen kann: So ist die wärmende Sonne plötzlich möglicherweise krebserzeugend geworden – der Natur selber haftet mit einem Mal eine neue Art der Bedrohlichkeit an, es ist gleichsam auf nichts mehr Verlaß (und das Studium von Testergebnissen und Konsumempfehlungen kann zu einem abendfüllenden Programm entarten ...).

Man kann die Geschichte der modernen, großtechnischen Industriezivilisation mit all ihren Chancen und Risiken – bis hin zum «man made disaster» unserer gegenwärtigen ökologischen Krise – auch als eine Kette von *Ablösungen* beschreiben. Darunter finden wir die Ablösung unserer Arbeitszeit vom Tageslicht mit seinen jahreszeitlichen Schwankungen – die Ablösung unserer Nahrungsmittelversorgung von den Bedingtheiten der regionalen Produktion und so fort. Alle diese Entkoppelungen zuvor festgefügter psychosozialer oder biokultureller Verknüpfungen beinhalten gewiß auch ein befreiendes Potential, zum Beispiel die Befreiung von der schieren Fron stumpfsinnigster Muskelarbeit. Sie bedürfen aber, damit das System nicht instabil wird, neuer Begrenzungen und Bindungen, um einem «Selbstlauf» vorbeugen zu können. Der Philosoph Hans Jonas hat dies in seinem 1979 erschienenen berühmten Buch über das *Prinzip Verantwortung* in dramatische, aber treffende Worte gefaßt: «Der endgültig entfesselte Prometheus, dem die Wissenschaft nie ge-

«Das wäre doch dasselbe, was du schon am Beispiel der Grazer Apotheke beschrieben hast», sagt Heinrich. «Stimmt schon, in der Landwirtschaft ist es ganz ähnlich. Das Wort ‹bodenständig› klingt ja heute schon wie ‹hinter dem Mond› ...»

kannte Kräfte und die Wirtschaft den rastlosen Antrieb gibt, ruft nach einer neuen Ethik, die durch freiwillige Zügel seine Macht davor zurückhält, dem Menschen zum Unheil zu werden.»

«Eine Zeitlang war das Buch von Jonas geradezu meine Bibel», sagt Heinrich. «Allerdings finde ich heute, daß sehr viel, was darin steht, von Albert Schweitzer 1923 in ‹Kultur und Ethik› bereits vorweggenommen worden ist. Brauchst gar nicht so verblüfft zu schauen, auch ein Bauer vom Land liest solche Bücher ... Zumal, wenn er selber das Studieren versucht hat.»

Es mag scheinen, als seien wir mit diesen Zeilen endgültig in ein sozialphilosophisches Fahrwasser geraten. Aber auch in der kulturellen Evolution gilt das Prinzip «Nichts ist umsonst zu haben» – für die Vervielfachung unserer Möglichkeiten zahlen wir mit einer Fülle neuer Risiken, zum Beispiel mit einer wachsenden Zahl von Gefährdungen durch psychophysische Destabilisierung und Desintegration. Und auch für das Individuum gilt, daß es sich dann am besten davor schützt, aus dem Gleichgewicht zu geraten, wenn es seine eigene Bindungsfähigkeit verbessert. Goethes ehrgeiziger Wissenschaftler Dr. Heinrich Faust, eine typisch neuzeitliche Gestalt, wurde von der Frage umgetrieben, «was die Welt im Innersten zusammenhält». Die entsprechende Mischung aus Größenwahn und Sendungsbewußtsein prägt unsere neuzeitliche Welt bis heute und ist gewiß nicht für alle, aber ebenso gewiß für etliche ihrer schweren Probleme verantwortlich. Uns, die wir vorsichtiger geworden sind, soll es genügen, wenn wir besser verstehen können, wie wir selber «Leib und Seele zusammenhalten» – nicht nur im eigenen «Innersten», sondern vor allem auch in der Bindung zu anderen Menschen. Anders ausgedrückt: Das Zusammenspiel des eigenen «Innenlebens» und das Zusammenleben mit anderen Menschen stehen in einem Wechselverhältnis. Dieses Wechselspiel kann konstruktive, aber auch sehr zerstörerische Formen annehmen, wie wir alle in unserem eigenen Leben bereits zur Genüge erfahren haben.

Welche Chancen haben wir, um ein «Entgleisen» zu vermeiden?

In diesem Abschnitt möchte ich eine Zwischenbilanz ziehen. Ich gehe dabei von einem Faktum aus, das als gewiß vorausgesetzt werden darf: Unter Extrembedingungen «entgleisen» *alle*. Aber dies gilt eben nur in «Randzonen» des Lebens, und bei dem Versuch, die Grenzen des «Normbereichs» abzustecken, fängt das Problem bereits an – was dem einen als «extreme Belastung» gilt, das steckt eine andere locker weg ...

Ungeachtet der individuell höchst verschiedenen Toleranzen: «Der Mensch als das riskierte Wesen ist mit der konstitutionellen Chance behaftet, zu verunglücken» – so der Anthropologe Arnold Gehlen. Weniger kompliziert hat es der Dichter Erich Kästner ausgedrückt: «Seien wir ehrlich – Leben ist immer lebensgefährlich.» In unser aller Leben kommt es zu Unglücken, Notfällen, kleinen und großen Katastrophen. Die in den vorangegangenen Abschnitten geschilderten, im Idealfall fein einregulierten Systeme des Zusammenwirkens von Kognition und Gefühlen einerseits, der Gefühle untereinander andererseits werden, wie geschildert, in solchen Fällen bis aufs äußerste beansprucht – und möglicherweise über das Äußerste hinaus. Schwankungen und Erschütterungen lassen sich nicht vermeiden – so weit, so gut. Oft genug können wir sie abfedern und ausgleichen – noch besser. Dennoch gibt es Krisen, ja sogar Katastrophen. Wie gehen wir, wenn es soweit ist, mit ihnen um?

Einige Faktoren, die die Chancen verbessern, einem «Entgleisen» vorzubeugen oder jedenfalls seine Folgen «abzufedern», lassen sich mühelos aus dem bisher Gesagten ableiten:

- Die Fähigkeit, den eigenen Spielraum großzügig festzulegen, ist von größter Bedeutung. Wobei «großzügig» keineswegs «größenwahnsinnig» bedeutet. Es geht eben nicht darum, sich selbst und die eigenen Fähigkeiten unangemessen hoch einzuschätzen und sich stets als den geborenen Sieger zu sehen. Im Gegenteil: Worauf es ankommt, ist eher eine optimistische Bewertung der möglichen Störfaktoren – eine Haltung, die sich in etwa mit dem Satz «Es mag schwierig werden, aber ich baue darauf, es schaffen zu können» zusammenfassen läßt. Schwierigkeiten werden keineswegs geleugnet, aber sie gelten als überwindbar. Es handelt sich um eine Haltung, die eben nicht bloß ein Ergebnis rein kognitiver «Abschätzung» darstellt. Mit Recht fühlen wir uns hier an die wohlbekannte Unterscheidung zwischen «Pessimisten» und «Optimisten» erinnert – für den Pessimisten ist das Glas schon halb leer, für den Optimisten noch halb voll. Wobei die optimistische Einschätzung offensichtlich die salutogenetisch hilfreiche ist. Ihr entspricht eine spezifische Einstellung zu all den großen und kleinen Widrigkeiten, mit denen das Leben auf unsere Vorhaben reagiert. Störungen, Widerstände und Hindernisse können ja auch – und das wäre der Kern einer solchen optimistischen Attitüde – als *Stimulantien* erlebt werden, die neue Fähigkeiten mobilisieren. Voraussetzung dazu ist allerdings eine nicht unerhebliche Frustrationstoleranz, eine ebenfalls nicht gering dimensionierte Fähigkeit, Mühsal und Leid ertragen zu können und, last not least, eine deutlich empfundene «Funktionslust» bei der Überwindung dessen, was mir ihm Wege steht: Nur wer sich gerne durchsetzt, wird sich auf Dauer durchsetzen können. All dies läßt sich in der Tat trainieren – wenn wir wollen.

- Die Fähigkeit, das ausgewogene Wechselspiel des Affektsystems auch unter widrigen Bedingungen aufrechtzuerhalten. Auch sie bedarf des Trainings. Es kommt offensichtlich viel darauf an, eine nichtdiskriminierende Haltung zum eigenen Gefühlsleben einzunehmen, die auch sozial tabuisierte Stimmungen *als Gefühle* zuläßt, ihnen deshalb aber noch lange keine verhaltensprägende Dominanz einräumt (faktisch ist die Gefahr auch sehr viel größer, daß «exkommunizierte» Emotionen, die wir nicht wahrhaben wollen, sich zu sehr wirkungsvollen «Grauen Eminenzen» unseres Seelenlebens aufschwingen). Es ist weiterhin wichtig, eine gewisse Freude am nicht immer vorhersagbaren Wechselspiel der Gefühle zu empfinden – was zugleich bedeutet, daß Selbstkontrolle und Beherrschung der eigenen Leidenschaftlichkeit nicht als Wert an sich erachtet werden. Nur wer hie und da vom Schwebebalken fällt, lernt es, die Balance zu behalten. Auch dies ist ein wichtiger, oft mißachteter Grundsatz im Umgang mit Kindern: Wie oben bereits angedeutet, fällt es vielen Eltern schwer, sich selbst sozusagen als Punchingball der Kinder zu sehen: als Trainingsobjekt, an dem die Kinder lernen können, was sie woanders besser unterlassen. Eltern, die ihren Kindern dieses «freie Wechselspiel» im Gefühlsleben nicht gestatten (wobei dem praktischen Verhalten wohldefinierte Grenzen gezogen werden müssen), behindern sie offensichtlich im Training einer wichtigen Widerstandsressource.
- Der zurückhaltende Gebrauch externer Stimulierung. Der moderne Mensch schraubt – meist nur halbwegs freiwillig – die Zahl seiner Kontakte mit anderen Menschen zurück; die Zahl der Kontakte zwischen Mensch und Maschine hingegen steigt, und noch mehr die für diese Kontakte erforderliche Zeit. Diese Mensch-Maschinen-Kontakte sind bisweilen interaktiv (Computer), meist aber passiv (Fernseher, Walkman). Es liegt in ihrer Eigenart, daß sie zum «Ausufern» neigen, das heißt sich im

Sinne einer positiven Rückkoppelung selbstverstärkend ausbreiten. Gerade dadurch stören sie aber das Spiel der Rhythmen, das zur Gesunderhaltung notwendig ist. Sich in das Spiel der äußeren und inneren Rhythmen einzuleben heißt aber, sie existentiell kennenzulernen. Davon wird im nächsten Kapitel noch ausführlich die Rede sein. Einstweilen genügt es, festzuhalten, daß die konturlose Absättigung jedes aufkeimenden Bedürfnisses es verhindert, Genußfähigkeit einzuüben und das Ensemble des Gefühlslebens durch eine solide Grundstimmung von Freude und Genuß gleichsam «krisenfest» werden zu lassen.

- Das Vertrauen auf und die Lust an sozialer Einbindung (siehe auch die dritte der im übernächsten Kapitel vorgestellten «Lebenskünste»). Das biblische Motto «Es tut nicht gut, daß der Mensch alleine sei» spiegelt eine der humanen Urerfahrungen wieder, und wenn das moderne Leben diesen Erfahrungswert vielfältig unterminiert, ruiniert es vermutlich auch unsere überkommenen Widerstandsressourcen. Die moderne Psychoimmunologie hat eine Fülle von Befunden zusammengetragen, die diese Erkenntnis auch medizinisch-praktisch untermauern (für alte Menschen beispielsweise sind Vereinsamung im allgemeinen und Partnerverlust im besonderen wohl die stärksten gesundheitsbedrohlichen «Stressoren» – daß unser Gemeinwesen nicht in der Lage ist, dem entgegenzuwirken, stimmt bedenklich und trägt entscheidend dazu bei, daß eine lange Lebensdauer oft genug alles andere als eine glückliche Lebenszeit ist). Es ist wichtig, sich gegenüber den Leitwerten und Normen des Zeitgeistes kritisch, ja distanziert zu verhalten; solcher Eigensinn hat aber nichts mit gesundheitsschädlicher Feindseligkeit und Menschenverachtung zu tun (die ja ihrerseits meist aus Enttäuschung gespeist werden – und auf deren negative Bedeutung wir bereits eingegangen sind). Gesundheitlich erfolgreiche

Exzentriker lassen sich von ihren Mitmenschen zwar nichts vorschreiben, blicken aber nicht auf sie herab und sind ihnen nicht feindlich gesinnt. Egoismus hingegen ist etwas ganz anderes – er beinhaltet meist eine eher unkritische Übernahme sozialer Ideale (etwa solcher von Leistung und Erfolg), versucht aber, diese im «Kampf aller gegen alle» anzustreben.

- Sensibilität für die Zeitlichkeit des Lebens. Das bedeutet nicht nur, sich der Rhythmen des Daseins innezuwerden (denn Lebendigkeit und alles, was wir mit Gesundheit assoziieren, ist rhythmisch organisiert), sondern vor allem auch, sich über die Endlichkeit unseres Lebensweges Rechenschaft abzulegen – unser Schiffchen läuft mit Gewißheit irgendwann in den Hafen des Todes ein. Sich dessen bewußt zu werden könnte ja auch Gelassenheit stiften, Heiterkeit sogar … und dafür sorgen, daß wir das, was uns zur Verfügung steht, nicht sinnlos verstreichen lassen, sondern bewußt erleben. Gerade weil wir um die Vergänglichkeit des Glücks wissen.

«Richtig!» wirft Heinrich aufgeregt ein. «Und genau deshalb will ich mit der katholischen Kirche schon lange nichts mehr zu schaffen haben. Ewige Glückseligkeit, ein Paradies für immer – das ist doch schrecklich. Es ist wahrscheinlich so, wie wenn du in den Kurpark von Baden-Baden eingesperrt wirst – lebenslänglich. Wäre das nicht tödlich langweilig? Glück ‹für immer› ist was für Kinder oder Narren. Ich bin mir sicher, daß Glück und Vergänglichkeit zwei Seiten einer Medaille sind.»

Versuch eines Fazits

Wie steht es nun mit den Fragen, die ich am Anfang des Kapitels formuliert hatte? Für den praktischen Nutzeffekt dieses Buches – so hieß es dort – wird es vor allem darauf ankommen, welche Antworten auf die folgenden Fragen gegeben werden können: Worin genau bestehen jene Widerstandsressourcen, die wir so dringlich benötigen, um uns gesund erhalten zu können? Wie kommen sie zustande, und vor allem: was schädigt, was fördert sie? Und wie können wir diese Kräfte «auftrainieren»?

Hier eine Übersicht über die bisher erörterten Antworten:

- Eine «Widerstandsressource ersten Grades» ist die Fähigkeit, kognitive Leistungen und gefühlshafte Vorgänge so ineinander zu integrieren («miteinander zu versöhnen»), daß sie uns den Spielraum, den das Leben mit all seinen Fährnissen und Widrigkeiten uns immerhin noch bietet, angemessen einschätzen lassen, ihn nicht in quasi «vorauseilendem Gehorsam» vermindern, und Hindernisse und Widerstände als Ansporn zu lustvollem Sichdurchsetzen interpretieren, statt in allmählich erstarrender Feindseligkeit vor ihnen zurückzuweichen. Ein Scheitern an übermächtigen Schwierigkeiten – das ja keineswegs von vornherein auszuschließen ist – würde dann in erster Linie als Anlaß zur Neuorientierung erlebt, nicht als Kapitulation; seine fruchtbaren Momente werden nicht geleugnet, ebensowenig wie Schmerz und Trauer, die sich an jedes Scheitern knüpfen. Enttäuschungen werden so zwar nicht völlig verhindert, ihren fatalen Konsequenzen jedoch wird wirkungsvoll gegengesteuert, vor allem der bei chronifizierter Enttäuschung oft folgenden Demoralisierung.
- Eine «Widerstandsressource zweiten Grades» ist die Fähigkeit, das Ensemble der Gefühle so auszubalancieren, daß ein ausgeglichenes Wechselspiel erhalten bleibt, daß

nicht einzelne Affekte das System dominieren (und schon gar nicht jene isolierenden, selbstblockierenden Affekte und ihre chronischen Verhärtungen wie Scham oder Feindseligkeit) und daß dabei die Anlässe und Betätigungsmöglichkeiten für den Grundaffekt Freude – inklusive Sinnenfreude – ausgeweitet, nicht eingeschränkt werden.

- Eine «Widerstandsressource dritten Grades» ist schließlich die Fähigkeit, möglichen Ungleichgewichten und «Entgleisungen» auf den oben skizzierten, miteinander zusammenwirkenden Funktionsniveaus, wie sie auch im «normalen» Leben bei Schicksalsschlägen verschiedener Härtegrade – Unfällen, Partnerverlust, Kalamitäten am Arbeitsplatz etc. etc. – immer wieder vorkommen, durch «Kraftreserven» und «Notfallmaßnahmen» rechtzeitig entgegenzuwirken.
- Alle diese Widerstandsressourcen kommen zustande durch ein Wechselspiel von Anlagefaktoren und Kultur und werden gefördert durch eine Sozialisation, die keine «Zweckerziehung» ist (den Kindern Kriegsspielzeug zu schenken, «damit» sie gute Soldaten werden, ist schlimm – es ihnen wegzunehmen, «damit» sie Pazifisten werden, kaum besser), sondern den Kindern ein Ensemble von bindungsorientierten, nichtfeindseligen Leitbildern vorlebt, mit denen sie sich identifizieren können, ohne daß sie ihnen «Werte» («Edel sei der Mensch, hilfreich und gut») andressieren will. Dabei wird akzeptiert, daß das Kind seinen Lebensweg selber finden muß (die Elten leisten dabei allenfalls Hilfestellung und Lotsendienste) und sich dazu notwendigerweise auch an den Eltern reiben,

ja aggressive Impulse gegen sie empfinden muß – was die Eltern akzeptieren können, ohne die Person des Kindes abzuwerten, aber auch, ohne antisoziale Übergriffe aus vermeintlicher Toleranz unsanktioniert zu lassen.

- Diese Widerstandsressourcen lassen sich trainieren in einem Klima, das solches Training gestattet und fördert (zum Beispiel, indem auch scheinbar unkonventionelle Gefühle als «erlaubt» gelten und nicht bespöttelt werden); in einem Klima, das eine Atmosphäre der sozialen Experimentierfreude auch dann zuläßt, wenn überkommene Leitwerte (Leistung, Karriere, Einkommen) kritisch in Frage gestellt und die Intensität zwischenmenschlicher Auseinandersetzung und gemeinsamer Lernerfahrung höher bewertet werden als die Verfügbarkeit von Dingen und Ressourcen; in einem Klima, das die externe Stimulierung nicht um jeden Preis forciert, sondern rhythmisch zurückschraubt, um in Ruhe und Zurückgezogenheit den Umgang und die Vertrautheit des Individuums mit sich selbst zu fördern.

Kapitel VII wird diese Einzelziele konkret umreißen und dabei versuchen, den Leserinnen und Lesern auch ein möglichst konkret gestaltetes «Übungsprogramm» an die Hand zu geben. Zuvor allerdings möchte ich alles bisher Gesagte doch noch an einem Beispiel überprüfen, das uns so vertraut ist wie kein zweites – an der bereits ganz am Anfang des Buches kurz angesprochenen Unterschiedlichkeit der beiden Geschlechter.

VI. Ein Denkanstoß: Männertod und Frauengesundheit

«Was weint ihr Mädchen, warum klagt ihr Weiber,
Für die der Herr die Schwerter nicht gestählt,
Wenn wir entzückt die jugendlichen Leiber
Hinwerfen in die Scharen eurer Räuber,
Daß euch des Kampfes kühne Wollust fehlt?»
Theodor Körner zum «Befreiungskrieg» 1813

Der kleine Unterschied und seine großen Folgen ...

«Frauen mit einem Schlaganfall kommen später in die Klinik und werden dann später behandelt als Männer» – so berichtete die *Süddeutsche Zeitung* im September 1998 über die Ergebnisse einer von der Universität Houston / Texas durchgeführten Studie. Im selben Jahr war von anderen Medizinern mitgeteilt worden, daß Frauen bei identischen Beschwerdebildern wesentlich später mit einem Herzschrittmacher versorgt werden – und dann obendrein meist noch das billigere und technisch primitivere Gerät erhalten ...

Wenn also Frauen, wie ja schon im zweiten Kapitel erwähnt, in allen Industrieländern länger leben – und zwar *wesentlich* länger: in Deutschland beträgt der Unterschied zur Zeit ein Zehntel der durchschnittlichen Lebensspanne, und er scheint weiter anzuwachsen –, dann nicht zuletzt auch deshalb, weil sie die Fähigkeit

«Das ist in der Tat ziemlich beeindruckend», meint Heinrich. «Wenn man *das* nicht als ‹Widerstandsressource› bezeichnen soll – was dann?»

besitzen, eine schlechtere medizinische Versorgung zu überleben.

In ihrem mit Recht berühmt gewordenen Buch *Der kleine Unterschied und seine großen Folgen* hatte Alice Schwarzer schon vor Jahrzehnten behauptet, daß nichts so starken Einfluß auf das Schicksal eines Menschen habe wie seine Zugehörigkeit zum männlichen oder weiblichen Geschlecht. Aus medizinischer Sicht spricht alles dafür, daß Schwarzer zumindest dann recht hat, wenn es sich um männlich / weibliche Gesundheit und Krankheit handelt. Und gerade deshalb finden wir hier ein nahezu ideales Feld, um unsere Gedanken zum Thema «Salutogenese» und «Widerstandsressourcen» auf ihre praktische Bedeutung hin abzuklopfen. Wobei wir allerdings, um den Dingen wirklich auf den Grund zu gehen, recht weit ausholen müssen.

Zweigeschlechtlichkeit, Befruchtung, Elternschaft

Warum hat die Natur es so eingerichtet, daß wir von zwei Eltern abstammen? Vermutungen gibt es viele – aber keine Gewißheit. Das System der «biparentalen» Fortpflanzung («parentes» = lat. «die Eltern») ist kompliziert und störanfällig. Im Tierreich gibt es durchaus Alternativen: Einzeller teilen sich, bei Insekten gibt es «Jungfernzeugung» (Entstehung von Nachkommen aus weiblichen Keimzellen), andere Tiere – etwa die Regenwürmer – sind Zwitter, bei denen dasselbe Individuum Ei- *und* Samenzellen produziert.

Es wird vermutet, daß die biparentale Fortpflanzung sich bewährt und bei allen höheren Tieren durchgesetzt hat, weil sie für eine größere genetische Vielfalt der Nachkommen sorgt. Ob dies nun zutrifft oder nicht – jedenfalls folgt aus der «Entscheidung» der Evolution für zwei verschiedengeschlechtliche Eltern noch lange nicht, daß diese Eltern dann auch derart verschiedenartig sein müßten, wie es Männer und Frauen bei den Säugetieren und insbesondere bei den Menschen sind. Aus Gründen, die wir nur vermuten, aber nicht wissen können, hat sich eine Tendenz zur Bildung von *Extremwerten* durchgesetzt: Eizellen und Samenzellen sind bei uns Menschen maximal verschieden – Samenzellen klein, zahlreich und schnell, Eizellen wenige, groß und unbeweglich. Diese extremen Unterschiede haben sich offenbar bewährt, sonst wären sie im Strom des Lebens wieder untergegangen. Sie prägen gewiß auch das Wesen jener Exemplare, die jeweils die Erzeuger und Träger von solchen Ei- oder Samenzellen sind und die wir ‹Männchen› oder ‹Weibchen› nennen. Ein Mann kann theoretisch mehrere tausend Frauen schwängern – eine Frau hingegen aus ihren 400 Eizellen kaum mehr als maximal zehn bis zwanzig Kinder gebären. Es wäre naiv, anzunehmen, daß solche Unterschiede sich nicht auch in seelischen Dispositionen niederschlagen.

Es kommt noch etwas anderes erschwerend hinzu, nämlich daß die Verschmelzung von Ei und Samenzelle, die *Befruchtung*, ins Innere des weiblichen Körpers hineinverlegt wird, wo dann auch die befruchteten Eizellen weiterreifen (theoretisch wäre es durchaus möglich, daß eine befruchtete Eizelle sich in der

«Wenn das mal reicht», sagt Heinrich (dessen Faible für große Zahlen oft für Heiterkeit unter seinen Freunden sorgt). «Ich habe mal irgendwo gelesen, daß ein männlicher US-Amerikaner theoretisch mit einer einzigen Ejakulation die gesamte weibliche Bevölkerung seines Landes befruchten könnte – der arme Mann. Das kam mir so phantastisch vor, daß ich eigens im Brockhaus nachgeblättert habe. Und es stimmt: Die 3 Milliliter Sperma, die unsereins normalerweise produziert, enthalten etwa 200 bis 300 Millionen Spermien. Ist doch wirklich irre …»

Bauchhöhle das Mannes fortentwickelt und dann schließlich per Kaiserschnitt entbunden wird). Damit wird der weiblichen «Sonderleistung» für die Aufzucht der Kinder mit einem entscheidenden Schritt der Weg gebahnt. Auch die unbezweifelbar größere *Ausbeutbarkeit* des weiblichen Geschlechts hat hier ihre biologischen Wurzeln, denn die große Investition der Frau in das Heranwachsen des Kindes, mit dem sie jederzeit allein gelassen werden kann, zwingt sie zu Hilfs- und Schutzmaßnahmen, die der expansive Mann nicht nötig hat, weil er nach der Befruchtung leicht jeder weiteren Beziehung zu dem heranreifenden Kind ausweichen kann.

Eine «natürliche» Sexualität gibt es nicht

Biologie ist keineswegs Schicksal – jedenfalls für den Menschen nicht. Wenn oben gesagt worden ist, das weibliche Geschlecht sei «von Natur aus» *ausbeutbarer,* so ist das nur ein Teil der Wahrheit – denn ob es *wirklich* ausgebeutet wird, ist eine ganz andere und entscheidend von der Kulturentwicklung bestimmte Sache. Die jeweilige Kultur könnte den Unterschieden zwischen Mann und Frau ja durchaus auch entgegenwirken. Offenkundig ist dies aber eher selten der Fall. In der Realität hat die Kulturentwicklung, auf den natürlichen Gegebenheiten aufbauend, den Graben zwischen den Geschlechtern meist noch weiter vertieft – und zwar eindeutig zum Schaden der Frauen.

Es ist eine bittere Ironie des «Schicksals», sprich: des menschlichen Umgangs miteinander, daß für die meist männlich dominierte *Selbstinterpretation* dieser kulturellen Entwicklung nicht selten gerade die «Natur» als Rechtfertigungsgrund herhalten muß – zum Beispiel, wenn behauptet wird, bestimmte Verhaltensweisen und/ oder Sexualpraktiken seien «widernatürlich». Der Biologe und Verhaltensforscher Volker Sommer hat hierzu treffend und bündig festgehalten: «Unter Berufung darauf, daß ein bestimmtes Verhalten ‹in der Natur› nicht vorkomme, wurden oder werden beispielsweise (besonders in der christlich-abendländischen Tradition) folgende Phänomene als ‹widernatürlich› verdammt: Masturbation, Pädophilie, Inzest, Vergewaltigung, Aborte, sexuelle Enthaltsamkeit, Homosexualität, Bisexualität, andere Eheformen als Monogamie oder Ehebruch.» Und verständlicherweise bereitet es dem Wissenschaftler Sommer ein diebisches Vergnügen, mit vielerlei Beispielen belegen zu können, daß all das in der Natur eben *doch* vorkommt – Homosexualität und Pädophilie bei den Bonobo-Affen, Vergewaltigung bei Orang-Utans, Inzest bei Gibbons und so weiter. Was selbstredend nicht heißt, daß all dies deshalb, weil natürlich, auch *richtig* wäre. Die ethische Wertsetzung ist Menschenwerk, und der Mensch lauscht sie nicht der Natur ab, sondern er schöpft sie aus seiner eigenen Kulturgebundenheit. Diese Setzung ethischer Werte wird nicht überflüssig (keine Kultur kommt dauerhaft ohne sie aus), aber sie verliert manches demagogische Tarnkostüm, wenn wir erkennen, daß die Natur ein breiteres Experimentierfeld ist, als vielerorts – etwa im Vatikan – noch heute geglaubt wird.

Es ist schlicht und einfach so, daß das vermeintliche Adelsprädikat «natürlich» uns nur sehr wenig helfen kann, wenn wir darüber einig werden wollen, was in unserem sexuellen Verhaltenrepertoire als moralisch gerechtfertigt und was als eher fragwürdig zu gelten hat. Der Biologe Sommer zog zu diesem Punkt ein eher ironisches Fazit: «In der Natur ist also vieles möglich. Es dürfte damit klar sein, daß die reine Existenz eines Phänomens im natürlichen Repertoire der Tiere keine Unbedenklichkeitsbescheinigung sein kann hinsichtlich der ethischen Erwünschbarkeit. Andererseits muß aber auch den Naturrechtlern klar gesagt werden, daß etwa die Verdammung sexueller Praktiken wie Homosexualität oder Ehebruch als ‹unnatürlich› schlicht auf Desinformation beruht.»

Experimentierfeld Sexualität

Wie wir gesehen haben, können wir der Natur durchaus nicht jene «Eindeutigkeit» zubilligen, die manche Moralapostel ihr so gerne unterstellen. Erst recht nicht läßt sich aus dem, was ist – was wir Menschen in unserer Umwelt vorfinden –, schlußfolgern, was sein soll oder nicht sein soll. Und schon gar nicht auf dem Gebiet der Sexualität. Diesen Schwierigkeiten hat die Evolution mit einem weiteren Schritt den Weg gebahnt, indem sie auch bem Sexualverhalten in einem schon andernorts bewährten Verfahren die «Appetenz» von der Endhandlung trennte. Auch bei der Nahrungsaufnahme wird ja nicht das *Ergebnis* als befriedigend erlebt (nämlich die Versorgung des Körpers mit Kalorien, Vitaminen und Mineralstoffen), sondern der Akt der Nahrungsaufnahme selber, das Erlebnis des Essens, sein Geruch, sein Geschmack – was dazu führen kann, daß wir uns mit Fast food über allen Bedarf hinaus vollstopfen, denn das Sättigungsgefühl baut sich *langsam* auf (es wird auch an diesem Beispiel deutlich, daß unser stammesgeschichtliches Erbe aus den Steinzeitgenerationen stammt, also aus einer Zeit des Mangels, und daß wir damit für die heutige Situation schlecht gerüstet sind). So auch beim Sexualleben, wo wir ja nicht die Befruchtung selber – also die Verschmelzung von Ei- und Samenzelle – als befriedigend erleben (de facto findet sie, auch ohne «Verhütungsmittel», ja keineswegs bei jedem Geschlechtsakt statt), sondern sozusagen die Vorbereitung dazu. Man könnte auch salopp sagen: Die Natur will, daß wir's probieren. Jedenfalls hat sie uns mit recht ange-

«Daher kommt es wohl auch, daß man sich bei einem kalten Buffet immer viel mehr auf den Teller häuft, als man eigentlich essen möchte», merkt Heinrich an. «Dazu fällt mir mein zweiter Lieblingssänger neben Klaus Hofmann ein – Reinhard Mey: Bei der heißen Schlacht am kalten Buffet, da zählt der Mann noch als Mann …»

nehmen Gefühlen bei diesem Probieren belohnt. Der fortschreitenden Entkoppelung von Zeugung und Sexualität ist damit ein durchaus natürlicher Boden bereitet, und daß die Kulturentwicklung die Menschen gerade hier zum munteren Drauflosexperimentieren ermuntert hat, kann kaum verwundern.

Ein befriedigendes Sexualleben gehört daher zweifellos zu den altbewährten Methoden, Leib und Seele zusammenzuhalten – indem man sich mit einem anderen Menschen zusammenfindet und eine Menge Spaß mit ihm erlebt. Genußvolle Sexualität ist ein außerordentlich wirkungsvolles Mittel, um das Gefühlsleben, ja das Dasein überhaupt mit einer Grundstimmung von Freude und Entspannung zu «tränken». Sie ist freilich nur in einer «Teamarbeit» zu erreichen, die die möglichen «Spielverderber» wie etwa den Affekt Scham mit einbezieht, statt sie vom Spielfeld verbannen zu wollen – die Rolle solcher Hindernisse zu leugnen oder gar niederzubügeln ist meist ebenso schädlich wie die angstvolle Selbstblockade, die vor der Dominanz der Scham tatenlos kapituliert.

Der gemeinsame Spaß kann zudem gründlich verdorben werden durch das Vorwalten des Leistungsprinzips und durch die Ausrichtung auf «Ziele» (insbesondere das des Orgasmus). Was im nächsten Kapitel über die «Kunst der Langsamkeit», den Verzicht auf Ziele, die «Wiedereroberung des Augenblicks» etc. gesagt werden wird, gilt deshalb ganz besonders auch für das Sexualleben, selbst wenn das nicht immer eigens betont wird (eine praktische Übung für das Erlernen erotisch-sexueller Genußfähigkeit findet sich auf S. 229).

Doch zunächst sind einige mehr grundsätzliche Fragen zu klären. Da ist zum Beispiel das Problem, daß Sexualität sich nicht nur in das Ensemble der Gefühle einfügen muß, das sie zeitweise durchaus dominieren darf, ohne von anderen Emotionen (wie zum Beispiel Scham) dabei abgeblockt zu werden – sondern daß gerade diese Flexibilität ein hohes Maß an Sinnlichkeit voraussetzt. Das ist wortwörtlich gemeint: Als ein variables Spiel von Emotionen und

Sinneswahrnehmungen beruht ein befriedigendes Sexualleben ganz wesentlich darauf, daß unsere Sinnesorgane feinfühlig sind und nicht abgestumpft. Die hektische Technokratiegesellschaft der Gegenwart jedoch fördert ebendiese Abstumpfung – im sinnlich-erotischen Bereich, ebenso aber auch bezüglich unserer kognitiven Leistungen. Letzteres gilt vor allem für die Dauerplage *Lärm*. (Das hatte durchaus zutreffend schon der freilich eher leib- und triebfeindliche Philosoph Schopenhauer erkannt: «Der Lerm ist aber die impertinenteste aller Unterbrechungen, da er sogar unsere eigenen Gedanken unterbricht, ja zerbricht. Wo jedoch nichts zu unterbrechen ist, da wird er freilich nicht sonderlich empfunden werden.» Die sarkastische Spitze stimmt auch noch in anderer Hinsicht, denn «Lerm» unterbricht Gefühle so gut wie Gedanken.)

Von zwischenmenschlichen Kontakten abgesehen, die sich in der Sexualität erschöpfen («one night stand» – bei gegenseitigem Einverständnis wahrlich nichts Schlimmes), wird die sexuelle Begegnung wohl vor allem dann dauerhaft gelingen, wenn dies auch von der Beziehung oder von der Partnerschaft gesagt werden kann, in deren emotionales Gefüge sie eingebettet ist. Eine der Hauptursachen für Leiden und Mißlingen ist die Dysbalance zwischen der eigenen Flexibilität und der erhofften Veränderungsbereitschaft des Partners. Kraß gesagt: Die Wünsche an den anderen, mit dem wir uns eine möglichst dauerhafte Beziehung erhoffen – denn das tut immer noch die überwiegende Mehrheit der Menschen, allen anderslautenden Trendpublikationen zum Trotz –, sind so groß, daß jene Dauerhaftigkeit scheinbar nur dann erreicht werden kann, wenn wir es schaffen, den anderen zu verändern, wir wollen «Menschen formen nach unserem Bilde» wie Pygmalion oder Professor Higgins im Musical «My fair Lady».

Auch Wolfgang Rost sieht in dieser «Umerziehung des Partners» das Hauptproblem des modernen Geschlechter- und Beziehungsk(r)ampfes und beschreibt die Folgen überaus plastisch und treffend:

«Fast alle Partner, wilde oder legale Gatten und Gattinnen, geben sich der Illusion hin, ihres holden Ehe- oder Partnerschaftsgesponses Oberlehrer(in) sein zu dürfen. Sie zeigen ihm und ihr auf, wo's in der Kindererziehung, in der Mode, im Beruf, in der Ökonomie (vornehmlich, was das Aufrollen von Zahnpastatuben betrifft), in der Ernährung, in der Pkw-Branche (was PS-Zahl, Farbwahl und Türenzahl angeht), wo's in Ich-weiß-noch-nicht-was im Leben und in unserer Zeit langgeht. Und das tun sie (...) mit unbrauchbaren Lehrmitteln: ausschließlich oder überwiegend mit Strafe ... Unsere Altvorderen vertraten da eine andere Strategie. Sie waren gar nicht so sehr darauf erpicht, ihren Partner umzuerziehen, sie hatten nicht diesen pädagogischen Wunderglauben und Eifer. Sie gaben sich zufrieden, arrangierten sich mit ihrem Partner so, wie er nun mal ist, blieben im großen und ganzen bei ihrer eigenen Linie und installierten eine Art friedlicher Koexistenz. Basta!»

Rost hat recht – und übersieht zugleich (oder er läßt jedenfalls unerwähnt), daß «früher» auch das Auseinanderfallen von Ehe und Sexualität selbstverständlich war, vor allem natürlich für die Männer. Die Ehe stellte ein ökonomisches Versorgungsinstitut dar, wurde oft genug ohne jede Rücksicht auf die Ehepartner schon von den Eltern angestiftet; wenn sie Befriedigung verschaffte, war es gut, wenn nicht, suchte man – beziehungsweise Mann – sich sein Vergnügen eben andernorts (wobei «Mann» die häufigere Variante gewesen sein dürfte). Das Leitbild einer Partnerschaft, die den wirtschaftlichen Familienstand sichern, die Kinderaufzucht ermöglichen und dazu noch erotisch knistern soll, und das über dreißig Jahre hinweg oder länger – dieses Wunschbild ist relativ jungen Datums. Oft genug zerschellt es an der Realität (Tucholsky: «Die Ehe war zum jrößten Teile verbrühte Milch un Langeweile / und darum wird beim Happy-End im Film jewöhnlich abgeblendt ...»).

Es wäre reichlich abgeschmackt, dieses «Einst» gegen das «Jetzt» moralisch ausspielen zu wollen. Medizinisch ist allerdings deutlich, daß ein derart hehres Ideal auch zur Quelle von Streß und vor allem von Distress im partnerschaftlichen und im sexuellen Bereich werden kann – und zwar insbesondere dann, wenn eine chronische Enttäuschung die Oberhand gewinnt, die sich mit quälenden Selbstzweifeln paart.

Der Mann muß hinaus ins feindliche Leben ...

Von männlicher Seite wird gerne behauptet, es möge ja sein, daß die Frauen auf eine größere Lebenserwartung hoffen dürften – das männliche Leben sei dafür eben intensiver. Diese Denkfigur – öffentlich dargeboten etwa in *Focus* (Heft 32 / 1999): «Der Mann lebt kürzer, aber besser» – ist nun ihrerseits sicher eine Rationalisierung, ein Bewältigungsmanöver, geboren aus männlichem Minderwertigkeitsgefühl.

«Der Mann muß sich durch das aggressive Sich-Abgrenzen von der Frau immer wieder in seiner Selbständigkeit vergewissern», schrieben – bereits 1977 – die Sexualforscher Eberhard Schorsch und Nikolaus Becker, «muß sich immer wieder bestätigen, daß er den anderen kontrolliert, in der Hand hat, über ihn verfügt.»

Nehmen wir den Lapsus, daß diese beiden Herren die Wendung «den anderen» wählen, wo sie «die Frau» meinen, getrost als Fingerzeig: Was der Mann «in der Hand» hat, worüber er (bedingt) «verfügt», ist wohl vor allem sein «kleiner Freund», sein «Geschlechtswerkzeug», auf das er so große Stücke hält – aber dieses und seine gesamte Leiblichkeit kontrolliert er eben nicht so effizient, wie er es gerne hätte. Speist sich der übermächtige Kontrollwunsch des Mannes vielleicht gerade aus der Unkontrollierbarkeit seiner eigenen Sexualität, also der – im wahrsten Wortsinne – «empfindlichsten Stelle» seiner Körperlichkeit? (Ich kann auf dieses Thema hier nur in der gebotenen Kürze eingehen – Einzelheiten finden Sie in meinem Buch *Der Blick, die Scham, das Gefühl.*)

Das ist offensichtlich eines der großen Traumata von uns Männern: Unser «kleiner Begleiter» ist, ob standfest oder nicht, höchst selbständig und führt ein eigenwilliges Eigenleben, das wir als seine Besitzer oft mit Furcht und Besorgnis registrieren – zumindest aber mit zwiespältigen Gefühlen. Schon Sigmund Freud berichtete in einem Aufsatz aus dem Jahr 1911 über ein niederösterreichisches «Schnaderhüpfel»:

> «Heut nacht hat ma tramt, i wa König im Land,
> und wie i bin munter wurn, hab i in (sic!) Schwaf in da Hand ...»

Wenigstens etwas, könnte angemerkt werden ... Der «Schwaf» = Penis ist also immerhin noch «das Szepter des kleinen Mannes», der zwar nicht König werden kann, aber zumindest die eigene Frau zu terrorisieren vermag. Aber noch mehr: Der in Entmündigung und Unterdrückung ausufernde Kontrollwunsch, den der Mann an die Frau richtet, ist zu einem guten Teil ein verschobener Wunsch nach Selbstkontrolle, der durch die unkontrollierbare Fremdartigkeit der eigenen sexuellen Körpernatur frustriert worden ist.

Wir Männer haben die «Eigenständigkeit» des mit uns verbundenen «Fremdwesens» Penis erfahren müssen, keineswegs stets lustvoll, oft sogar verwirrend und schmerzhaft. Im Sexualpartner Frau tritt uns nun abermals jene Unkontrollierbarkeit entgegen, die wir bereits an uns selber erkannt und fürchten gelernt haben. Denn das ist doch einer der großen Unterschiede zwischen Mann und Frau, sowohl in der Sexualität als auch in der Fortpflanzung, wie verklammert oder entkoppelt die beiden Sphären nun auch immer sein mögen: Jede Frau weiß natürlich, ob sie einen Orgasmus erlebt – sie kann es dem Mann aber sowohl vorspielen wie auch verheimlichen. Und wenn eine Frau ein Kind gebiert, weiß sie, daß es ihr Kind ist. Wir Männer befinden uns offensichtlich in einer spiegelverkehrten Lage: Unser Orgasmus ist sehr offensichtlich und läßt sich kaum vortäuschen; ob wir aber wirklich der Vater «unserer» Kinder sind, läßt sich niemals mit letzter Gewißheit feststellen. «Pater semper incertus», wie es früher (also vor der Zeit der genetischen Testung) hieß – die Vaterschaft ist niemals gewiß.

«Normalerweise ist das sicher so», wendet Heinrich ein. «Aber du darfst nicht überziehen. Ejakulation und Orgasmus müssen auch beim Mann nicht immer gleichzeitig stattfinden. Aber für die meisten Männer ist das Bocken nach Gutsherrenart trotzdem immer noch die Lieblingsvariante …»

Vermutlich erfahren wir Männer uns in unserer Körperlichkeit, und zwar gerade in deren sexuellen Anteilen, ohnehin als bedrohter als die Frau – vielleicht stammt daher unsere Unruhe, unser eigentümlicher Expansionsdrang («Der Mann muß hinaus ins feindliche Leben» – so Friedrich Schiller). Unsere ständige Kampfbereitschaft, unsere andauernde, suchtartige Suche nach Leistung und Erfolg, nach dem «Schneller! Höher! Weiter!» sind in dieser Sicht nichts anderes als der Wunsch, durch aggressive Selbstbestätigung die befürchtete, bisweilen wohl schon durchlittene eigene Hinfälligkeit überwinden zu können.

Die Stabilität des männlichen Leit- und Standbildes, das ständiger Aktion bedarf, um sich auf Dauer aufrechterhalten zu können, ist in der Tat aufs äußerste bedroht durch die Andersartigkeit der viel mehr in sich selber rückgekoppelten Frau. Die ohnehin nur mühevoll errungene und beständig bedrohte männliche Selbstbeherrschung und Selbstkontrolle wird durch diese Konfrontation mit der Frau in ihren Grundfesten erschüttert, da jeder Mann zwar die Andersartigkeit der Frau erkennt (erstmalig an seiner Mutter), von der Eigenart dieser Andersartigkeit jedoch niemals etwas «aus erster Hand», also ursprünglich-sinnlich erfahren kann – Weiblichkeit liegt jenseits aller möglichen männlichen Erfahrung; und dennoch verdankt der Mann ihr sein Leben. Frauen ist das Mann-Sein natürlich ebenfalls nicht emotional zugänglich – ihr großer Vorteil liegt jedoch darin, sich mit der eigenen Mutter identifizieren zu können. Diese Doppelbödigkeit – oder sollten wir vielleicht besser sagen: der schwankende Grund, auf dem die eigene Existenz fußt? – ist offensichtlich jener Stoff, aus dem die Männerträume sind, hier blühen die Phantasien, hier entstehen die paranoiden Ideen wie jene von den zauberischen Frauen, die uns die Männlichkeit weghexen – jene Männlichkeit, deren wir uns ohnedies nie ganz sicher sind.

Kurz, aber deutlich gesagt: Wir Männer benutzen unseren «kleinen Herrn» als ein Machtmittel («Gemächt» heißt es auch von alters her im Deutschen), gerade weil wir ihm gegenüber ohnmächtig sind, unfähig zur Kontrolle – und weil niemand besser als die Frau unsere Lebenslüge von Kraft und Aktivität durchschauen, gegebenenfalls auch zerstören kann. In den Realneid des gebärunfähigen Mannes mischt sich somit die projektive Angst, die Frau könnte unser ständiges Ringen um Kontrolle und Selbstbehauptung zunichte machen, uns verhexen, uns entkräften – also uns die Identität und die Existenz rauben, die eine andere Frau uns einst gegeben hat. Ja, in noch weiter reichender Spekulation ließe sich sogar vermuten, daß jene Phantasie von der zehrenden, aufsaugenden und verschlingenden Art der Frau eine Art Reaktionsbildung darstellt auf den Umstand, daß wir nahezu alle als *Säuglinge* von Frauen ernährt worden sind, sei es mit der Brust, sei es mit Hilfe des Fläschchens – eine passive Rolle, die für uns Männer mit unserem Selbst-Ideal von Stärke, Aktivität und Unabhängigkeit möglicherweise

Heinrich ist nicht einverstanden: «Woher kommt denn dieses Ideal? Bei dir klingt es fast so, als sei es eine Art Naturereignis. Da bin ich ziemlich skeptisch. Und wie verbreitet ist dieses Ideal heute noch? Ist nicht auch da ein Paradigmenwechsel im Gang?»

eine besondere Zumutung darstellt. Rächen wir uns am Ende *deshalb* an den Frauen, weil es uns in manchen bangen Stunden des Selbstzweifels dämmert, nicht das starke, sondern in Wahrheit das schwache Geschlecht zu sein?

Zusammengefaßt: Wir Männer sind offenbar sowohl von der Natur wie auch von unseren geschichtlichen Versuchen, diese Natur kulturell «aufzubereiten», mit einer Vielzahl von «negativen Widerstandsressourcen» belastet worden. Dazu gehört eine Art von «Urmißtrauen» ebenso wie ein daraus entspringender massiver Wunsch nach Expansivität und Kontrolle und eine oft in dauerhafte Feindseligkeit ausufernde hohe Aggressionsbereitschaft (das am Beginn des Kapitels zitierte «Freiheitslied» des patriotischen Dichters Theodor Körner spricht hier eine deutliche Sprache). Daß wir Männer es geschafft haben, uns in den steinzeitlichen Stammesgesellschaften das Privileg der Jagd unter den Nagel zu reißen, während den Frauen die Kinderaufzucht und das Sammeln von Nahrungsmitteln vorbehalten blieb (was dem Überleben der Sippe oft die besseren Dienste leistete) – das hat unser verletzliches Ego

«Da ist was dran», stimmt Heinrich – ungewohnt milde – mir zu. «Als ich einmal große Probleme mit meinem ältesten Sohn hatte, habe ich ein Buch gelesen, ‹Kleine Helden in Not› von Schnack und Neutzling. Da wurde mir zum ersten Mal klar, daß wir Männer es gar nicht einfach haben. Ich mußte sogar manchmal richtig flennen dabei. Das ist übrigens eins der wenigen Dinge, die ich an Helmut Kohl schätze, daß er einmal gesagt hat, der Satz ‹Männer weinen nicht› wäre ja wohl der allergrößte Blödsinn …»

ohne Zweifel gestärkt, hat unser Prestige deutlich gehoben und uns vielfältige Möglichkeiten verschafft, die Frauen als schwach, feige und dumm zu diskriminieren. Medizinisch gesehen, handelt es sich bei diesen Errungenschaften jedoch um Danaergeschenke – um trojanische Pferde, in deren Innerem erhebliche Gesundheitsgefahren lauern. Heute, wo wir nicht mehr durch die Savannen streifen und Mammuts jagen, ist die größere männliche Fähigkeit zur Erregbarkeit, zur kurzfristigen Mobilisierung hoher Kraftreserven und zum «rücksichtslosen» Einsatz dieser Kräfte ein Risikofaktor geworden. Die wichtigste männliche Widerstandsressource wäre daher vermutlich die Einsicht in die eigenen Stärken, die zugleich Schwächen sind (und umgekehrt), und der Versuch, nicht in typisch männlicher Art nach dem Motto «Augen zu und durch!» zu leben – kurz und heftig –, sondern die Augen zu öffnen …

Weibliche Widerstandsressourcen

Nachdem wir den gesundheitsgefährdenden *Mängeln der Männlichkeit* auf den Grund gegangen sind, stellt sich die Frage nach den möglichen Besonderheiten *weiblicher* Widerstandsressourcen. Im Sinne einer salutogenetischen Betrachtungsweise genügt es nicht, zu untersuchen, warum die Männer kürzer leben. Es reicht nicht, darauf zu verweisen, daß Männer sich selber gefährden, weil sie sich schlechter ernähren; weil sie hektischer sind; weil ihre höhere Aggressivität öfter zu dauerhafter Feindseligkeit erstarrt und so weiter und so fort … Wichtiger ist die weitergehende Frage, was Frauen langlebiger werden läßt. So ergeben sich Hinweise auf spezifische Widerstandsressourcen, die *im Prinzip* vermutlich auch von Männern trainiert werden können – auch wenn sie sich *in der Praxis* sehr viel schwerer tun damit.

Hierzu gehört nicht nur die – statistisch eindeutig nachgewiesene – Neigung der Frauen, länger zu schlafen; im Zusammenhang damit steht auch, daß es Frauen zwar schwerer fällt, kurzfristig extreme Muskelkraft zu mobilisieren, daß sie aber zu größerer Zähigkeit und Stetigkeit befähigt sind und besser Dauerschmerzen ertragen können. Dem steht nur scheinbar entgegen, daß Frauen häufiger wegen körperlicher, vor allem aber auch wegen seelischer Beschwerden die Praxis eines Arztes oder eines Psychotherapeuten aufsuchen. Ein weiterer, ebenfalls nur scheinbarer Widerspruch liegt darin, daß sie sich selber und ihre Probleme bisweilen in einer Art und Weise präsentieren, die von Männern gerne als übertrieben klagsam empfunden und entsprechend lächerlich gemacht wird («Gejammer»). Möglicherweise ist dies aber nur die Eisbergspitze, unter der sich – bloß nicht so leicht erkennbar – ein anderer und vermutlich gesünderer Umgang mit Schwäche und Leid verbirgt, die nicht monoton abgewehrt und verleugnet werden müssen, sondern auf die mit sozialen Hilferufen geantwortet werden kann und, im eigenen Selbstverständnis, auch darf.

Heinrich drängt es, hier einzuhaken: «Genau, meine Schwiegermutter zum Beispiel. Sie terrorisiert uns alle mit ihrer ständigen ‹Magenverstimmung›, und kein Arzt findet was! Aber ist das nicht vorwiegend ein Verhalten von Frauen, die unter ihrer Hausfrauenrolle leiden und sich irgendwie dagegen wehren? Bei einer Bäuerin, die den ganzen Tag zupacken muß, gibt es so was praktisch nicht.»

Im Sinne des bisher Dargelegten ist nämlich aller Wahrscheinlichkeit nach nicht das biologische Arsenal physischer Regulationsmechanismen entscheidend, sondern vor allem das seelisch-kulturell vermittelte Selbstbild. Und hier steht nicht nur die stärkere Kommunikationsfähigkeit der Frau (bei gleichzeitiger, damit sicherlich gekoppelter geringerer Aggressionsneigung) im Zentrum des Interesses, sondern über diesen an sich schon sehr bedeutsamen Befund hinaus eine generell besser einregulierte Balance zwischen Emotion und Kognition. Schon 1992 haben die Soziologen Diekmann und Preisendörfer in einer allgemein viel zuwenig beachteten Studie den Nachweis führen können, daß die Kluft zwischen Wissen und Handeln (überprüft auf dem Feld des umweltschädlichen Verhaltens «wider besseres Wissen») bei Frauen weniger weit klafft als bei Männern. Empirisch orientierte Wissenschaftler «validieren» solche Aussagen, diskutieren aber nur sehr ungern die möglichen Gründe – dabei scheint es sehr naheliegend, daß diese im unterschiedlichen Umgang mit Gefühlen, auch mit *intuitiv wahrgenommener Verantwortlichkeit*, zu suchen sind.

Hier wirkt sich zweifellos die von der Evolution des Lebens herangebildete unterschiedliche Strategie der «elterlichen Investition» auch auf leib-seelische Zusammenhänge aus, die mit der (möglichen) Elternschaft nicht unmittelbar in Zusammenhang stehen. Diese an Deutlichkeit kaum überbietbare Diskrepanz haben wir bereits oben erwähnt: Eine Frau kann allerhöchstens etwa zwanzig Kinder gebären, ist sich ihrer Mutterschaft aber stets gewiß – ein Mann kann, zumindest in der Theorie, Zigtausende von Frauen schwängern, ohne aber jemals sicher zu sein, ob er wirklich der Kindsvater ist. Daß diese extrem unterschiedliche Beteiligung am menschlichen Fortpflanzungsgeschäft auch das männlich / weibliche Seelenleben in jeweils verschiedene Richtungen beeinflußt, scheint mir so naheliegend wie selbstverständlich, auch wenn es hie und da in dogmatischer Verblendung bestritten wird.

Erinnern wir uns an das, was im letzten Kapitel recht theoretisch erörtert worden ist, als wir die Widerstandsressourcen verschiedener Art und Ordnung genauer betrachtet haben. Deren Funktion war nahezu immer in-

«Ziemlich theoretisch, leider, ja», bemerkt Heinrich. «Aber dieser eine Satz hat mir doch sehr eingeleuchtet. Wie war das gleich? Nichts ist praktischer als eine gute Theorie – oder so ... Trifft für uns Bauern ganz bestimmt zu.»

tegrativer Art – sie bestand in der Schaltung von Verbindungen, in der Schaffung oder Bewahrung von Gleichgewichtszuständen und so fort. Auf diesen Feldern, nämlich bei der Balance von Kognition und Emotionen, in der Einregulierung eines – halbwegs – ausgeglichenen Ensembles der Gefühle, in der Bewältigung von Störungen, das heißt von kurzfristigen Auslenkungen des Systems, in der Schaffung eines kommunikativen, kooperativen Miteinanders von Gruppenmitgliedern etc. – bei alldem und vermutlich auch noch bei anderen, ähnlich gelagerten Problemen sind Frauen wohl einfach die «besseren», geduldigeren und ausdauernderen Spielerinnen.

Die Perspektive, auf die es ankommt – und die sich Frauen leichter eröffnet als uns Männern – hat die Schweizer Philosophin und Psychotherapeutin Carola Meier-Seethaler 1998 in ihrem großartigen (wenn auch nicht immer einfach zu lesenden) Buch *Gefühl und Urteilskraft* beschrieben. Ihr «Plädoyer für die emotionale Vernunft» – für die Autorin gleichbedeutend mit dem Kampf gegen eine männerdominierte Denkweise – beendet Meier-Seethaler mit den folgenden Sätzen:

> «Aus der Perspektive der emotionalen Vernunft besteht Sachlichkeit nicht in einer kühlen, von den eigenen und den Gefühlen anderer abgespaltenen Denkart, sondern läßt sich eher mit dem Begriff der Besonnenheit umschreiben. Besonnenheit nimmt zwar Abstand zur eigenen Betroffenheit in der Reflexion, aber im Spiegel ihres Bewußtseins erscheinen Ich und Mitwelt als lebendige Wirklichkeiten, denen wir nur gerecht werden, wenn die Erkenntniskräfte des Denkens und Fühlens zusammenwirken.»

Und vermutlich wird jeder sensible Mensch an dieser Stelle *spüren*, wie nahe eine solche Besonnenheit dem «Kohärenzgefühl» steht.

VII. Eine neue Chance: Drei Künste, sich gesund zu erhalten

> «Wir könnten wissen. Leider, wir vermeiden's;
> verstießen lange, was uns nun verstößt.
> Befangen in den Formen unsres Leidens,
> begreifen wir nicht mehr, wenn Leid sich löst.»
> *Rainer Maria Rilke*

Seines Lebens Meister werden ...

Eine einleitende Frage läßt sich an dieser Stelle wohl kaum abschmettern: Warum nämlich in diesem Kapitel von «Künsten» die Rede ist, nicht von Fähigkeiten? – Weil eben damit ein Grundproblem treffend in Worte gefaßt werden kann: Ein «Künstler» zu werden erfordert Zähigkeit und Mühe. Das gilt auch für den Lebenskünstler – «Übung macht den Meister», Talent alleine genügt eben *nicht*.

«Weil es keine Kunst ist, große Sprüche zu machen, statt gleich zur Sache zu kommen», meint Heinrich.

Einer, dem niemand bestreiten wird, ein Künstler ungewöhnlichen Formats gewesen zu sein, nämlich Johann Wolfgang von Goethe, hat geschrieben: «Es genügt nicht nur, zu wissen, man muß auch anwenden. Es genügt nicht nur, zu wollen, man muß auch tun.» Er selber – den Ärzten gegenüber eher mißtrauisch eingestellt – hat sehr wohl nach dieser Devise gehandelt: Zur Bekämpfung der eigenen Höhenangst hat er keinen Helfer und Heiler benötigt; er ist während seiner Straßburger Studentenzeit jeden Tag auf den Turm des dortigen Münsters gestiegen. Das war mühsam – aber erfolgreich. Und diese Haltung hat offensichtlich zu einem langen und produktiven Leben mit beigetragen. Noch als Achtzigjähriger hat Goethe bedeutende Werke geschrieben.

In diesem Sinn gibt es, auch im vorliegenden Buch, für eine «Kunst des Gesund-Bleibens» keine Patentrezepte, vor allem keine, die wir von anderen erwarten dürfen und die uns davor bewahren könnten, uns selbst um unser Leben zu kümmern. Auch existieren keine einfachen und vor allem keine *schnellen* Lösungen. Es gibt nur den langen Weg des Übens, des Lernens in kleinen Schritten. Wer seine Widerstandsressourcen trainieren will, der muß sie eben auch wirklich *trainieren* – Punkt, Ende, basta. Ich weiß, daß diese Botschaft quer zum Zeitgeist liegt, aber genau das ist ein wichtiger Teil des Problems. Wer einen schnelleren Weg zum Ziel sucht, eine «Abkürzung», hat den wichtigsten Punkt noch nicht begriffen. «Die Lösung ist, es gibt keine Lösung» – so heißt es in dem wunderbaren Buch *Triffst du Buddha unterwegs* ... von Sheldon B. Kopp. Dessen Titel las sich im (amerikanischen) Original eigentlich so: *Wenn du Buddha auf der Straße begegnest – töte ihn.* Aber diesen herben Satz hatte der Verlag S. Fischer seinen deutschen Lesern offensichtlich nicht zumuten wollen. Die Verheißung «Triffst du Buddha unterwegs ...» klang vermutlich auflagenträchtiger, denn sie verspricht eine Erlösung, mithin genau das, worum es dem Autor Sheldon Kopp (wie dem Autor Till Bastian) erklärtermaßen *nicht* geht.

«Es ist ganz schön kokett, daß du das immer wieder betonst», sagt Heinrich mürrisch. «Die Leser werden es schon selber merken. Du bist zwar ein Querkopf, aber dazu noch ein Oberlehrer! Entscheiden müßte man sich können ...»

Geben wir also jede Hoffnung auf, einem Erlöser zu begegnen, und versuchen wir, unser eigenes Können zu schulen. «Wolle die Wandlung», so beginnt ein Sonett von Rainer Maria Rilke. Freilich, die Wandlung bloß zu *wollen*, genügt eben auch nicht. Wir müssen uns in ihr schulen, müssen sie üben. Damit wir alle zu «Lebenskünstlern» werden – ein herrlich altmodisches Wort und eben deshalb so aktuell wie nie.

Wenn ich im folgenden drei Künste unterscheide, die für ein gelingendes Leben geübt werden wollen, dann ist diese Aufzählung gewiß nicht vollständig, nicht abgeschlossen. Sie drückt schlicht und einfach aus, was mir – aufgrund meiner spezifischen Lebenserfahrung – besonders wichtig erscheint. Allerdings glaube ich, daß diese Lebenserfahrung wiederum nicht ganz untypisch ist – und im bisher vorliegenden salutogenetischen Schrifttum (wie auch in anderen Untersuchungen, die in eine ähnliche Richtung weisen, ohne den Begriff «Salutogenese» zu kennen) habe ich dafür eine Vielzahl von Bestätigungen gefunden (das jüngste Beispiel: Optimismus schützt vor Herzinfarkt – von einer entsprechenden Studie der Universität Pittsburgh höre ich gerade eben, während ich dieses Kapitel niederschreibe; ausnahmsweise sei hier die Literaturstelle zitiert: *Psychosomatic Medicine*, Bd. 61, S. 411, 1999 – und mit dem Hinweis gekoppelt, daß ich mit entsprechenden Publikationen Seite um Seite füllen könnte – aber was soll's ...).

Ich habe dieses Kapitel in sich gestaltet wie eine Übung – deshalb auch dieser Vorspruch, daher die jeweilige «Einstimmung», die ich jedem der drei Einzelabschnitte vorangestellt habe. Sie orientiert sich an Zitaten aus großen Werken der Weltliteratur, und ich empfehle Leserin und Leser, das Buch nach der Lektüre dieser einstimmenden Sätze beiseite zu legen, um darüber einmal in Ruhe nachzudenken. Das wäre sozusagen eine erste «praktische Nutzanwendung»; sie könnte es sehr erleichtern, sich auch mit den später folgenden anzufreunden.

Denn da ich an das Ende eines jeden Abschnitts ausführliche «praktische Nutzanwendungen» gesetzt habe, worin alltagstaugliche Anregungen zur Einübung in die genannten Künste zusammengestellt sind, ergibt sich als Fazit des gesamten Kapitels ein relativ breitgefächertes Trainingsprogramm. Daraus können Leserin und Leser, wenn sie denn wollen, für sich selbst jeweils das auswählen, was am besten zu ihnen paßt. Unumgänglich ist es aber auch dann, die oben zitierte Grundregel zu beherzigen:

> «Es genügt nicht nur, zu wollen – man muß auch tun.»

«Schon gut, wir haben es begriffen! Es genügt auch nicht, wenn du endlich zur Sache kommen *willst*!»

1. Die Kunst der Langsamkeit

Zur Einstimmung

In seinem wundervollen Roman *Die Langsamkeit* beschreibt der tschechische, nach Frankreich emigrierte Dichter Milan Kundera ein Ehepaar, das mit seinem Auto ein Hotel ansteuert, um dort eine Liebesnacht zu verbringen. Die Vorfreude darauf wird erheblich geschmälert durch ein anderes Automobil, dessen Fahrer verbissen – und risikoreich – zu überholen versucht. Der Erzähler gerät ins Nachdenken:

> «Weshalb ist das Vergnügen an der Langsamkeit verschwunden? Ach, wo sind sie, die Flaneure von einst? Wo sind sie, die faulen Burschen der Volkslieder, die gemächlich von einer Mühle zur anderen zogen und unter freiem Himmel schliefen? Sind sie mit den Feldwegen, den Wiesen und den Lichtungen, mit der Natur verschwunden? Ein tschechisches Sprichwort beschreibt ihren süßen Müßiggang mit einer Metapher: sie schauen dem lieben Gott ins Fenster. Wer dem lieben Gott ins Fenster schaut, langweilt sich nicht; er ist glücklich. In unserer Welt ist der Müßiggang zur Untätigkeit geworden, und das ist etwas ganz anderes: der Untätige ist frustriert, er langweilt sich, ist beständig auf der Suche nach der Bewegung, die ihm fehlt.

Ich schaue in den Rückspiegel: immer noch derselbe Wagen, der mich wegen des Gegenverkehrs nicht überholen kann. Neben dem Fahrer sitzt eine Frau; warum erzählt der Mann ihr nicht etwas Lustiges? Warum legt er ihr nicht die Hand aufs Knie? Statt dessen verflucht er den Autofahrer vor ihm, der nicht schnell genug fährt, und die Frau denkt auch nicht daran, den Fahrer mit der Hand zu berühren, sie fährt geistig mit und verflucht mich ebenfalls ... »

Jedesmal, wenn ich der B 12 in Richtung Bodensee folge, um Lindau oder ein Ziel in der Schweiz oder in Österreich anzusteuern, komme ich – etwa zehn Kilometer von meinem Wohnort Isny im Allgäu entfernt – an einem alten Bauernhaus vorbei. An der Fassade ist zu lesen:

Gott, der HERR, schuf die Zeit.
Von Eile hat er nichts gesagt.

Die besondere Pointe dabei: Die meisten Autofahrer, die an dem alten Haus vorbeirasen, bemerken den höchst unzeitgemäßen Sinnspruch wahrscheinlich gar nicht – sie fahren viel zu schnell, um ihn entziffern zu können.

Von Eile hat Gott nichts gesagt; aber in der Apokalypse des Neuen Testaments heißt es, daß der Satan «keine Zeit» (und «einen großen Zorn») habe. Auch einem türkischen Sprichwort zufolge hat «der Teufel die Eile erfunden». Freilich glauben die meisten Gegenwartsmenschen nicht mehr so recht an den Fürsten der Hölle und sein feuriges Reich. Die teuflische Eile indessen hat sie um so fester im Griff – aufgeklärt, vernünftig und technikbesessen, wie sie sind … «Den Bösen sind sie los, die Bösen sind geblieben», wie es bei Johann Wolfgang von Goethe heißt.

Das Sonderbare daran ist, daß wir ja allüberall mit immer neuen Apparaten und Prozeduren hantieren, die dafür da sind, «Zeit zu sparen», indem alles fortwährend beschleunigt wird. Bei so viel an ständiger Einsparung müßte sich die gehortete Zeit ja eigentlich auf irgendwelchen Konten ansammeln und Früchte tragen, sprich: sich verzinsen. Wir müßten also eigentlich *immer mehr* davon haben. Aber wie jeder weiß, ist das genaue Gegenteil der Fall: Niemand hat noch Zeit, Hektik und Eile sind die maßgeblichen Motoren unseres Daseins, und selbst die Terminkalender der Kinder sind prall gefüllt. Früher hörte ein Kind vor allem Maßregeln wie: «Benimm dich anständig!» In dieser Hinsicht ist es besser geworden, aber wie so oft hat unsere kulturelle Entwicklung den Teufel mit Beelzebub ausgetrieben. Die Forderung, die ein Kind heute am allerhäufigsten hören muß, lautet: «Mach schneller! Beeil dich doch endlich!»

Es ist eine zwiespältige Angelegenheit, diese ständige Zunahme des Tempos. Einerseits ist jeder Astronom sich darüber im klaren, daß sich die Rotation der Erde um die eigene Achse verlangsamt – daß also die Tage heute länger sind als zu den Zeiten der vor siebzig Millionen Jahren ausgestorbenen Dinosaurier. Doch wer nicht die Bewegungen der Gestirne beobachtet, sondern die Entwicklung der menschlichen Gesellschaft, wird zu einem völlig anderen Urteil kommen: Alles dreht sich immer schneller im Räderwerk der Gegenwart, ständig wird das Tempo erhöht. Leistung und Wachstum, Kontrolle und Beschleunigung – das sind schier allgemeingültige gesellschaftliche Zielvorstellungen geworden, die schon längst eine fatale Eigendynamik entwickelt haben («Hauptsache weg! Egal wohin!» – mit diesen Slogan warb vor kurzem die Deutsche Bahn für ihre Sondertarife …). Das verselbständigte Motto des «Schneller, höher, weiter!» und die ihm zugeordneten

Leitbilder und Leitwerte stehen aber nicht als nebulöse Ideen, als «Hirngespinste» im luftleeren Raum; sie verwirklichen sich sehr konkret im Umgang der Menschen miteinander, aber auch im Umgang mit anderen Völkern, mit anderen Spezies und mit der unbelebten Natur, deren stoffliche und energetische Potentiale wir gerne als «Ressourcen» bezeichnen. Diese Außenseite des Zivilisationsprozesses ist sattsam bekannt und in ihren Einzelheiten mittlerweile auch immer öfter Gegenstand der Kritik: als Wachstumszwang in einer bloß vermeintlich freien Marktwirtschaft, die im Grunde nur davon lebt, daß sie ständig ungedeckte Wechsel auf die Zukunft ausstellt, für deren Einlösung künftige Generationen werden zur Kasse treten müssen; als rücksichtslose Ausbeutung nicht erneuerbarer Rohstoffe, als könnten diese aus geheimen Schatzkammern immer wieder nachwachsen wie der Brotlaib im Märchen; als eine sich beständig vergrößernde Kluft zwischen Arm und Reich sowohl im Weltmaßstab wie auch im Inneren der von Zerfall und Spaltung bedrohten Gesellschaften.

Weit weniger offenbar ist jedoch, daß derselbe Zivilisationsprozeß auch die inneren Ressourcen der Individuen in ganz ähnlicher Manier strapaziert. Hier ist, neben der Auflösung von sinnstiftenden Strukturen und sicherheitsspendenden Gemeinschaften, vor allem an die gewaltsame Begradigung aller natürlichen und sozialen Rhythmen zu denken: Es ist uns ganz selbstverständlich geworden, im Winter – bei künstlicher Beleuchtung – ebensoviel zu arbeiten wie im Sommer, unseren Speisezettel völlig unabhängig von den Jahreszeiten zu planen, bei Schlechtwetterperioden in andere Erdteile zu jetten, um dort «Sonne zu tanken» und so weiter und so fort. Dazu gehört auch die fortwährende Überstimulation, ein immer lauteres «Grundrauschen» der Gesellschaft, das dem Individuum eine dauerhafte Empfangsbereitschaft aller Sinnesorgane auch dann noch abnötigt, wenn es diese abschalten zu können glaubt – auch wenn wir sie gar nicht mehr bewußt wahrnehmen, stellt die ständige Zwangsbeschallung etwa durch Musikberieselung in jedem Supermarkt einen Dauerzugriff auf unser psychovegetatives Gleichgewicht dar. Und das ist ja nur ein Teilbereich der allumfassenden Dauerstimulation.

Kennzeichnend für die pluralistisch geordnete, in immer kleinere, unzusammenhängende und in ihrer Zahl kaum noch überschaubare Subsysteme zerfallende «Gesellschaft der Individuen», wie sie für die Industrienationen der Nordhemisphäre charakteristisch ist, ist auch die Transformation in eine gegenwartsorientierte «Erlebnisgesellschaft». Da ist von «Erlebnisgastronomie» ebenso die Rede wie vom «Erlebnistiergarten», vielleicht wird demnächst jemand noch das «Erlebniskrankenhaus» entwerfen. Stille und Selbstbesinnung haben da kaum noch ein Bleiberecht, und von «Einkehr» sprechen wir ja ohnehin nur noch dann, wenn wir in eine Wirtschaft gehen wollen. Diesen durchaus süchtigen Trend zum «Immer mehr!» des Erlebens hat der Soziologe Gerhard Schulze 1993 in seinem Standardwerk *Die Erlebnisgesellschaft* ausführlich beschrieben:

> «Erlebnisorientierung ist die unmittelbarste Form der Suche nach Glück. Als Handlungstypus entgegengesetzt ist das Handlungsmuster der aufgeschobenen Befriedigung, kennzeichnend etwa für das Sparen, das langfristige Liebeswerben, den zähen politischen Kampf, für vorbeugendes Verhalten aller Art, für hartes Training, für ein arbeitsreiches Leben, für Entsagung und Askese. Bei Handlungen dieses Typs wird die Glückshoffnung in eine ferne Zukunft projiziert, beim erlebnisorientierten Handeln richtet sich der Anspruch ohne Zeitverzögerung auf die aktuelle Handlungssituation. Man investiert Geld, Zeit, Aktivität und erwartet fast im selben Moment den Gegenwert. Mit dem Projekt, etwas zu erleben, stellt sich der Mensch allerdings eine Aufgabe, an der er leicht scheitern kann, und dies um so mehr,

je intensiver er sich diesem Projekt widmet und je mehr er damit den Sinn seines Lebens überhaupt verbindet.»

Aus diesem radikal gegenwartsorientierten «Projekt Erlebnishunger» ergibt sich dann die – verführerische und gefährliche – Ideologie vom *Leben als letzte Gelegenheit* (so der schöne Titel eines packenden Buches, das die Erziehungswissenschaftlerin Marianne Gronemeyer verfaßt hat). Die ständige Beschleunigung, die wir allenthalben erleben, erweist sich so auch als ein Versuch, möglichst viel Zukunft in die Gegenwart hereinzuzerren, um immer mehr Möglichkeiten noch zu Zeiten des eigenen Lebens realisieren zu können – damit das, «was in den Gedankenexperimenten einer Epoche am Horizont heraufzieht, noch zu Lebzeiten der ihr Angehörenden Wirklichkeit wird. Mit wachsender Geschwindigkeit wird alles Erdenkliche realisiert. Wenn jeder Überhang an zukünftiger Möglichkeit durch Verwirklichung getilgt wäre, dann fände die Versäumnisangst, die mißtrauisch und mißgünstig in die Zukunft späht, keine Nahrung. Daraus ergibt sich die für unser Zeitalter so charakteristische Besessenheit, das technisch Mögliche auf keinen Fall ungetan zu lassen, koste es, was es wolle …»

Soweit Marianne Gronemeyer. Die zum Teil bizarr-skurrilen Erscheinungsformen dieses Dilemmas können hier nicht in aller Ausführlichkeit geschildert werden – sie sind uns aus dem eigenen Alltagsleben ohnehin zur Genüge bekannt. Es sei nur am Rande erwähnt, daß in den USA jeder zehnte Autofahrer hinter dem Lenkrad auch sein Mittagessen verzehrt – Tendenz steigend – und daß man sich als streßgeplagter Manager mit einem Wohnmobil zu Hause abholen lassen kann, um auf dem Weg zur Arbeit eine psychotherapeutische Sitzung zu absolvieren. In immer vielfältigere, kaum noch überschaubare Teilvollzüge zerfallen die ständig beschleunigten sozialen Abläufe, an denen sich das Individuum beteiligen muß, will es in der durchrationalisierten, verwalteten Welt nicht Schiffbruch erleiden – vom Elternsprechtag in der Schule bis zum Lohnsteuerjahresausgleich, vom Kundendienst am Kraftfahrzeug bis hin zur Krebsvorsorgeuntersuchung bei seinem Besitzer, vom Aufwand zur rechtzeitigen Buchung des Pauschalurlaubs und den vielen anderen kleinen Lasten und Pflichten des Alltags ganz zu schweigen. All diese Vorgänge erfordern, da sie ja geplant, aufeinander abgestimmt und «getimt» werden müssen, ein immer höheres Maß an zwar nicht körperlich, aber doch psychovegetativ kräftezehrenden Synchronisationsleistungen (die in den Familien überwiegend von den Frauen bewältigt werden). Nicht ohne Grund ist der Satz «Das kriegen wir schon geregelt» zur allgegenwärtigen Redensart geworden, die sich freilich nicht selten als leere Versprechung erweist (andere bezeichnende Sätze: «Alles klar», «Das müssen wir noch durchchecken» etc.). In den Niederlanden hat sich, so berichtet meine Tageszeitung, bereits eine Organisation etabliert, die überforderten Familien anbietet, diese Art der Synchronisation professionell zu erledigen – allerdings nicht unentgeltlich, versteht sich.

Erst kürzlich hat eine umfängliche Studie des Bamberger Soziologen Manfred Garhammer mit dem Klischee aufgeräumt, Deutschland sei eine Art «Freizeitpark» (so einer der flachsinnigsten Aussprüche des ehemaligen Bundeskanzlers Helmut Kohl). Garhammer weist akribisch nach, daß zwar in ganz Europa die tarifliche Arbeitszeit sinkt – aber die unbezahlte Arbeit, die zur Lebensplanung unabdingbar ist, in gleichem Maße gestiegen ist. Gleichzeitig wird schneller gegessen, wird weniger Zeit für die Körperpflege verwendet, wird auch kürzer geschlafen – in Deutschland klingelt der Wecker (statistisch gesehen) meist eine halbe Stunde früher als noch vor dreißig Jahren.

Es steht also weniger Zeit für das Leben selber – also für *Muße* – zur Verfügung, weil immer mehr Zeit für die *Planung* des Lebens erfordert wird. Aber das Leben ist das, was uns zustößt, während

«Den Satz kenne ich doch», mokiert sich Heinrich. «Ist das nicht ein Zitat, das du hier stillschweigend verwurstet? Von John Lennon – kann das sein? Wie auch immer, zum Thema Muße habe ich einen hervorragenden Lesetip: ‹Nichts Besseres zu tun›, herausgegeben von Joseph Tewes, Tewes-Verlag 1989.»

wir gerade etwas anderes planen. Insbesondere auf gesundheitlichem Gebiet ist jedwedes Planen freilich oft genug vergebliche Mühe – allen Bemühungen um den «Routine-Check-up» und den «Gesundheits-TÜV» zum Trotz. Von Krisen wird zwar hie und da gesprochen: von gesundheitlichen Krisen oder von der Umweltkrise. Aber dieser Sprachgebrauch ist – so merkt der Medizinphilosoph Rainer-Maria Jacobi an – eine leichtfertige Art, sich der Wirklichkeit unserer Welt zu nähern; eine Sprechweise, in der sich zeigt, daß diese Wirklichkeit uns trotz aller «Zeichen an der Wand» offenbar nur mäßig beunruhigt und auch nicht weiter beunruhigen *soll*. Diese verschleiernde Sprache ist – so Jacobi – «getragen von der Gewißheit, auch alle kommenden Krisen, wie schon die vergangenen, in gewohnt erfolgreicher Weise bewältigen zu können. Weder das Ausmaß der Krisen noch der Umstand ihres völlig unerwarteten Eintritts haben eine angemessene Nachdenklichkeit zur Folge; statt dessen steht das Ereignis der Krise noch immer im Schatten jenes Sicherheit und Voraussicht vermittelnden Wissens, dem wir die scheinbaren Vorzüge und Behaglichkeiten der modernen, weithin kalkulierbar gewordenen technischen Zivilisation verdanken. Im Verhältnis zur machtvollen Ordnung dieses kulturstiftenden Wissens erscheinen die Krisen unserer Zeit als vermeidbare Defekte beherrschbarer Prozesse, ja sie mahnen gleichsam die weitere Perfektionierung dieses Wissens an.»

So wird also, den Dogmen des Zeitgeists folgend, auf die persönlichen Pannen und Pleiten wie auf die öffentlichen Desaster und Katastrophen nur mit einer weiteren Intensivierung der als unzulänglich empfundenen Planung geantwortet – die Gesellschaft tritt gleichsam fortwährend die Flucht nach vorne an, hinein in den nächsten Pyrrhussieg. Das Rad dreht sich immer schneller ...

Es ist alles andere als eine beruhigende Perspektive, die sich hier auftut. Insbesondere muß bedenklich stimmen, daß es zum großen Teil suchtartige Vorgänge sind, die dem Gang der Dinge ihren Stempel aufprägen: mit dem Zwang zur Dosissteigerung ebenso wie mit Entzugssymptomen bei externem Unterbruch. Man denke nur an die 33,4 Milliarden Mark, die die Bundesbürger 1996 für Zigaretten ausgegeben haben (plus 2 Prozent im Vergleich zum Vorjahr!), oder an die drei Stunden täglich, die der Durchschnittsmichel beiderlei Geschlechts vor dem Fernseher sitzt, wobei im Mittel alle dreizehn Minuten das Programm gewechselt wird.

Über diese Grundstruktur des «Immer schneller! Immer mehr!» hinaus ist die Fragmentierung des Gemeinwesens schon so weit fortgeschritten, daß vielleicht von *der* Gesellschaft gar nicht mehr geredet werden kann. Teilsysteme bewegen sich mit wachsender Fluchtgeschwindigkeit zentrifugal auseinander, der Zusammenhalt des Ganzen gerät immer lockerer und wird eigentlich nur noch durch die Allgegenwart des Geldsystems repräsentiert, durch die «Ersetzung der Werte durchs Geld», von der schon der Soziologe Georg Simmel wußte: «Wo der eigentlich schlechthin personale Wert schlechthin gegen Geld ... fortgegeben werden muß, da findet eine Lockerung, gleichsam ein Substanzverlust des individuellen Lebens statt.» Vielleicht mag es eine aus der Summe diffuser Kräfteparallelogramme heraus resultierende Gesamtbewegung geben – aber wohin? Jede Mutmaßung hierzu erscheint mir ungewiß, denn zu jeder Tendenz gibt es eine Gegentendenz: von der Direktvermarktung lokaler Lebensmittel durch Bio-Bauern, von den die Bargeldlosigkeit praktizierenden Tauschringen bis zur wunderschönen, freilich auch teuren Welt zeitloser Handwerkskunst in Nobel-Versandhäusern à la «Manufaktum», die sich über Mangel an Kundschaft offensichtlich nicht beklagen können ... Sicher ist nur eines: In jedem Fall vollzieht sich der Bewegungsablauf, auch das Pulsieren von «actio» und «reactio» immer schneller. Pausen und Haltepunkte gibt es kaum noch, alles, was «musisch» oder «kontemplativ» anmutet, fällt dem Wettbewerb und der Rationalisierung zum Opfer – und so erscheint es dann als wichtigste schulpolitische Aufgabe, jedem Grundschulklassenzimmer so rasch wie möglich einen Internet-Zugang zu verschaffen ...

Gesund ist das alles bestimmt nicht, und die Zunahme immer härter organisierter leib-seelischer Krankheitszustände (neuerdings etwa der gehäuft auftretenden Selbstverletzungskrankheiten) wirkt daher kaum überraschend.

Was ist zu tun? Gegenwirken, Reservoire und Refugien erhalten, wo immer möglich – leicht gesagt, schwer getan und dennoch die einzig sinnvolle Auskunft. Wer sich als Anwalt der Pausen, der natürlichen Rhythmen, des «Wildwuchses» fühlt, hat gegen die übermächtigen Verwertungszwänge der Gegenwart einen schweren Stand. Jedenfalls nutzt es nichts, nach «Effizienz» auch noch beim politischen Widerstand zu schielen. Die Verweigerung gegenüber Wachstum und Beschleunigung (beides heute meist als «Globalisierung» getarnt) trägt, gerade weil sie «altmodisch» ist, ihre Rechenschaft *in sich*; der gewaltlose Partisan der Langsamkeit ist vom selben Eigenwert wie der Grashalm, der durch Beton bricht. Als rückständiger «Hinterwäldler» zu gelten könnte in der egozentrischen Glitzerwelt der Gegenwart ein Ehrentitel sein (und solcher Eigensinn ist, alles spricht dafür, obendrein noch gesundheitsförderlich!).

Vielleicht liefert uns ein Gedicht von Günter Eich die notwendige Vorgabe:

> «Tut das Unnütze, singt die Lieder,
> die man aus eurem Mund nicht erwartet!

Seid unbequem, seid Sand,
nicht das Öl im Getriebe der Welt!»

Dieser Appell leitet schon zur nächsten unserer gesundheitsfördernden Künste über – zur «Kunst des Eigensinns». Doch bevor wir uns mit ihr befassen, folgen einige «praktische Übungen», die eine «Entschleunigung» des Lebens zum Ziel haben.

Praktische Nutzanwendung

Kulturkritik ist ja schön und gut, werden sich viele Leserinnen und Leser bei der Lektüre des obigen Abschnitts gedacht haben – aber was folgt daraus? «Außerdem kommt mir alles irgendwie bekannt vor», wird man einwenden. Und das stimmt – an Büchern über die Zeit und über unseren – zu großen Teilen höchst destruktiven – Umgang mit ihr ist in der Tat kein Mangel. Je weniger Zeit wir haben, desto lieber lesen wir etwas über sie, das entlastet uns zumindest kurzfristig. Im Alltag dreht sich das Hamsterrad, in das wir eingesperrt sind, währenddessen immer schneller. Wie ist dagegen anzukommen?

«Auch die weiteste Reise beginnt mit dem ersten Schritt», heißt es in einem mittlerweile fast zu Tode zitierten chinesischen Sprichwort. Wahrheit bleibt es dennoch. In unserem Fall besteht der erste Schritt in der Wiederentdeckung der leeren, der nicht verwerteten Zeit. Und ich gebe warnend zu bedenken: Leere Zeit ist *wirklich* leer – in ihr passiert nichts, jedenfalls nichts Großartiges. Wer sich auf ein Meditationskissen setzt und eine Erleuchtung erwartet, sollte die Zeit lieber «nutzen», um seinen Lottoschein auszufüllen.

Was also tun? Versuchen Sie es einfach mit den folgenden drei Schritten, und wagen Sie so die ersten Gehversuche in eine andere Richtung:

- Nehmen Sie sich nach einem festen Plan (der ist allerdings unabdingbar!) möglichst jeden Tag, mindestens aber einmal in der Woche zwischen zehn und dreißig Minuten Zeit, die nicht «verwertet» werden und in ihrer ungenutzten «Leere» nur für Sie persönlich da sind – was bedeutet, daß sie vor Störungen und Inanspruchnahme sorgfältig geschützt werden müssen. Das einzige, was in dieser Zeit «passiert», ist ein aufmerksames Achten darauf, was kommt – was immer das sein mag. *Nichts*, was uns in diesen «Auszeiten» widerfährt – Einfälle, körperliche Mißempfindungen, auch Müdigkeit –, ist unwillkommen, nichts muß «niedergekämpft» werden. Wenn überhaupt irgend etwas von besonderer Wichtigkeit ist, dann allenfalls das Erspüren des Ungewohnten – beispielsweise das Hören von Geräuschen, die uns schon lange nicht mehr aufgefallen sind, weil sie im Alltagslärm untergehen. Wahrscheinlich gehört auch das Klopfen des eigenen Herzens dazu. Eine Ritualisierung des Ablaufs – zum Beispiel feste Zeiten, selber Ort – ist kein unbedingtes Muß, aber sehr zu empfehlen. Allmählich können Sie diesen Ablauf dann variieren, verändern, ausbauen, aufstocken – aber immer unter Beachtung des Grundprinzips. Vielleicht – hoffentlich – wird es Ihnen gelingen, solche absichtslosen Nullzeiten verstärkt in Ihren Alltag einzubauen: als Momente des kurzen, aber intensiven Innehaltens mitten im Leben – beim Kochen, beim Aufhängen der Wäsche oder wo auch immer. Aber hüten Sie sich vor wohltönenden Namen wie «Meditation», «Entspannung» und so weiter – damit sind fast immer Ansprüche und Erwartungen verbunden, und diese stehen exakt für jenes Gift, das wir aus unseren leib-seelischen Funktionskreisläufen *ausscheiden* wollen. Leere Räume sind ganz einfach da, und wir begnügen uns für eine kurze Weile damit, mit ihnen – und folglich mit uns selbst – beisammen zu sein, und nichts weiter. Das Prinzip, das dahintersteckt, ist so simpel, daß ich es kaum eigens betonen mag: Nur wer innehält, kann seiner selbst und seiner Mitwelt innewerden.

Sich in dieser Art mit «leerer Zeit» zu konfrontieren ist genau deshalb wichtig und wertvoll, weil es eine *Entscheidung* fordert: Den Entschluß, eine bestimmte Menge an Zeit – und sei es nur eine Viertelstunde pro Tag – nicht anders zu verwerten als nur für sich selber (und sie damit, nach den Kriterien der herrschenden ökonomischen Lehre, der zufolge Zeit gleichbedeutend mit Geld ist, auch zu *entwerten*). Das ist nichts anderes als eine Positionsbestimmung, und die neu bezogene Position *kann* – eine Erfolgsgarantie gibt es nicht – den Angel- und Ausgangspunkt für eine veränderte Lebensstrategie bedeuten. Dies alles erscheint Ihnen vielleicht banal – und es ist auch banal. Aber weil etwas banal ist, ist es noch lange nicht unwahr – und die banale Wahrheit ist nun einmal, daß *jede* Strategie einen Ausgangspunkt benötigt, und eine neue, bessere Strategie braucht eben einen neuen, veränderten Ausgangspunkt. Von diesem Ausgangspunkt aus sollten wir besser erkennen können, wo wir stehen – und wohin die verschiedenen Wege führen, die vor uns liegen. Das bedeutet auch, den eigenen Blick zu schärfen – den Blick für das Wesentliche. Und das ist nur durch Weglassen möglich. Es ist im Grunde genommen im naturwissenschaftlichen Experiment auch nicht viel anders: durch «gezieltes Weglassen» dieser oder jener Versuchsbedingung hofft der Experimentator, den «wesentlichen Variablen» auf die Spur zu kommen. Bei den hier vorgeschlagenen Experimenten ist es so, daß wir diese «wesentlichen Variablen» nicht in irgendwelchen äußeren Objekten, sondern im Ganzen unserer eigenen leib-seelischen Existenz suchen: durch «gezieltes Weglassen».

Die durch solches «Weglassen» in die Wege geleitete Konfrontation mit einer «leeren» Zeit (und das daraus folgende Zurückgeworfensein auf sich selber) kann allmählich dazu führen, einen eingeschliffenen «Lebensreflex» wieder umzukehren oder ihn wenigstens – und so wenig wäre das gar nicht – behutsam abzuschleifen: die ausschließliche Fixierung auf «Ziele». Dies gilt im raumzeitlichen Doppelsinn – wie der möglichst schnelle Ortswechsel die zurückgelegte Strecke entwertet, weil er sie jeder sinnlichen Erfahrung entzieht, so verliert auch ein Leben an Reichtum und Fülle, das ausschließlich auf ein «Dann» oder «Irgendwann» bezogen ist. Sich einzig und allein auf das «Hier und Jetzt» zu konzentrieren und dabei noch ganz entspannt zu sein ist freilich kaum dauerhaft durchzuhalten – aber es spricht nichts dagegen, das «Jetzt» gegenüber dem «Später» wieder aufzuwerten. In diesem Sinne hatte schon Heinrich Heine gegen alle ausschließlich auf die Zukunftsgestaltung ausgerichteten Geschichtskonzeptionen (zum Beispiel in der politischen Philosophie von Karl Marx) eingewandt, er zöge es entschieden vor, «daß die Gegenwart ihren Wert behalte und daß sie nicht bloß als Mittel gelte und die Zukunft ihr Zweck sei».

«Bestimmt nicht! Diese Phrase habe ich gefressen! Wenn Baghwan Shree Raijnesh wirklich ganz entspannt im ‹Hier und Jetzt› leben konnte – wozu brauchte er dann eine Leibgarde?» Heinrich beruhigt sich erst, als er beginnt, seine Pfeife zu stopfen.

Das bedeutet freilich, auch sich selber in eine andere Beziehung zur Zeit und zur Mitwelt zu setzen – uns selber (unsere Arbeitskraft, unsere Lebensgestaltung, unsere Daseinsplanung) setzen wir ja oft genug als bloßes Mittel ein, das uns die zweckmäßige Gestaltung der Zukunft ermöglichen soll: Wir werden uns selber zum Werkzeug, was zur Folge hat, daß das Eigenleben dieses «Werkzeugs» – zum Beispiel unsere inneren Rhythmen – in hohem Maße mißachtet werden muß (sofern wir es überhaupt noch zur

Kenntnis nehmen). Diese Mißachtung ist offensichtlich ein ausgezeichneter Weg, die eigenen Widerstandsressourcen dauerhaft zu untergraben. Die Alternative liegt in einem neuen Umgang mit sich selbst.

«DIE WIEDEREROBERUNG DES AUGENBLICKS»

- Lassen Sie zu, womit die leere Zeit sich füllt – das ist eine Entscheidung, ein «Sich-Aussetzen», das auch bedeutet, daß eine solche Zeit (wie auch wir selber, die wir uns innerhalb eines Raum-Zeit-Kontinuums neu positionieren wollen) nicht mehr unter Verwertungsaspekten, nicht mehr unter dem Aspekt der zweckmäßigen Nutzbarkeit betrachtet wird. Wer leere Zeit zulassen kann und durch regelmäßige Übung lernt, sie zu genießen, wird schon bald erfahren, wie sehr sich das Ensemble der Sinnesorgane dabei schärft: etwa so, wie wir bei krankengymnastischen Übungen plötzlich (und nicht unbedingt angenehm) irgendwelche Muskeln spüren, von denen wir zuvor nicht einmal wußten, daß es sie gibt ... Suchen Sie sich, ganz nach persönlicher Neigung, ein bestimmtes Sinnesorgan aus, auf das Sie jetzt ganz besonders achten und mit dem Sie in Zukunft vorrangig experimentieren wollen (was nicht heißen soll, daß die anderen Sinne vernachlässigt werden müssen – aber Schwerpunktsetzung ist nun einmal der «Witz» bei jeder Form von Training). Vielleicht werden Sie sich zunächst besonders auf den Hörsinn konzentrieren wollen. Das ist keine schlechte Wahl, denn noch immer wird die gesundheitsschädigende Wirkung des Lärms stark unterschätzt, und wenn Sie sich in akustischer Selbst-Abschirmung üben, so hat das einen besonders hohen vorbeugenden Wert. Der Effekt geht weit über die körperliche Ebene hinaus und betrifft auch die Integration von Kognition und Gefühlsleben einerseits, die Ausbalancierung des Gefühlslebens andererseits – in beiden Fällen ist die Feinregulation durch die ständige akustische Reizüberflutung nachhaltig bedroht; der differenzierende Prozeß des «Aktivhörens» wird schon im Ansatz behindert und, wortwörtlich, betäubt.

Als Gegenmittel empfehle ich Ihnen, sich gegen Außeneinflüsse aller Art sorgfältig abzuschirmen (siehe «Leere Räume», S. 192), und dann insbesondere die folgenden Musikstücke zu hören: Johann Sebastian Bach: Brandenburgisches Konzert Nr. 4 BWV 1049 – vor allem der 2. Satz (Andante) / Johann Pachelbel: Canon und Gigue für 3 Violinen und Basso continuo D-Dur / Ignaz Biber: Sonaten für Violine («Rosenkranzsonaten») / Franz Schubert: Streichquintett C-Dur D 956 – insbesondere der zweite Satz (Adagio) / Tommaso Albinoni: Adagio g-moll für Streicher und Orgel / Luigi Boccherini: Konzert für Violoncello und Orchester Nr. 3 G-Dur / Ernst Theodor Amadeus Hoffmann: Harfenquintett / Wolfgang Amadeus Mozart: Maurische Trauermusik, KV 477 – und, damit auch die Freunde neuer Musik nicht zu kurz kommen, beispielsweise Mike Oldfield: «Mount Teide» aus «Five Miles out» / Kronos-Quartett: «Water wheel» aus «Pieces of Africa» / Pink Floyd: «Wish you were here» (die gesamte Scheibe) – oder Phil Glass: Violinkonzert.

Welche Musik Sie auch bevorzugen, wichtig ist, daß Sie dabei die Position des «Aktivhörers» einnehmen – also die eines Hörers, «der die Musik nicht nur an sich vorbeirauschen lassen möchte, sondern neugierig darauf ist, auch einmal unter ihre Oberfläche zu schauen», wie der Musikwissenschaftler und Psychologe Stefan Schaub das beschrieben hat: «Auch wenn das lustvolle Erleben und Genießen nach wie vor die Hauptmotivation beim Umgang mit Musik bleibt, so will der Aktivhörer doch mehr über sie wissen, als daß sie ‹schön› ist. Die Erfahrung zeigt, daß das Gefühlserleben nach einer ersten Phase der Aneignung, die vielleicht sogar ein wenig anstregend gewesen sein mag, viel intensiver wird.» (Weitere Einzelheiten zum «Aktivhören» kann man bei Schaub nachlesen, auf dessen hervorragende Bücher ich hier nur kurz verweisen kann. Schaub führt übrigens auch «Hörerseminare» durch, darunter solche, die keinerlei Vorkenntnisse erfordern.) Es geht also darum – allmählich und ohne Zeitdruck, unterstützt vor allem durch geduldiges Immer-wieder-Hören –, die innere Struktur der Musik aktiv wahrzunehmen, in sie gleichsam einzudringen, ja hineinzukriechen. Dabei kann es eine große Hilfe sein, wenn Sie sich in der Phantasie mit der Position des Komponisten identifizieren. Es ist sinnvoll, bei der erlebten, aktiv gehörten Musik mitzusingen, mitzubrummen, mitzugestikulieren. Ebenso wertvoll ist es, wenn Sie selber mit einem einfachen Instrument experimentieren, und zwar ohne den Zwang, gleich «richtige Musik» (was immer das sei) erzeugen zu wollen – die schlichte Freude am Ton, am Klang, ist aufregend genug. Dafür besonders gut geeignet ist das Monochord, jenes Ur-Instrument, bei dem eine einzelne Saite über einen Klangkörper gespannt ist. Dieser «Einsaiter», dessen Klang – die Mischung aus Ton und Obertönen – schon den Griechen Pythagoras so außerordentlich faszinierte, hat dessen Schüler zu den berühmten Saiten-Teilungs-Experimenten angeregt. So entdeckte man, daß die Unterteilung etwa mittels eines Steges im Verhältnis 1:2 das Intervall der «Oktave» (welches, interessant genug, alle Naturvölker kennen) zur Folge hat, die Teilung 3:2 jenes der «Quint». Die Quint, die zur Oktave im Verhältnis des «Goldenen Schnitts» steht, galt, wie die Zahl Fünf überhaupt, den Pythagoräern als heilig. Wenn sich der «leere Raum» mit dem Wunsch gefüllt hat, Töne nicht mehr nur zu hören, sondern auch zu erzeugen – oder mit zu erzeugen –, dann bietet das Monochord einen besonders geeigneten Einstieg.

Für alle, die der Musik abhold sind und auch bleiben wollen, bieten sich noch ganz andere Möglichkeiten: Das Aufschreiben von Gedanken und Gefühlen ist beispielsweise eine gute Übung, sie zu ordnen und sich selber dieser Gefühle und Gedanken klarer zu werden: sei es in Form eines Tagebuchs oder in Versen oder in Sudelheften à la Lichtenberg – alles völlig gleichgültig; Hauptsache, Sie tun es, Sie tun es regelmäßig, und Sie tun es in abgeschirmter Einsamkeit.

Es ist eine Schule der Sinne (und damit auch der Sinnlichkeit – durchaus auch in erotisch-sexueller Hinsicht), wenn wir zulassen, daß der «leere Raum» sich allmählich mit diesem und jenem füllt, was – darauf liegt der Hauptakzent! – jenseits der Alltagsroutine, jenseits des «mainstream» liegt. Eine solche Sinnesschulung fußt auf der Erkenntnis, daß die allgegenwärtige Beschleunigung auch eine *Enteignung der Sinne*, ja eine Zerstörung von Sinnlichkeit bedeutet, die nur dadurch übertönt wird, daß die Flucht nach vorne hinein in immer gröbere, immer extremere Sinnesreize angetreten wird («Bungeespringen mit Walkman»). Hier wird versucht, riesige Früchte zu ernten, obwohl bereits der Untergrund verdorben worden ist, auf dem man hat säen wollen – was zustande kommt, sind nur noch Scheinblüten, die nach kürzester Zeit verwelken und damit ein sich progressiv steigerndes Gefühl mangelnder Befriedigung hinterlassen («Hab' ich wieder mal das Beste verpaßt – oder was?»).

Wenn wir uns stärker dem Augenblick überantworten, die natürliche Empfänglichkeit unserer allzuoft betäubten Sinnesorgane wieder stärken und uns, einen Schritt beiseite tretend aus dem Geschiebe und Getriebe der Gegenwart, wieder stärker auf uns selbst konzentrieren, werden wir auch die natürlichen Rhythmen des Lebens wieder stärker beherzigen und respektieren können. Denn eigentlich hat alles, was wir unter dem Begriff «Gesundheit» einzuordnen gewohnt sind, sehr viel mit Rhythmik zu tun – vom Herzschlag bis zum Blutzuckerspiegel. Aber damit sind wir schon beim nächsten «Übungsfeld».

«RHYTHMEN UND RITUALE»

- Setzen Sie sich doch einmal hin und machen eine Bestandsaufnahme, was es noch an Regelmäßigkeiten in Ihrem eigenen Leben gibt. Denken Sie dann darüber nach, wieviel Anteil daran jeweils «von innen» und «von außen» gestaltet wird. Wie viele Rhythmen sind doch in unserem Organismus zusammengeschaltet, wie sehr sind wir darauf angewiesen, diese Balance zu bewahren – und wie oft verstoßen wir dagegen! Sich darauf zu besinnen, daß es sinnvoll sein könnte, «am siebten Tag zu ruhen», ist keine religiöse Schwärmerei, sondern eher eine Ehrerbietung für uralte Kulturerfahrungen der Menschheit. Es gibt Psychiater, die die Neigung zur Depression auch auf den Verlust des Winterschlafs zurückführen – was auf den ersten Blick reichlich bizarr wirken mag, hat möglicherweise einiges für sich. In einer allerdings ziemlich freizügigen Spekulation könnte man sich sogar fragen, ob sich im für überaus viele Weltreligionen so zentralen Bild von Vernichtung und Auferstehung nicht auch Neid auf den Verlust der stillen Teilhabe an solchen Zyklen widerspiegelt. Wie dem auch immer sei: Gönnen wir uns unsere Erholungsphasen, unsere Pausen, unsere stillen Momente, unser «Dolcefarniente». Nur – das Gönnen alleine wird nicht reichen, die Situation ist so, daß wir der Ruhe *aktiv Platz schaffen* müssen, daß wir Gerümpel und Schutt wegräumen müssen, um überhaupt einen Ort für solche Ruhephasen zu finden. Wenn wir ihnen wieder Platz schaffen wollen, ist das völlig legitim – es bedeutet keineswegs, daß wir *versagt* hätten, sondern daß wir zu etwas *fähig* sind, das andere sich selber zu ihrem eigenen Schaden vorenthalten. Also sollten wir genau überprüfen: Haben wir *wirklich* keine Zeit, uns einmal im Monat mit unseren Freunden zum Kartenspielen zu treffen? Uns einmal in der Woche zum Musikhören einen freien Abend zu gönnen – frei auch von all dem anderen, routinemäßig eingesaugten und deshalb kaum noch erregenden Zeitvertreib (insbesondere Fernsehen)? Einmal am Tag wenigstens einen kurzen Spaziergang, und seien es auch nur zehn Minuten, in das Alltagsleben einzuklinken? Solche Rituale müssen, wenn sie auf Dauer wirksam sein sollen, in unsere Daseinsroutine fest eingeknüpft werden: «Jeden Sonntag um halb neun ...» – und wenn das ein wenig wunderlich wirken mag, was soll's? Es ist eine wirklich ausgezeichnete Übung, sich mit Zettel und Bleistift hinzusetzen und mit sich selber abzumachen, wo noch Platz für Pausen in unserem Leben freizuschaufeln ist. Und wer Familie hat, sollte das «Projekt Pause» gemeinsam anpacken, was – nach mancherlei anfänglichem Streit und Konfusion – erfahrungsgemäß rasch zu einem spannenden Wieder-zueinander-Finden führt. Auch das Kochen – gerade in seinen handwerklichen Aspekten (also unter Verzicht auf Tiefkühlkost und Mikrowelle) – kann zu einer Quelle ritueller Freude werden (die Betonung liegt auf *kann*: denn oft genug vermiesen uns soziale Verpflichtungen die Freude: Die Lehmanns, von denen man eigentlich nichts wissen will, die zum

«Deshalb ist es ja auch Handarbeit, einen wirklich guten Bergkäse herzustellen», platzt Heinrich heraus. «Mit der Milchharfe, die von Hand geschwungen wird, nicht mit der Maschine. Die Harfe muß mit Gefühl im Kessel hin und her bewegt werden, das läßt sich durch keine Maschine ersetzen!»

Essen einzuladen aber mal wieder «dran» ist etc. ...) Warum nicht seinen Spaß darin finden, sich einmal in der Woche selber sein Brot zu backen, ganz archaisch – und zugleich sehr sinnlich?! Natürlich gehört zum Kochen das gemeinsame Essen (also mindestens zu zweit) mit dazu...

Der letzte Punkt in unserem Drei-Schritte-Programm zur «Entdeckung der Langsamkeit» ist also die Wiederbelebung der sozialen Interpunktion, die Rückbesinnung auf die Kunst der Pause, auf die Hochschätzung der Rhythmik. Diese Hochschätzung hat eine altehrwürdige Tradition – nur gilt sie heute leider fast nichts mehr. Während ich über dem Manuskript dieses Buches brütete, ist ein Klassiker der Ethnologie (früher «Völkerkunde» genannt), neu herausgegeben worden: Das 1908 erschienene Buch *Les rites de passage* des Wissenschaftlers Arnold van Gennep (deutsch: *Übergangsrituale*, Frankfurt a. M. 1999). Der Autor hatte darin materialreich seine (heute allgemein anerkannte) These vorgetragen, daß traditionelle Gesellschaften ihre innere Struktur durch sozial festgelegte Grenzen zwischen Räumen und Zeiten zu bewahren suchen – Grenzen, deren Überschreitung gefährlich ist, weshalb sie in mehr oder weniger komplizierten sozialen Ritualen gemeinsam bewältigt wird. Das gilt für den Wechsel der Jahreszeiten ebenso wie für den individuellen Lebensweg (etwa für die Aufnahme des Kindes in die Welt der Erwachsenen). Überreste dieser Tradition sind auch im Europa am Ende des 20. Jahrhunderts noch deutlich spürbar, etwa im Übergang vom Karneval – wörtlich: «Fleisch, lebe wohl!» – hin zur Fastenzeit. Ja sogar die Mahlzeiten selber kann man als Übergangsrituale «en miniature» ansehen (zum Beispiel deshalb, weil sie den Tag in deutlich unterschiedene Einzelabschnitte gliedern). Auch damit ist es heute schlecht bestellt – wie auch mit der Fastenperiode. Daß die Zeit, die den Mahlzeiten gewidmet wird, derzeit ständig sinkt, habe ich bereits gesagt. Wenn Meinungsforschungsinstitute uns allen Ernstes prophezeien, daß das gemeinsame Mahl der Familie schon bald der Vergangenheit angehören werde, zeigt dies nur, in welche pathogenetischen Gefilde des organisierten Wahnwitzes sich unsere Gesellschaft bereits verrannt hat – gesunde Sonderlinge werden da nie und nimmer mittun! Sie werden im Gegenteil erkennen, daß nicht nur der gemeinsame, zeitlich geordnete Genuß, sondern auch der rituelle, rhythmische Verzicht gesundheitsförderlich ist (der Autor, mit 78 Kilogramm bei 184 cm Körpergröße bestimmt nicht fett, hat es sich zur Gewohnheit gemacht, jedes Jahr die «Fastenzeit» recht genau einzuhalten – den Verzicht auf Genußgifte mit eingeschlossen).

Ein offenbar tief verwurzeltes Bedürfnis nach «Übergangsritualen» offenbart sich auch im von den Medien mächtig aufgeputzten Millenniums-Spektakel. Doch die Industriegesellschaft hat alle derartigen Traditionen maschinell eingeebnet und beglückt uns (das nötige Kleingeld einmal vorausgesetzt) mit der ständigen Verfügbarkeit aller Gegenstände und Aktivitäten. Alle Grenzen und Gliederungen gehen so verloren – die Folgen zeigen sich in Übersättigung, Überdruß, Langeweile und im Verlust von Genußfähigkeit bei gleichzeitig gesteigertem Erlebnishunger.

Die Rückbesinnung auf Rhythmen und Rituale – in der Gruppe oder zu zweit übrigens sehr viel leichter zu vollziehen – ist darum auch ein bedeutsamer Schritt zur Wiederentdeckung des Genusses. Denn ein genußunfähigeres Zeitalter als das unsere war nie. Das liegt daran, daß der zyklische Prozeß von Anstrengung und Befriedigung, auf den wir Menschen «geeicht» sind und der seine eindeutigen «Begleitgefühle» besitzt (etwa die Vorfreude), unterlaufen wird durch die rasche Verfügbarkeit von Belohnung und Befriedigung – so, wie Fast food das natürliche Sättigungsgefühl «unterläuft» und zum raumzeitlich konturlosen Einfüllen von Kalorien in den eigenen Körper führt (der darob allerdings selber bald konturlos wird).

Zur Freude an der sozialen Interpunktion gehört, wie schon angedeutet, auch das Genießen von Hunger und Durst – weil bewußt erlebte Mangelzustände auch ihren Platz im Leben haben und weil das sofortige «Planieren» schon der geringsten Entbehrung durch unmittelbare Intervention («Wenn der kleine Hunger kommt ...») auch bedeutet, sich selber intensiver Glücksmöglichkeiten zu berauben. Die Nivellierung des eigenen Lebens hinein ins ständige Gleichmaß ist vermutlich nicht das Ziel, häufig aber die Folge dieses Prozesses der *Verödung*. Zur Abstumpfung führt auch die ständige, darum nicht mehr erregende Verfügbarkeit: Strom kommt aus der Steckdose, Wasser aus der Leitung, und im Kühlschrank steht immer ein kleiner Snack für «zwischendurch» parat (und wenn nicht, wird beim Pizza-Service angerufen). So wird das Leben selber immer mehr zur Instant-Brühe: schnell wunschgemäß zuzubereiten, aber ohne jeden echten Geschmack ...

Das Ensemble der Gefühle – und seine angemessene Relation zu unseren intellektuellen Fähigkeiten – ausbalancieren zu können hängt aber nicht zuletzt davon ab, ob wir unser Seelenleben mit einer Tönung von Freude und Genuß grundieren können. Fortschritte in der Kunst der Langsamkeit sind also gleichbedeutend mit einer *Schule des Genießens*.

Vor Jahren erschien im *Zeit-Magazin* (das mittlerweile selber dem rasenden Zeitgeist zum Opfer gefallen ist) ein Artikel mit dem Titel «Es ist eine Lust», dessen letzten Absatz ich mir hier einfach «ausleihe», weil er so gut paßt:

> «Dem Heiteren stehen alle Lüste offen: Es kann die Stadt mit dem Kaffeehaus sein oder dem Käsestand am Markt, das Wühlen im Antiquariat, und vielleicht noch einen Blick in das sehr leistungsfähige Schreibwarengeschäft ... Er kann sich zu Hause ‹Spartacus› auf Video reinziehen, samt einem Plastikbecher Vanillecreme. Oder er macht die aufgehobene Flasche Brunello auf

und liest was Anständiges, wobei er keine geringe Lust daraus bezieht, Hitparadenstoff wie García Márquez und Milan Kundera wenigstens so lange zu verschmähen, bis die wieder aus aller Munde verschwunden sind. Und er wird auch nicht Tom Waits hören, mit dem sich die ganze eigene Altersklasse zu verlustieren scheint, und wenn er ins Kino geht, dann aus der gleichen bockigen Unlust an Kult-Vergnügungen gewiß nicht in den letzten Jim-Jarmush- oder Wim-Wenders-Film …»

LEITSÄTZE EINER «KLEINEN SCHULE DES GENIESSENS»

- Genuß fordert Zeit; er muß vor Eile geschützt werden.

- Genuß fordert Konzentration auf Genuß; man kann nicht «nebenbei» genießen.

- Genuß ist alltagstauglich, er fordert wenig äußeren, wohl aber inneren Aufwand (etwa die Fähigkeit, sich selber Ruhe zu gönnen).

- Genuß ist statthaft. Das ist für den Gegenwartsmenschen möglicherweise die wichtigste Regel – sich selber immer wieder deutlich zu machen: Genuß ist erlaubt, er schadet niemandem. Nur mir selbst schade ich, wenn ich *nicht* genieße …

- Genuß ist ansteckend. «Auf den Geschmack gekommen», werden wir nach neuen Möglichkeiten suchen … zum Beispiel öfter kochen, statt eine Pizza zu ordern. Oder mit unserem Partner eine neue «Stellung» ausprobieren – sie darf und soll «unanständig» sein, wenn beide einverstanden sind –, statt einzeln oder gemeinsam vor dem Fernseher einzuschlafen …

2. Die Kunst des Eigensinns

Zur Einstimmung

In seiner Novelle *Kurgast* (1923) beschreibt der Dichter und spätere Nobelpreisträger Hermann Hesse ein seltsames Gefühl, das ihn übermannt, während er, wegen Ischias zum Badeaufenthalt angereist, beim Mittagessen im Speisesaal eines Kurhotels sitzt: Es will ihm scheinen, als beobachte er selber, aber in einer anderen Rolle, sich selbst und die gesamte Szenerie:

> «Derjenige nun, welcher mir und den Gästen und dem allen gelangweilt zusah, dem gelangweilt essenden Hesse, den gelangweilt essenden Mitgästen, war nicht der Kurgast und Ischiatiker Hesse, sondern der alte, etwas gesellschaftsfeindliche Eremit und Sonderling Hesse, der alte Wanderer und Poet, der Freund der Schmetterlinge und Eidechsen, der alten Bücher und Religionen, jener Hesse, der sich der Welt entschlossen und kräftig gegenüberstellte und dem es ein tiefes Leid bereitete, wenn er sich von seiner Behörde einen Heimatschein ausstellen lassen oder auch nur den Zettel einer Volkszählung ausfüllen mußte.»

Bekanntlich ist Hermann Hesse – der nicht gerade wie ein Heiliger gelebt hat – sehr alt geworden: Am 9. August 1962, nicht lange nach seinem 85. Geburtstag, ist er in Montagnola im Tessin gestorben. Von solchen zählebigen Lebenskünstlern ließe sich vermutlich vieles lernen – jedenfalls, was die «Widerstandsressourcen» betrifft (und die beiden Sammlungen mit Hessescher Kurzprosa, unter den Titeln *Kleine Freuden* und *Die Kunst des Müßigganges* aus seinem Nachlaß herausgegeben und im Suhrkamp Verlag, Frankfurt am Main, veröffentlicht, sind denn auch wahre Fundgruben an salutogenetischen Handreichungen und Hinweisen). Von Hesse lernen können durchaus auch solche Sonderlinge und Eigenbrötler, denen es an dichterischem Talent mangelt.

Nirgendwo auf der Welt leben so viele Hundertjährige wie im bulgarischen Rodopengebirge. Sie leben, zu ihrem Glück, großenteils nicht in Hospitälern und Heimen, sondern zu Hause, in ihrer angestammten Umgebung (vermutlich eine der allerwichtigsten Voraussetzungen für ihr hohes Alter). Seit der Abfassung seiner Doktorarbeit mit dem Titel *Die Hundertjährigen im Rodopengebiet und der Zustand des Herz- und Kreislaufsystems* hat der bulgarische Medizinprofessor Argir Chadzsichristev das Leben dieser Menschen erforscht. Auf ein «Lebenselixier» ist er dabei nicht gestoßen – alle Legenden über die Wirkung von Knoblauch und Kefir sind in seinen Augen «schlichtweg Quatsch». Worauf es ankommt, vertraute er im Herbst 1998 einer Tageszeitung an: «Wer nicht besser leben will als sein Nachbar, wer nicht immer mehr und immer mehr haben will, der lebt ohne Konkurrenz und folglich ohne Streß.» Ein halbes Jahr später legten die Wissenschaftler Thomas Perls und Margery Silver von der Harvard University in den USA eine umfängliche Studie über Menschen vor, die über hundert Jahre alt geworden sind. Das Ergebnis des Teams: Nicht auf Wohlstand oder Diät komme es an, sondern auf eine optimistische Lebenseinstellung und Humor. «Der Trick ist, nicht jung zu bleiben, sondern richtig zu altern», so Thomas Perls.

Und das *Deutsche Ärzteblatt* (Heft 36 / 1999) resümierte in einem Editorial unter dem Titel «Wie wird man über 100 Jahre alt?», was der Verfasser für den «gemeinsamen Nenner» aus den verschiedenen Einsichten der neueren Alternsforschung hält. Wörtlich heißt es darin: «‹Supersenioren› (also Menschen mit einem Alter von mehr als hundert Lebensjahren – T. B.) sind aktive Menschen, die ihrer Umwelt gegenüber entspannt, selbstbewußt und eher dominant auftreten.» – Gibt es eigentlich noch einen besseren Hinweis auf die Richtigkeit der im vorliegenden Buch vertretenen Thesen?

Untersuchungsergebnisse dieser und ähnlicher Art liegen heute in Hülle und Fülle vor. Aber allzu viele unter uns sagen: «Das wissen wir doch alles», nicken zustimmend – und kümmern sich nicht weiter darum, sobald es um die Gestaltung ihres eigenen Lebens geht. Das Grundproblem dabei liegt nicht nur in jenem alten «Der Geist ist willig, aber das Fleisch ist schwach»-Dilemma. Dieser Satz wird oft genug zitiert, um zu verbergen, daß der Geist in Wahrheit eben doch *unwillig* ist. Nämlich unwillig, sich dem «mainstream», dem «Zeitgeist», entgegenzustellen. Und das wiederum ist nicht nur ein kognitives, sondern vor allem auch ein emotionales Problem.

Man erinnere sich an die bereits im ersten Kapitel zitierte «Exzentrikerstudie» von David Weeks. Ihr vollständiger Titel lautet: *Exzentriker. Über das Vergnügen, anders zu sein.* Dieser Satz gibt uns einen wichtigen Hinweis: Entscheidend ist nicht das Anderssein an sich. Andersartigkeit kann ja leider – etwa bei Angehörigen von diskriminierten Minderheiten – auch zur Quelle von Beschämung, Ohnmachtsgefühl und heftigem seelischem Leiden werden. Es geht auch nicht um ein aus innerem Zwang geborenes «Anderssein um jeden Preis», wie wir es etwa bei pubertierenden Jugendlichen finden, die sich wohl nur selten seelisch frei fühlen. Es geht vielmehr um die Fähigkeit, *Vergnügen* an einer – wie auch immer verursachten – Andersartigkeit zu empfinden. Ein Vergnügen, das damit zusammenhängen dürfte, daß diese Andersartigkeit nicht als fremdbestimmt und ungewollt, sondern als selbst gestaltet und gewollt erlebt wird.

Das Vergnügen daran, sich abzuheben, kann mit Fug und Recht auch als «Eigensinn» bezeichnet werden. Zu einer fröhlichen Eigensinnigkeit, die nach allen verfügbaren Daten sehr dabei hilft, gesund zu bleiben, gehört auch das gelassene Wissen darum, daß das Rad nicht jeden Tag neu erfunden werden muß. So rasch die Moden auch wechseln mögen, sosehr sich alle gesellschaftlichen Abläufe bis ins Groteske beschleunigen – grundlegende Einsichten in die menschlichen Befindlichkeiten und Nöte sind schon vor zweitausend Jahren (oder mehr) formuliert worden, und wir bedürfen keiner trendsettenden Gurus, um zu begreifen, was unsere Kultur schon sein Generationen weiß, aber leider (auch das wird von alters her beklagt) ohne es jemals gebührend zu berücksichtigen:

«Du aber bist nicht Herr des morgigen Tages und verschiebst immer das Erfreuende», so heißt es schon in der *Epikureischen Spruchsammlung*, und die ist rund 2500 Jahre alt: «Das Leben geht mit Aufschieben dahin, und jeder von uns stirbt, ohne Muße gefunden zu haben.» Menschen, die solche Mahnungen ernst nehmen, die in der Lage sind, sie sich innerlich – meist unbewußt – ständig selbst zuzuflüstern, verfügen offenbar über die besseren Widerstandsressourcen. Wir sollten, wenn wir gesund bleiben wollen, uns lieber darin üben, nach uralten Rezepten (zum Beispiel denen Epikurs) selbstbewußte Sonderlinge zu werden, statt atemlos und ohne Muße den immer neuen Anforderungen eines sich überschlagenden «Zeitgeistes» hinterherzulaufen.

Freude am Älterwerden empfinden zu können – auch dazu heißt es, dem auf eine Wahnidee von ewiger Jugend fixierten Zeitgeist ein Schnippchen zu schlagen. Das Älterwerden bringt ja nicht bloß Verfall und Verlust mit sich. Es ist, neben allen unleugbaren Gebrechen, durchaus auch ein Mehr-Werden, eine Zunahme an neuen Möglichkeiten, die sich uns infolge wachsender Gelassenheit und Ruhe eröffnen. Jedenfalls könnte es so sein, und die Überwindung der Angst vor dem Altern (die ja nur eine Verleugnung der eigenen Endlichkeit ist) wäre der unabdingbare erste Schritt dazu. «Es bedarf aber», so wiederum Hermann Hesse, «damit die Geschichte auch Friedensinseln behalte und erträglich bleibe, immer auch des Retardierens als Gegenmacht, diese Aufgabe fällt den Kultivierten und Alten zu.» Retardieren – das bedeutet Verlangsamen, Verzögern. Ein Partisanentum der Sonderlinge – warum nicht vor allem derjenigen in vorgerücktem Alter …?

Die Psychotherapeutin Ingrid Riedel hat 1992 einen gedankenreichen und anregenden Vortrag über «Lebensphasen und Lebensübergänge» veröffentlicht, in dem sie dafür plädiert, die der Lebenszeit als Chance innewohnende Phasenstruktur – die freilich nicht jeder Mensch realisieren kann – bewußt zu erleben, statt sie herunterzunivellieren. Dies gilt auch für das Altern:

> «Hat man das Erlebnis, in den besten Jahren zu sein, soeben genossen, dann drängt sich zugleich die Ahnung auf, daß keine besseren Jahre mehr nachfolgen werden. Aus der Erfahrung einer Lebensfülle heraus, die in dieser Zeit gewonnen wird, kündigt sich zugleich die Lebenswende an … Die Ideen unserer Jugend sind entweder erfüllt, teilweise oder eben gar nicht erfüllt. Es ist nicht mehr grenzenlos viel Zeit vorhanden, auch pflegen sich, wie wir wahrnehmen, nun immer mehr Situationen zu wiederholen. Damit wächst zwar die Erfahrung, aber es stellt sich auch ein leichter Überdruß an ihnen ein, der Sisyphus-Mythos ist in diesem Sinne ein Mythos der 40jährigen und der noch Älteren. Mit 40 Jahren fängt diese Phase erst an. Das Erlebnis des Langsamerwerdens gehört zum Älterwerden, vor allem im Blick auf bisher mögliche Spitzenleistungen. Diese Grenzerfahrung kann aber auch dazu führen, paradoxerweise, daß wir endlich genießen lernen, und zwar das, was ist, indem wir nicht mehr endlos auf etwas anderes warten; daß wir akzeptieren lernen, ge-

> wöhnliche Menschen zu sein, denn was sollten wir darüber hinaus denn noch werden? Diese Phase kann dazu führen, daß wir uns schließlich auch mit dem einverstanden erklären, was wir bis dahin geworden sind, einschließlich des leise alternden Körpers. Verleugnen wir das, dann erwartet uns Resignation, vielleicht sogar Verbitterung. Akzeptieren wir es, unter Trauerarbeit, gewiß, so bleibt uns die Lebendigkeit erhalten, auch in den neuen Grenzen, die uns diese Altersphase setzt … Die Beziehung zu sich selbst tritt nun in den Vordergrund, ohne daß damit zugleich alle Positionen in der Außenwelt aufgegeben würden. Mit 40 Jahren geschieht das gewiß noch nicht, aber allmählich steht das Aufgehen in der Außenwelt in Frage. Es geschieht meist erst nach und nach. Steht die Beziehung zu sich selbst in Verbindung mit einem größeren Ganzen, dann wird sie schöpferisch, generativ bleiben. Ist sie hingegen egozentrisch, wird sie sich vom größeren Ganzen immer mehr isolieren, und der betreffende Mensch beginnt langsam, aber sicher, sich zu seinem eigenen Lieblingskind zu machen … Diese Lebensphase bedeutet zugleich die absolute Krise für die narzißtischen Störungen, die wir vielleicht von der frühen Kindheit an bis hierher mitgeschleppt haben. Das Alter wird als entscheidende narzißtische Kränkung erlebt. Die narzißtische Störung allerdings kann behandelt werden, wie in jedem Lebensalter, so auch jetzt noch. Diese Behandlung müßte jetzt jedoch endgültig angegangen werden, wenn sich der Übergang ins Alter nicht zu einer Katastrophe entwickeln soll.»

Gerade in der schon mehrfach beschriebenen Grundstimmung «innerlich resigniert, äußerlich angepaßt» ist dieses Desaster oft nicht zu vermeiden – höchstens durch vorzeitigen Tod. Aus Furcht vor dem Alter sich in den schleichenden Selbstmord flüchten, indem wir unsere eigenen Widerstandsressourcen unterminieren, sie sich gar nicht erst entwickeln lassen? Die «Kunst des Eigensinns», rechtzeitig gelernt und geübt, ist ganz gewiß eines der besten Gegenmittel.

Praktische Nutzanwendung

«Sehr gut – ich hatte schon Angst, du würdest jetzt alles noch einmal durchkauen», meint Heinrich bissig. «Manchmal habe ich den Eindruck, du hältst deine Leser für ziemlich einfältig. Was die Lemminge betrifft – das mit dem Zug über die Klippen ist eine glatte Erfindung.»

Was also tun? Vielleicht versuchen Sie es einmal mit den folgenden Schritten und beginnen so, mit wachsender Lust den Zug der Lemminge von außen zu betrachten (mit theoretischen Randbemerkungen werde ich mich jetzt deutlich kürzer fassen als bei der «Kunst der Langsamkeit» – das dort Gesagte gilt auch für das jetzt betretene Terrain).

SCHMUTZECKEN DES LEBENS

- Viele von uns glauben, der eigene Lebenslauf müsse so aussehen wie die Bewerbungsschreiben, die wir verschicken, wenn wir auf Arbeitssuche sind: Fleckenlos, glatt, «aus einem Guß» – ohne Platz für Fragezeichen, ohne Eselsohren, ohne Fettflecken … Wenn wir gesund bleiben wollen, müssen wir es anders anfangen: Das Leben braucht seine Schmutzecken – und das einzige, worauf wir acht haben sollten, ist, daß daraus keine Mülldeponien werden, deren Emissionen unsere Mitmenschen gefährden könnten. Schmutz ist lebenswichtig – die heutzutage erhöhte Allergieneigung unserer Kinder hängt auch damit zusammen, daß ihnen übertriebene Hygiene die Möglichkeit raubt, ihr Immunsystem in der Auseinandersetzung mit niederschwelligen Außenreizen zu schulen. Die «stille Feiung», also die Entwicklung von Abwehrkräften durch den unmerklich-alltäglichen Kampf gegen Krankheitserreger war der Medizin früherer Zeiten noch sehr geläufig. Diskriminieren wir also den Schmutz nicht, ebensowenig wie das Unkraut, das ja eigentlich nur «Kraut am falschen Ort» ist. Was bedeutet, daß es für dieses Grünzeug – wie für den Schmutz – auch «richtige» Orte geben muß.

«Schmutzecken» sind in der räumlichen Dimension das, was die auf den verschiedensten Rhythmen fußenden Rituale für den Ablauf der Zeit bedeuten: Knotenpunkte «außerhalb der Ordnung», die schon durch ihre schlichte Existenz das gesamte System verändern – es neu anordnen, ohne es jedoch ins Chaos zu stürzen. Gestatten wir sie uns mit wachsendem Mut: Das unaufgeräumte Zimmer – falls die Wohnung groß genug ist; gegebenenfalls genügt die Schreibtischschublade voller Krimskrams. Das verwilderte Beet im Garten. Solche Schmutzecken sind Reservate, in denen wir gezielt das Chaos zulassen – das unterscheidet sie von anderen, ebenfalls eigenmächtig gegen die Umwelt abgeschirmten Arealen, auf denen wir unsere Steckenpferde satteln und reiten (mehr dazu im nächsten Abschnitt). Wichtig ist weniger die konkrete Ausgestaltung, die sich ja ohnehin an persönlichen Vorlieben orientieren soll, als vielmehr das subversive geistige Prinzip, das zum nicht gemähten Rasen, zum nicht gewaschenen Auto führt oder auch zur nicht getragenen Krawatte, zum nicht gescheitelten Haar, zum nicht geschminkten Gesicht.

Ich höre jetzt auf damit, der Rest bleibt Ihrer Phantasie überlassen, und Sie werden rasch merken, wieviel Spaß das alles machen kann – Spaß, in den sich bisweilen vielleicht sogar ein klein bißchen Bosheit mischt (nicht ohne Grund reden wir, scheinbar ganz umgangssprachlich-harmlos, ja auch von der «diebischen Freude»...)

«DIE STECKENPFERDE SATTELN»

- Neben den «Schmutzecken», die so seltsam anregend sind (dabei ist natürlich nicht alleine der Schmutz produktiv, sondern vor allem wohl unsere Fähigkeit, ihn zuzulassen), wollen wir noch ganz ähnliche Schutzzonen schaffen – aber nicht, damit dort das Chaos stille Triumphe feiert, sondern als Reitplatz für unsere Steckenpferde. Vielleicht wäre es noch besser, das Wort «Marotte» zu gebrauchen (das auf französisch «Narrenkappe» bedeutet). Aber ob nun Steckenpferd, Marotte oder Hobby – es geht um Eigenarten, die wir bewußt hegen und pflegen und die natürlich nur dann wirkliche Eigenarten sind, wenn sie sich deutlich vom sozialen Hintergrund abheben, also nicht dem Diktat dessen folgen, was man gerade sammeln, basteln und handwerkeln oder sich sonstwie angelegen lassen sein soll, um up to date zu bleiben (oder noch schlimmer: um sich einen Platz im Guinness-Buch der Rekorde zu sichern). Die «gesunde» Marotte schielt gar nicht erst nach Beifall, sie benötigt kein Publikum, sondern ist sich selber genug. Es steht übrigens auch nirgendwo geschrieben, daß eine Marotte sich im Sammeln von mehr oder minder kuriosen Gegenständen erschöpfen muß: da gibt es noch viele andere Möglichkeiten, vom Gartenbau über die Tierzucht bis zur Hausmusik und zum Erwerb akrobatischer Fähigkeiten – das bereits erwähnte Buch von David Weeks über «Exzentriker» bietet hierfür eine Reihe von Beispielen und Fingerzeigen, die man am besten im Original nachliest (etwas fundierter, zudem ausführlich, ist die im Münchner dtv-Verlag erscheinende, liebevoll gestaltete Reihe «Kleine Bibliothek der Passionen»). Wichtig ist natürlich, daß das System nicht entgleist – eine Marotte, die sich das gesamte Dasein unterwirft und allen anderen Bereichen der Lebensfreude den Boden entzieht, ist keine Befreiung mehr, sondern nur noch *Plage*.

«ICH MUSS TUN, WAS ICH TUN WILL»

- Die Psychotherapeutin Ruth Cohn, eine 1933 emigrierte Berliner Bankierstochter und später Begründerin der Themenzentrierten Interaktion (TZI) – eine Frau, auf deren Lebenswerk hier nicht weiter eingegangen werden kann, mit dem sich auseinanderzusetzen aber sehr wertvoll und lohnend ist –, hat einmal eine Meditationsübung vorgeschlagen, die unter dem Motto steht «Ich muß tun, was ich tun will»:

  Ich versenke mich, schließe mich von der Außenwelt ab, um zu mir selbst zu finden (wie oben in der «Kunst der Langsamkeit» beschrieben). Ich spüre immer besser, was ich möchte, was ich wünsche, woran es mir mangelt – aber ich bin noch weitergegangen, als dies bloß sinnfällig erleben zu wollen, ich habe mit mir selber einen Vertrag geschlossen, dem zufolge ich verpflichtet bin, dieses gefühlshafte Erleben in aktives Handeln umzusetzen (daß der Vertrag seine Grenze dort findet, wo anderen Schmerzen zugefügt oder deren Rechte verletzt werden, ist selbstverständlich).

  Machen wir uns klar, daß Goethes Verhalten in Straßburg genau diesem Muster folgte: Er hatte erkannt, was er tun wollte, nämlich den Münsterturm besteigen; Höhenangst und Schwindelgefühle drohten, ihn daran zu hindern – er begriff, daß diese

Hindernisse nicht unüberwindlich sein konnten, und er sagte sich: Ich muß tun, was ich tun will – also tat er es und schaffte es. Es lohnt sich, ihm hierin nachzufolgen.

«WERT DER RÜCKSTÄNDIGKEIT»

- Jetzt wollen wir das im letzten Abschnitt erläuterte Prinzip («Ich muß tun, was ich tun will») quasi auf den Kopf stellen: Was ich nicht tun will, muß ich auch nicht tun. Auch dies mit der bereits erwähnten Einschränkung: Sofern nicht die Rechte anderer beeinträchtigt werden. Aber erstaunlicherweise ist das viel seltener der Fall, als wir zunächst glauben. Oft ist es unsere eigene Beeinträchtigung, die wir fürchten (etwa durch den Spott oder das Gerede der Nachbarn, durch einen «schlechten Ruf» und sinkendes Ansehen etc.) – was sich als Altruismus verkleidet, ist in Wahrheit ganz gewöhnlicher Eigennutz und Selbstschutz. Schon deshalb lohnt sich das genauere Hinsehen und -spüren. Es sollte dann in praktische Konsequezen münden (die sich durchaus mit den bereits genannten «Schmutzecken» decken können): Will ich *wirklich* den Rasen mähen? Wenn ich nicht will: Ich *muß* es nicht tun (es sei denn, es wird mir zum Beispiel durch den Mietvertrag vorgeschrieben oder es existieren andere Verpflichtungen ähnlicher Art). Es ist sinnvoll, wenn Sie sich für diese Selbstversenkung, Selbstüberprüfung und Neuorientierung die möglichen Folgen Ihrer Verweigerungshaltung so plastisch wie möglich vor Augen führen: Was kann mir denn *wirklich* passieren? Ein Kündigungsschreiben von Vermieter oder Arbeitgeber, einen Besuch des Gerichtsvollziehers oder eine Vorladung der Polizei sollten Sie nach Kräften vermeiden – aber meistens geht es ja gar nicht darum. Meist sind es enttäuschte Erwartungen, abschätzige Blicke, Liebesverlust und

Verachtung, die wir befürchten, also soziale Bezüglichkeiten, an deren Zustandekommen wir selber direkt beteiligt sind (und die wir vielleicht gerade dadurch heraufbeschwören, daß wir sie so panisch zu vermeiden trachten).

Wir sollten sehr geduldig darüber nachdenken, ob unsere Furcht vor den Folgen unseres Handelns oder Unterlassens wirklich realistisch ist. Wird der Teufel, den unsere Phantasie an die Wand gemalt hat, uns tatsächlich so heftig plagen, wie wir das zunächst glauben? Oder halten die möglichen Vorteile – der Zeit- und Lustgewinn, nicht zuletzt auch der gesundheitliche Nutzen – dem etwaigen Schaden vielleicht doch die Waage? Wir werden feststellen, daß diese Vorteile sehr oft gerade dann schwerer wiegen, wenn wir uns Moden und Aktivitäten entziehen, für deren Rechtfertigung kein anderes Argument zu hören ist, außer daß es «alle so machen» oder daß man «dabeisein muß, weil der Zug sonst ohne uns abfährt». Hier sind es oft genug die kleinen Dinge, die zu großen Freuden führen (und die, wenn wir erst einmal auf den Geschmack gekommen sind, auch zu Steckenpferden oder Marotten werden können): das Schreiben mit Bleistift oder mit dem Kolbenfüller zum Beispiel oder das Vergnügen an einer Armband- oder Taschenuhr mit Handaufzug (es gibt sie mittlerweile zu durchaus erschwinglichen Preisen). Das ästhetische Vergnügen am unvergleichlich milden, warmen Lichtschein einer Petroleumlampe. Das selbstge-

«O Gott, schon wieder dieser Satz! Hör mir bloß *damit* auf», stöhnt Heinrich. «Zu dem verpaßten Zug sage ich nichts mehr. Im Grunde läuft alles auf den Satz hinaus: ‹Dabeisein ist alles!› Und das angesichts unserer deutschen Geschichte 1933–1945! Da sollte jeder, der solche Phrasen in den Mund nimmt, mit der sofortigen Lektüre von ‹Mein Kampf› bestraft werden ...»

backkene Brot haben wir schon an anderer Stelle erwähnt ... Die gegenwärtig aufbrandende «Retro»-Welle mag zwar selber zur Mode entarten, dennoch wohnt in ihr ein richtiger Kern und ein nachfühlbares Bedürfnis. Es ist immer wieder erstaunlich, welche stille Zufriedenheit sich bei Menschen finden läßt, die es geschafft haben, den «Wert der Rückständigkeit» zu erkennen, und die sich als glückliche Außenseiter aus dem hektischen Weltgetriebe ausklinken – jedenfalls ein Stück weit. Und wenn wir es nur ernsthaft versuchen, stellen wir wieder einmal fest, daß dieser Spielraum größer ist, als wir zunächst vermutet hätten.

«DIE KUNST DES NEINSAGENS»

● Die theoretischen Lehrbücher, erst recht die praktischen Ratgeber der Psychologen, insbesondere von jenen, die verhaltenstherapeutisch arbeiten, sind voll mit Stichworten zum Erwerb sozialer Kompetenz beziehungsweise zum «Durchsetzungstraining». Manchmal klingt das ein wenig seltsam, manchmal auch recht banal (eine gute Übersicht bietet Wolfgang Rost). Da finden sich dann Ratschläge oder Trainingsziele wie «Entgegenkommenden Passanten nicht ausweichen», «Umtausch von etwas, was Ihnen jetzt nicht mehr gefällt», «Den Vermieter darum bitten, Reparaturen durchzuführen», «Den Vorgesetzten eines ungefälligen Beamten zu sprechen wünschen» oder «Bitten um eine Gehaltserhöhung» ... Alles schön und gut, besser noch, wenn man es tatkräftig übt, eventuell unter Hilfestellung eines Therapeuten (zu guter Letzt mit dem Übungsziel: den Anweisungen des Therapeuten widersprechen), am besten, wenn man es schon kann. All diese Einzelziele haben einen Machtzuwachs des Individuums im Sinn – getreu der klassischen Definition

Max Webers aus dem Jahr 1921: «Macht bedeutet jede Chance, innerhalb einer sozialen Beziehung den eigenen Willen auch gegen Widerstreben durchzusetzen, gleichviel, worauf diese Chance beruht.» Dagegen wäre ja nichts einzuwenden, doch bin ich davon überzeugt, daß alle wie auch immer gearteten Übungsprogramme – ob nun unter Anleitung oder in Eigenregie – nur dann funktionieren können, wenn sie auch den angemessenen Umgang mit der eigenen Ohnmacht beinhalten, deren schmerzliches Erleben ja wohl den Ausgangspunkt des ganzen Unterfangens bildet.

Das oben skizzierte Meditations-Aktivitätsmodell «Ich muß tun, was ich tun will» (siehe S. 215) kann bei der Vorbereitung eine große und entscheidende Hilfe sein, weil die geduldige, entspannte Selbstfindung in das hinein, was ich wirklich will, mich auch die innere Macht spüren läßt, Widerstände zu überwinden. Das Lernprogramm muß also «fehlerfreundlich» sein und den geeigneten Rahmen dafür bieten, daß kurzfristiges Scheitern nicht als Katastrophe interpretiert wird (abermaliges Meditieren darüber, was ich wirklich will und welches Ziel mir welchen Einsatz wert ist, kann in solchen Krisen hilfreich sein). Besondere Bedeutung hat deshalb auch – die Erprobung praktischen Verhaltens vorbereitend und flankierend – die Entwicklung eindeutiger Signalsysteme und Ausdrucksweisen, die Mißverständnissen mit anderen Menschen vorbeugen helfen. Wenn ich das, was ich will, klar artikuliere, werde ich es auch besser durchsetzen können – oder schneller erkennen, daß diese Durchsetzung meine Kräfte übersteigt, weil der Gegner übermächtig ist (dann sind Flucht und Rückzug keine Katastrophe, sondern Notwehr). Dazu gehört die selbstkritische Überprüfung des eigenen Sprachgebrauchs (Sagen Sie möglichst oft «ich will» oder «ich möchte» statt «man sollte», «es wäre gut», «könnten wir eventuell» und so weiter), ebenso aber auch die

Entwicklung sozialer Eindeutigkeit, die nicht sprachgebunden sein muß, ja bisweilen metasprachlich besser funktioniert: In seinem zum Teil etwas antiquiert wirkenden, überwiegend aber immer noch lesenswerten Buch *Die offene Ehe* berichtete das Ehepaar O'Neill von einem Professor, der immer, wenn er nicht gestört werden wollte, eine bestimmte Mütze aufsetzte, so daß seine Frau klar und unmißverständlich wußte, «woran sie war» – die kluge und lebenspraktische Reaktion der Frau kann an Ort und Stelle nachgelesen werden (Nena und George O'Neill, 1974).

Von fundamentaler Bedeutung für jedes «Durchsetzungstraining» welcher Art auch immer ist die Bereitschaft, für die Folgen des eigenen Tuns Verantwortung zu übernehmen – was nicht nur bedeutet, daß mögliche eigene Fehler weder verleugnet noch katastrophisiert werden, sondern vor allem, daß wir lernen, nicht nur etwas zu unternehmen, sondern auch die Konsequenzen zu tragen. Ein praktisches Beispiel ist der von Manuel Smith in seinem Buch *Sage nein ohne Skrupel* (1979) erwähnte folgende Grundsatz: «Jeder hat das Recht, keine Gründe oder Entschuldigungen zur Rechtfertigung seines Verhaltens vorzubringen.» Das trifft in der Tat zu – im Alltag rechtfertigen wir uns allzuoft gleichsam schon vorbeugend für irgendein Tun oder Lassen, das noch gar nicht Gegenstand der Kritik gewesen ist: Wir neigen dazu, diese Kritik quasi schon im Keim ersticken zu wollen. Doch die Inanspruchnahme dieses Rechts kann höchst befreiend wirken. Allerdings nur dann, wenn ich mir schon zuvor gefühlshaft im klaren darüber bin, daß es auch die etwaigen Folgen zu schultern gilt.

Zum Abschluß noch ein kurzer Satz des Philosophen Immanuel Kant. Von ihm stammt ja bekanntlich der Wahlspruch «Habe Mut, dich deines eigenen Verstandes zu bedienen» – und des eigenen

Herzens, möchte ich, als Plädoyer für die «emotionale Vernunft», noch ergänzen … Wie Kant bei einer Erörterung der «Vermögen der Vernunft» 1798 in seiner *Anthropologie in pragmatischer Hinsicht* geschrieben hat, nennt man den, «welcher diese Vermögen im vorzüglichen Grade besitzt, einen Kopf; den, dem sie nur in sehr kleinem Maß beschert sind, einen Pinsel (weil er immer von anderen geführt zu werden bedarf)…»

Gefallen wir uns also darin, gesunde Sonderlinge zu sein – und keine Pinsel.

3. Die Kunst der Abhängigkeit

Zur Einstimmung

Der Philosoph und spätere Nobelpreisträger Sir Bertrand Russell (1872–1970), der fast hundert Jahre alt geworden ist, veröffentlichte 1930 – wie er selbst sagte, zu einer Zeit, «als ich viel Selbstkontrolle und vieles brauchte, was ich durch schmerzliche Erfahrung gelernt hatte» – das Buch *Eroberung des Glücks*. Auf dessen letzter Seite heißt es:

> «Sicherlich sollten wir um das Glück geliebter Personen besorgt sein, aber nicht unter Ausschluß unseres eigenen Glückes. Der ganze Gegensatz zwischen dem Ich und der Welt, der in der Lehre von der Selbstaufgabe liegt, verschwindet tatsächlich mit einem Schlage, sobald wir ein wahrhaftes Interesse an Menschen und Dingen außerhalb unserer selbst fassen ... Durch solche Interessen gelangen wir dahin, uns als einen Teil des großen Lebensstromes zu empfinden, statt als eine harte, für sich bestehende Einheit wie ein Billardball, der mit anderen solchen Einheiten keine Beziehung außer der des Zusammenprallens haben kann.»

Der Titel dieses Abschnitts ist – ich weiß, ich weiß! – sehr dazu angetan, Mißverständnisse zu provozieren. Es ist verständlich, wenn Sie jetzt denken: «Redet er etwa dem Zigarettenrauchen das Wort, dem Drogenmißbrauch, der sexuellen Hörigkeit?» Gewiß nicht ... Was ich im folgenden als Abhängigkeit bezeichne, meint vor allem «Bedingtheit» oder «Gebundenheit». Es bedeutet, unter anderem, den Abschied von einer Illusion – von der Illusion des selbstbewußten, selbstverantwortlichen, freien und autonomen Individuums, das sein Leben selber in die Hand nimmt und es erfolgreich meistert, ohne dabei auf andere Menschen angewiesen zu sein. Diese Chimäre hat dreihundert Jahre europäische Geistesgeschichte geprägt – und Verirrungen den Weg bereitet wie Friedrich Nietzsche und dem von ihm propagierten rücksichtslosen Machtmenschen, der «blonden Bestie», oder Frederick S. Pearls und seinem «gestalttherapeutischen» Persönlichkeitskult, der im sogenannten «Gestaltgebet», einem Schlüsseldokument individualistischer Asozialität, seinen Höhepunkt fand. Frederick Pearls, der sich in einem Anfall seltener Germanophilie gerne «Fritz» nennen ließ, hat – in seinem Buch *Gestalttherapie in Aktion* (1969, deutsch 1979) – diesen Text selbst als Gebet bezeichnet (bezeichnenderweise ohne Anführungszeichen), und zwar mit dem einleitenden Satz: «Ich sage euch das Gestaltgebet, es mag die Richtung zeigen.» Dieses Gebet lautet so:

> «Ich tu, was ich tu; und du tust, was du tust.
> Ich bin nicht auf dieser Welt,
> um nach deinen Erwartungen zu leben,
> Und du bist nicht auf dieser Welt,
> um nach den meinen zu leben.
> Du bist du, und ich bin ich.
> Und wenn wir uns zufällig finden – wunderbar.
> Wenn nicht, kann man auch nichts machen.»

Dieser kultische Individualismus führte zu Zeiten, als die Teilnahme an einer «Selbsterfahrungsgruppe» als Gipfelpunkt irdischer

Erlösung galt, dazu, daß die selbstbezügliche Bindungslosigkeit des zum Nabel der Welt erkorenen Individuums, des «unteilbaren» Einzelwesens, als höchster Leitwert überhaupt erachtet wurde (Ruth Cohn, die ich oben erwähnt habe, gehörte als ehemalige Schülerin von Pearls übrigens auch zu den ersten, die den «rüden Individualismus» des «Gestaltgebets» kritisiert haben). Dieser Ideologie zufolge hätte man am besten schon auf die bloße Mitteilung eines Mitmenschen, er heiße Meier, mit einem markigen «Das ist nicht mein, sondern Ihr Problem» antworten sollen ...

Das, was hier zum Ausdruck kommt, war – um mit Bertrand Russell zu sprechen – die Ideologie vom «Leben als Billardball». Wer sich hingegen als Schwimmer in einem großen Lebensstrom sieht, der nicht nur ihn allein durch die Zeit trägt, wird die vielfältigen Abhängigkeiten seines Daseins kaum verkennen können. Ob er – oder sie – sie deshalb auch ertragen kann, steht auf einem ganz anderen Blatt.

In unserer Realität von heute, in der immer mehr Beziehungsversuche scheitern, ist die Angst vor Abhängigkeit oft mit Angst vor Nähe verknüpft – einer Nähe, die einerseits leidenschaftlich erstrebt, andererseits aber auch gefürchtet wird: eben, weil sie abhängig machen könnte. Der bereits in einem anderen Zusammenhang zitierte Münchner Psychoanalytiker Wolfgang Schmidbauer stellt in seinem Buch *Die Angst vor Nähe* fest: «Die Idealvorstellung vieler Menschen ist es, die Nähe zu haben und doch die Abhängigkeit zu vermeiden» – es kommt daher, wie Schmidbauer treffend feststellt, zu einem «Ringen um Unabhängigkeit, das Beziehungen zu komplizierten Tauschgeschäften zwischen unangreifbar autonomen Fassaden und dahinter versteckten, hilflos abhängigen Babys verzerrt».

Auch hier läßt sich eine gestörte Balance orten. Die Erwartungen an das, was der Partner in die «Beziehung» investieren soll, sind enorm: Er muß körperlich attraktiv und erotisch anziehend sein, intelligent, geistig anregend, sozial kompetent und so weiter. Was man selber «einzubringen» bereit ist, bleibt allerdings weit dahinter zurück – man möchte sich nicht ausliefern, keine Schwächen zeigen, sich immer den Notausgang offenhalten – kurzum, bloß nicht abhängig werden. Um nochmals Schmidbauer zu zitieren: «Lose Verknüpfungen, Verabredungen, die für einen Abend getroffen werden, Kneipen, in denen man den Freund oder die Freundin mit einiger Wahrscheinlichkeit trifft – das ist der Spielraum, in dem sich näheängstliche Menschen noch am wohlsten fühlen. Ständig auf der Suche nach dem ‹richtigen› Partner, der die verlorene Gewißheit geben soll, möchten sie doch alle Fluchtwege offenhalten. Wenn man die geheime Maßlosigkeit der eigenen Wünsche bei irgendeinem anderen wiederfände – es wäre schrecklich. Daher wird jede Verpflichtung vermieden. Man lernt, cool zu wirken. Jeder Hinweis auf Abhängigkeit ist verdächtig. Je drängender die Bitte um ein Wiedersehen, desto weniger wahrscheinlich findet es statt. Die Beziehungen werden jeden Tag neu ausgehandelt. Das schafft Freiräume, die ihren eigenen Reiz haben. Der Preis für sie ist hoch: Man lebt in einer dauernden Ungewißheit, und man kann sich nur in diese anstrengende Kontaktwelt wagen, wenn man ‹gut drauf› ist.»

Dem gegenüber steht die Einsicht, daß der Mensch ein Wesen ist, das in ein Netz vielfältigster ökologischer Beziehungen eingewoben ist. Ungebundenheit gibt es in dieser Perspektive eigentlich gar nicht, allenfalls die Illusion davon – der menschliche Organismus ist eben keine Billardkugel, sondern ein durch tausend Austauschvorgänge mit seiner Mitwelt verbundenes Wesen, das, falls es verblendet genug wäre, alle diese Verbindungen kappen zu wollen, sofort zugrunde gehen müßte. Abhängigkeit wird hier als Bindung verstanden, besser noch als Einbindung, und die «Kunst der Abhängigkeit» ist das Vermögen, die Natur und die Notwendigkeit dieser Bindungen zu durchschauen – diese Kunst eröffnet nicht bloß die Möglichkeit, Bindung zu genießen, sondern sie auch zu gestalten, was wiederum eine wirkliche Chance zur wenigstens partiellen Autonomie bietet. Diese Autonomie – die oben geschilderte Fähigkeit, nein zu sagen, mit eingeschlossen – wird dann aber nicht mehr aus einem panischen Vermeidungsverhalten heraus blindlings angestrebt. Sie wird aus bewußter Entscheidung gesucht, wobei wir uns stets eingedenk bleiben, wie begrenzt die Möglichkeiten der Autonomie im Grunde sind. Paradoxerweise ist es gerade diese Einsicht, die uns neue Freiräume eröffnet. Im Grunde steckt hinter alledem eine uralte Weisheit, die wohl gerade deshalb immer wieder aufs neue formuliert worden ist, weil es so schwer ist, sie in die Tat umzusetzen – der Dichter Bert Brecht hat sie so in Worte gefaßt:

> «Ich, der ich nichts mehr liebe
> Als die Unzufriedenheit mit dem Änderbaren,
> Hasse auch nichts mehr als
> Die tiefe Unzufriedenheit mit dem Unveränderlichen.»

Die im Prinzip unveränderliche, unentrinnbare Abhängigkeit des menschlichen Daseins ist eine recht allgemeine ökologische Erkenntnis; sie auf das konkrete menschliche Miteinander, ja sogar auf unser «Liebesleben» anwenden zu wollen ist in der Tat mehr als schwierig und stets vom Scheitern bedroht. Es gibt freilich auch ein fruchtbares Scheitern – das wir aber erst dann erleben können, wenn wir es zuvor wenigstens anders versucht haben. Und der Versuch lohnt sich. Aus der salutogenetischen Perspektive allemal.

Das Eingebunden-Sein in größere Zusammenhänge, die damit verbundene Abhängigkeit von Kräften, die nicht in meinem eigenen Organismus zu Hause sind, werden allerdings nur solche Menschen lustvoll und produktiv genießen können, die sich zum einen die hierfür notwendige Ruhe und Muße gönnen und die zum anderen nicht ständig um die Wahrung ihres Selbstwerts zittern müssen (oder diesen – reaktiv – in ständiger Feindseligkeit grimmig verteidigen müssen). Insofern setzt unsere dritte Lebenskunst eine weitgehende Aneignung der beiden anderen voraus.

Praktische Nutzanwendung

Was ist nun zu tun? Versuchen Sie es einfach mit den folgenden Schritten, und wagen Sie so die ersten Gehversuche in eine andere Richtung:

«AUF SICH SELBER HÖREN»

- Auf etwas hören, sei es das eigene Selbst, sei es die Mitwelt, ist etwas anderes als «belauschen». Zu Recht reden wir ja auch, was staatliche Abhörmaßnahmen betrifft, vom «Lauschangriff»: Das Belauschen hat etwas Aggressives, es gilt einem, den man ertappen und überführen will. Das ist kein sinnvolles Verhältnis zum eigenen Körper, auch bei einer möglicherweise verborgenen Krankheit nicht. Es ist weit eher der erste Schritt zur Hypochondrie, wie das schon Immanuel Kant in seiner *Anthropologie in pragmatischer Hinsicht* bemerkt hat: «Aber sich belauschen zu wollen ... ist entweder schon eine Krankheit des Gemüts (Grillenfängerei) oder führt zu derselben und zum Irrhause.» Das Zuhören, auf das es hier ankommt, ist anders, nämlich absichtslos und geduldig, es führt nichts im Schilde außer dem arglosen Wunsch, mehr von dem wahrzunehmen, was in uns und um uns vorgeht. Achten Sie einmal bei einer beliebigen Tätigkeit wie beispielsweise dem Zähneputzen genau darauf, *was* Sie tun – wie sich Ihre Muskeln bewegen, wie kunstvoll die normalerweise völlig bewußtseinsfernen Bewegungsabläufe gesteuert sind. Oder die Atmung, in der sich die primäre Abhängigkeit des Menschen offenbart – drei Wochen können wir problemlos ohne Nahrung durchhalten, vielleicht drei Tage ohne Wasser, aber kaum mehr als drei Minuten ohne Atmung, weshalb der Atemdrang auch der einzige körpereigene Antrieb ist, der sich gegen alle anderen triebhaften Regungen mühelos durchsetzen kann. Nicht ohne Grund beginnen viele Schulen fernöstlicher Meditation mit ganz einfachen Übungen, wie dem abwechselnden Atmen einmal durch dieses, einmal durch jenes Nasenloch. Es ist wohltuend, sich darüber klarzuwerden, wie sehr wir uns an die flache Brustkorbatmung gewöhnt haben – wir Männer oft genug noch doppelt eingeschnürt durch Gürtel und Krawatte. Die Bauchatmung (wieder) zu entdecken bedeutet schon einen ganz anderen Umgang mit der Abhängigkeit von der Atemluft. Hier begegnet uns wieder einmal die Beziehung zwischen dem Veränderlichen und dem Unveränderlichen – wie in Brechts Gedicht: *Daß* ich atmen muß, kann ich nicht ändern; *wie* ich atme, sehr wohl …

Eine andere Art des bewußten Hinhörens auf sich selber mag dem Medium gelten, von dem wir in so vielfältiger Weise abhängig sind, wenn wir mit anderen kommunizieren wollen, und dem wir dennoch so wenig Aufmerksamkeit schenken: unserer Stimme. Reden Sie getrost mit sich selber und mit anderen, phantasierten Personen, und zwar solchen ganz verschiedener Art – Ihrem Partner, dem Chef, einem Schulkind –, und sagen Sie ihnen jeweils ganz verschiedene Sätze: Freundlichkeiten, Sachaussagen, Gemeinheiten. Achten Sie immer darauf, wie Ihre Stimme klingt, sich verändert, auch auf das Zusammenspiel mit der Atmung.

Sie können dieses Spiel in vielerlei Hinsicht weitertreiben, und ich will nicht alle diese Möglichkeiten ausführlich erörtern –

denken Sie nur einmal an den Geruchssinn (unangenehme Gerüche sind, nebenbei bemerkt, der heftigste meßbare Streßreiz), an den Geschmack, an das Tasten, an Ganzkörpererlebnisse vom Wannenbad bis zum Schwimmen im Meer ... Unser Alltagsleben verläuft gar zu oft nach dem Motto: «Wer nur einen Hammer hat, für den sieht die ganze Welt wie ein Nagel aus!» Wer genau und geduldig hinhört, erfährt mehr und mehr von der unerschöpflichen Vielfalt der Welt, mit der er verknüpft und verbunden ist. Wenn Sie dem hier skizzierten Pfad folgen, werden auch sogenannte Extremerlebnisse – vom Hochalpinismus bis zum Bungeespringen – ihren bloß kurzfristigen «Nervenkitzel» verlieren und eine ungeahnte Intensität annehmen. Wobei man allerdings der Warnung des «Extrembergsteigers» Reinhold Messner eingedenk sein sollte: «Es besteht die Gefahr, daß wir als Gruppenmenschen nichts mehr erleben, weil wir uns im voraus festlegen, was ein Erlebnis ist. Oder weil die Gruppe es erklärt ... So verbauen wir uns die Möglichkeit, uns selber zu finden.»

«EROTIK: TUN UND SICH-ANTUN-LASSEN ...»

● Auf sexuellem Gebiet ist das Erlernen eines reifen Wechselspiels von Tun und Zulassen eine «einfache Sache, die schwer zu machen ist». Ein guter Tip ist eine simpel anmutende Übung, die Wolfgang Rost – im Anschluß an ein Therapeutenpaar mit dem schönen Namen Mandel & Mandel – dahingehend zusammenfaßt, daß die beiden Partner «einander streicheln, der eine als passiv Empfangender, der andere als der Zärtlichkeiten Gebende. Besonderer Wert soll darauf gelegt werden, daß gerade solche Arten, sich zu streicheln, oder solche Körperregionen, die bisher vermieden worden sind, mit einbezogen werden und die Partner keine Vermeidung davon zulassen. Dies ist ein wichtiger Unterschied zu vergleichbaren Übungen, z. B. der Sensate-Focus-Technic von Masters & Johnson, bei der der Gestreichelte ein Veto-Recht hat und somit genau die brisanten oder konfliktträchtigen Stellen oder Streichelarten ausgespart werden können. Lerntheoretisch gesehen kann das ‹Stop› des Gestreichelten dazu führen, daß das Aussparen der brenzligen Aktionen durch ein Gefühl der Erleichterung bei beiden Partnern verstärkt wird und es somit nicht zu einer Verbesserung der Lage kommt, sondern zu einer *Verfestigung des Vermeidungsverhaltens* und Aufrechterhaltung des gegenwärtigen Zustandes. Die wesentliche Chance dieser Übung besteht eben darin, sich gerade mit den dabei aufkommenden unangenehmen Gefühlen (Peinlichkeit, Scham, sich albern vorkommen usw.) auseinanderzusetzen und somit dann eine Veränderung in Gang zu bringen. Den unangenehmen Gefühlen soll also nicht weniger Raum gegeben werden als den angenehmen. Dabei soll kein Wort gesprochen werden. Es ist lediglich gestattet, daß ein Partner eine Berührung, die ihm in störendem Maße Schmerzen bereitet, durch Führen der Hände beendet.» Die für diese Übung verfügbare Zeit sollte von vornherein definiert sein – wenn es nicht zu prosaisch anmutet, durch einen Kurzzeitwecker; romantischere Seelen werden vielleicht eine Sanduhr bevorzugen ... Jedenfalls kommt es darauf an, daß die möglicherweise auch aufsteigenden unangenehmen Gefühle – über die ja gesprochen werden soll, aber eben erst hinterher, also *nachdem* sie haben aufsteigen können – in das lebendige Ensemble vielfältiger Empfindungen eingegliedert werden, wodurch sie ihre «selbstblockierenden Eigenschaften» verlieren. Daraus folgt keineswegs, daß man sich nicht miteinander einigen könnte, dies und jenes in Zukunft unterlassen zu wollen – aber erst nachdem man über die gemeinsamen Erfahrungen dabei gesprochen hat!

- Weil wir abhängig sind, sind wir verletzlich – oder umgekehrt: Wir sind von unserer Verletzlichkeit abhängig. Natürlich werden wir nicht jedesmal, wenn wir in ein Auto steigen, daran denken, daß diese Fahrt schon nach wenigen Metern in einem verbogenen Knäuel aus Blech, inmitten Zigtausender von Glassplittern und mit tödlichen Verletzungen enden kann ... *etwas öfter* daran zu denken, könnte allerdings nicht schaden (und unser Verhalten positiv beeinflussen). Wir brauchen uns jetzt aber nicht auf so hochdramatische Versionen von Verletzlichkeit und Vergänglichkeit zu konzentrieren – es gibt viele andere, alltäglichere, die dennoch wichtig sind.
  «Das macht doch mir nichts aus», diese Lüge hat schon seit Kindertagen unser Leben allzu nachhaltig bestimmt. Das, was uns verletzt, ist entweder eine unmittelbare körperliche Verwundung – oder aber ein Verlust, sei er äußerlich bedingt (vom Ferienende über das verlorene Taschenmesser bis zum durchgebrannten Ehegatten) oder innerlich: wenn eine Illusion zerbricht, eine Erinnerung sich als trügerisch erweist und so weiter. Wir sollten unser Leben besser beobachten, uns einmal einen Tag, eine Woche, einen Monat gezielt Zeit dafür nehmen – und dann Bilanz ziehen, wie oft wir etwas wegstecken, übertünchen, verleugnen. Erst wenn wir das erlebt und begriffen haben, können wir einen angemessenen Umgang mit all den Mikrotraumata des Alltags üben, die ja nicht minder des Trostes bedürfen als die «wirklichen», das heißt allgemein anerkannten Lebenskrisen. Und wenn uns kein Mitmensch tröstet, sollten wir es wenigstens selber tun ... Auch für die vielen kleinen Verletzungen des Alltags gilt: Die Anerkennung des Verlusts ist der erste Schritt zu einer adäquaten «Trauerarbeit», um die wir uns nicht betrügen dürfen.

Vielleicht ist Ihnen wenige Zeilen weiter oben schon das Wort «Trost» aufgefallen, das ja hoffnungslos altmodisch klingt – ebenso wie etwa «Zuspruch» oder «Beistand». Die Verdrängung solcher Begriffe aus unserem Alltag spricht für eine zunehmende Erbarmungslosigkeit des Lebens, aus der dann nur noch durch in der Tat unangemessene, «übertriebene» Gegenreaktionen (Depression, Hypochondrie) «ausgestiegen» werden kann. Ist nicht auch die Zunahme der Selbstschädigungskrankheiten ein Reflex der wachsenden allgemeinen *Fühllosigkeit*? Wenn wir lernen, unsere Verletzlichkeit im Alltag besser und öfter wahrzunehmen, dann können wir es auch schaffen, uns samt dieser Schwäche und Abhängigkeit zu mögen und das zu beherzigen, was Bertolt Brecht nach 1945 im Gedicht «An meine Landsleute» ausrief: «Habt doch nun endlich mit euch selbst Erbarmen!»

Damit sind wir am Ende unserer Beschreibung dreier Lebenskünste angelangt. Unter salutogenetischen Gesichtspunkten lohnt es, sich in diesen Künsten zu üben, denn es kann Ihnen dabei helfen, die in Kapitel V theoretisch umrissenen Widerstandsressourcen zu schulen und zu stärken. Die drei Künste sind hier allerdings nur aus «didaktischen» Gründen einzeln und voneinander isoliert dargestellt worden – das Leben selber verzahnt sie miteinander, und sicherlich sind auch noch ganz andere Verbindungen und Verknüpfungen denkbar als die oben durch einige Querverweise bereits angedeuteten (wenn Sie dazu konkrete Erfahrungen und Anregungen gemacht haben – ich bin neugierig, von meinen Leserinnen und Lesern Details dazu zu erfahren!).

Ich schaue zu Heinrich hinüber. Er sieht abwesend aus, in sich gekehrt – selbst seine Pfeife hat er vergessen.

«Ist etwas mit dir?»

Er zuckt richtig zusammen, als er meine Stimme hört – und dann läßt er sich viel Zeit mit seiner Antwort.

«Erinnerst du dich noch an meinen Einwand zum Thema Widerstandsressourcen? Ich hatte Angst, daß es eines Tages heißt: ‹Selber schuld, wenn Sie krank werden, hätten Sie doch rechtzeitig Ihre Widerstandskraft trainiert.›»

«Natürlich erinnere ich mich!» Aber während ich antworte, ist mir schon wieder sehr unbehaglich zumute – Heinrichs Einwand trifft einen wunden Punkt, und ich bin nicht in der Lage, ihn zu entkräften. So gewiß es ist, daß es Widerstandsressourcen gibt und daß sie uns dabei helfen, gesund zu bleiben, so sicher ist auch, daß dieser Umstand ausgenutzt und ausgebeutet werden kann – erst recht in einer Gesellschaft wie der unseren, in der unter dem Deckmantel der «Globalisierung» Solidarität allmählich zum Fremdwort wird und die Ellenbogenmentalität immer stärker um sich greift. Wenn Heinrich darauf zurückkommen will …

Genau das will er.

«Was du hier vorgeschlagen hast – ist das nicht bloß eine Spielerei für Wohlhabende? Du sprichst von Gartenarbeit, aber was ist mit dem, der sich nicht mal einen Balkon leisten kann? Das Problem der Armut taucht bei dir nur ganz am Rande auf – ansonsten bietest du uns jede Menge Denkanstöße für gutsituierte Fabrikantengattinnen mit Verdauungsproblemen … Werden nicht viele einwenden, das sei der reine Hohn?»

Ich schweige betreten und auch ein wenig verletzt.

«Na?» fragt Heinrich unerbittlich und kramt jetzt doch seine Pfeife hervor.

Aber ich lasse mir noch ein wenig Zeit.

«Ein Hohn ist es nicht. Natürlich gibt es die Kluft zwischen Arm und Reich – und sie wird tiefer, in unserem Land und weltweit erst recht. Ich bin der letzte, der das bestreitet. Aber was ist die Konsequenz? Nimm doch das Beispiel der Umweltzerstörung. Wir wissen doch beide, daß Benzin teurer werden muß, Wasser auch. Auch Produkte aus ökologisch orientierter Landwirtschaft haben ihren Preis – dein Bergkäse zum Beispiel. Es gibt nicht wenige, die sagen, er sei ihnen zu teuer. Das ist eben der Vorteil, den der Reiche hat, daß ihn alles viel weniger trifft. Das Wasser mag so teuer sein, wie es will, er kann notfalls auch in Champagner baden. Aber deshalb kann ich doch nicht verschweigen, daß es so etwas gibt wie persönliche Widerstandsressourcen und daß sich diese Kräfte trainieren lassen. Wie mit allem im Leben tun sich die Reichen auch damit leichter, das ist wohl wahr. Wenn uns das stört, müssen wir den Reichtum abschaffen.»

Heinrich seufzt und legt die Pfeife auf den Tisch.

«Das stimmt, das stimmt», erwidert er in resigniertem Tonfall. «Was ich gesagt habe, war vermutlich kein Vorwurf an *deine* Adresse – aber runterschlucken will ich meine Skepsis auch wieder nicht. Nach allem, was du uns erzählt hast, wäre das auch gar nicht gesund. Weißt du, wenn von Gesundheit die Rede ist, denken wir doch immer auch an

Glück. An ein gutes Leben. Und dazu gehört für mich auch Gerechtigkeit. Den Traum von einer besseren Welt mag ich nicht einfach in den Müll werfen wie einen alten Anzug – auch wenn das Datum ‹1968› heute schon fast ein Schimpfwort ist. Aber wenn wir darüber sprechen, wie wir gesund bleiben können – müssen wir nicht auch darüber sprechen, wie wir leben wollen? Wie kannst du das eine vom anderen trennen? Die Art, wie in unserer Gesellschaft die soziale Frage untergebuttert wird, ist skandalös. Wenn sogenannte Spitzenmanager wie der ehemalige BMW-Vorstandsvorsitzende, Herr Pischetsrieder, die jahrelang gewiß kein kleines Gehalt bezogen haben, beim Ausscheiden aus dem Amt noch eine Abfindung in Höhe von über 30 Millionen Mark erhalten – das ist doch schlicht und einfach obszön ...»

«Ich bin ganz deiner Meinung. Und daß der sozialen Ungleichheit auch eine ungleiche Verteilung der Chancen auf ein gesundes Leben entspricht, trifft hundertprozentig zu. Und dennoch braucht das, was für die Fabrikantengattin richtig ist, für den Fabrikarbeiter noch lange nicht falsch zu sein. Darum geht es mir, und um nichts anderes. Was ich beschrieben habe, ist notwendig, um gesund zu bleiben – aber gewiß nicht hinreichend, um ein menschenwürdiges Gemeinwesen zu gestalten.»

«Amen», sagt Heinrich, aber ich spüre, daß er es nicht böse meint. Es ist wohl eher ein Versuch, sich gegen die Hilflosigkeit zu wehren. Und die fühlen wir beide.

An dieser Stelle bleibt mir nichts anderes übrig, als zu unseren drei Künsten zurückzukehren. Fehlt, um mit Goethes Dr. Faust zu sprechen, nur das einigende Band ... Und was könnte das sein, bei verschiedenen Lebenskünsten? Ist das Integral über die verschiedenen Teilaspekte des Lebens nicht letzten Endes ...

... Eben!

Und darum jetzt noch ein paar kurze Worte, mit denen dieses Kapitel dann seinen Abschluß und sein Ende finden soll.

Die letzte Kunst

Alle «Lebenskünste», von denen hier die Rede gewesen ist und für die wir nach Möglichkeiten der praktischen Übung gesucht haben, vereint nicht zuletzt das Bemühen, *Verbindung zu stiften*, Getrenntes zueinander in Bezug zu setzen. Damit das Leben nicht auseinanderdriftet und zerbricht, müssen seine Einzelteile oder besser: Teilvorgänge stärker miteinander verflochten und verwoben werden – es kommt, um abermals mit Goethe zu reden, vor allem darauf an, «wie alles sich zum Ganzen webt, Eins in dem anderen wirkt und lebt».

Damit dies gelingt, muß freilich auch das Leben selber in einen größeren Zusammenhang eingebettet werden, und das ist ohne *Blick auf den Tod* nicht zu haben.

«Letztlich», so schreibt die Psychotherapeutin Ingrid Riedel in ihrem Aufsatz über «Lebensphasen – Lebensübergänge», «ginge es in all den großen Lebensübergängen um nichts anderes als darum, die Ars moriendi wiederzufinden, die unsere Vorfahren als die eigentliche Lebenskunst im Wechsel der Phasen betrachteten: die Kunst des Sterbens und Kunst der Trauer – loszulassen, sich selbst und alle geliebten Menschen, in die jeweils bevorstehenden großen Verwandlungen hinein; loszulassen, um wiederzufinden. Für die Ars moriendi aber brauchen wir Zeit, Zeit, die Übergänge wahrzunehmen und die Ruhe wiederzufinden, die die ‹Geschäftigkeit gegen den Tod› zu überwinden vermag: durch Vertrauen letztlich in die Übergänge, die das Leben selbst uns zumutet – und schenkt.»

Es braucht keine großen Visionen, keine Entrückungserlebnisse, keine esoterische Offenbarung der «letzten Geheimnisse», um sich die Verbundenheit von Leben und Tod gefühlshaft (wieder) aneignen zu können. All das, wovon in der Schilderung unserer «drei Künste» die Rede war, genügt – so unspektakulär, so alltäglich es anmuten mag (oder genau deshalb ...): Muße, Beobachtungsgabe und das «stille Glück der Betrachtung», das Sir Francis Bacon vor rund fünfhundert Jahren so drastisch abgewertet hat – dazu das Hinhören auf die Rhythmen der Natur und unseres eigenen Körpers, auf die Gezeiten des Kosmos und des Lebens, wie sie überall augenfällig werden, wenn wir nur hinsehen. Mit Genauigkeit und Geduld. Mit Eigensinn und der Freude am Handwerk. Hermann Hesse hat (in einem Buch mit dem schönen Titel *Kleine Freuden*, Frankfurt a. M. 1977) bei der Gartenarbeit darüber nachgedacht:

> «In meinem kleinen Garten säe ich voller Frühlingserwartung Bohnen und Salat, Reseden und Kressen, und dünge sie mit den Resten ihrer Vorgänger, denke an diese zurück und an die kommenden Pflanzengeschlechter voraus. Wie jedermann nehme ich diesen wohlgeordneten Kreislauf hin als eine selbstverständliche und im Grunde innig schöne Sache; und nur zuweilen kommt es mir im Säen und Ernten für Augenblicke in den Sinn, wie merkwürdig es doch ist, daß von allen Geschöpfen der Erde nur allein wir Menschen an diesem Lauf der Dinge etwas auszusetzen haben und mit der Unsterblichkeit aller Dinge nicht zufrieden sind, sondern für uns eine persönliche, eigene, besondere haben wollen.»

Gibt es schönere, klarere Worte zur Beschreibung des «Sense of Coherence», des Gefühls für den Zusammenhang – des Zusammenhangs mit der ganzen Welt, von der ich ein winziger Teil bin? Daher nun also mein abschließender Rat an alle, die ihre eigenen Widerstandsressourcen stärken wollen: Sucht nicht nach Gurus, vergrabt euch nicht in angeblich «geheime Texte», hofft nicht auf «Erlösung». Nehmt den Spaten und geht in den Garten. Und wenn euch auf der Straße ein Buddha begegnet – kümmert euch nicht um ihn. Es wird nicht nötig sein, ihn zu töten, denn er stirbt, wenn er nicht beachtet wird. Begrabt ihn im Garten, damit er zu Humus wird und so zu etwas taugt …

Der Tod und das Mädchen

Das Mädchen.
Vorüber! Ach vorüber!
Geh, wilder Knochenmann!
Ich bin noch jung, geh, Lieber!
Und rühre mich nicht an.

Der Tod.
Gib deine Hand, du schön und zart Gebild!
Bin Freund und komme nicht, zu strafen.
Sei gutes Muts! Ich bin nicht wild,
sollst sanft in meinen Armen schlafen!

Matthias Claudius

Schlußwort

Mir ist eine kleine Anekdote sehr lieb,
die von asturischen Bauern im
ausgehenden 8. Jahrhundert erzählt:
«Da fürchtete die Pfarrgemeinde
Liébana das nahe Weltende und
bereitete sich fastend darauf vor,
bis einer der Büßer sagte:
‹Essen und trinken wir wieder!
Wenn wir dann tot sind, sind wir
doch wenigstens auch satt ...›»
(Nach *Arno Borst*: «Lebensformen
im Mittelalter», 1979)

«Gott hilft dem Seemann in der Not, doch steuern können muß er selber» – so heißt ein altes friesisches Sprichwort. Im Kern läuft diese Volksweisheit auf dasselbe hinaus wie das bekannte Bonmot des preußischen Generalfeldmarschalls Helmuth von Moltke: «Glück hat auf die Dauer nur der Tüchtige.»

Was ist damit gemeint?

Den Gleichförmigkeiten der Natur kann niemand entfliehen. Leben hat anderem Leben Platz zu machen – von Geburt an ist unser Leben ein Leben zum Tode hin. Während wir «dem Tod in die Arme tanzen» (so der Philosoph Arthur Schopenhauer), werden wir von Hunger und Durst gepeinigt, aber auch von Angst und Zweifel und von der Frage: «Was soll das alles?» Auch das Verhältnis zu unseren Mitmenschen ist zwiespältig – es gibt wunderbare Dinge, die wir miteinander tun und erleben können, sowohl auf sexuellem Gebiet wie auf kulturellem, aber es lassen sich auch tausenderlei Mittel und Wege finden, den anderen das Leben zur Hölle zu machen, und nicht selten scheint es, als empfände mancher Mitmensch gerade dabei ein besonderes Vergnügen.

Wir können über all das jammern und lamentieren. Denn letztendlich wissen wir ja so gut wie nichts über unsere Chancen, ein zumindest halbwegs erfolgreiches und glückliches Leben zu führen. Das Leben ist riskant, Verletzungen sind jederzeit möglich, der Gang der Ereignisse bleibt ungewiß.

Aber wir können immerhin etwas tun, um unsere Chancen zu erhöhen. Ein guter Steuermann ist keineswegs gegen jeden Sturm gefeit, aber er hat durchaus Chancen, Stürme zu meistern – ein schlechter Steuermann hingegen wird mit hoher Wahrscheinlichkeit auch ohne Sturm kentern. In einem Wirbelsturm höchster Stärke werden beide mit ihren Schiffen untergehen – aber es wäre naiv (und überaus unvorsichtig), daraus abzuleiten, daß es auf die Kunst des Steuerns gar nicht ankommt. Beide Seeleute bleiben dem Glück ausgeliefert – aber sie bieten diesem Glück (und dem Unglück) unterschiedliche Wirkungsmöglichkeiten. Wir können also, wenn wir tüchtig sind, die Wahrscheinlichkeit, Glück zu haben, erhöhen. Eine Erfolgsgarantie ist das nicht, aber die ist ohnehin nicht zu haben. Das Verbessern der Wahrscheinlichkeit ist deshalb noch lange nicht sinnlos – bei Licht besehen, ist es das einzige, was wir tun können. Dieses Spiel kann sogar Spaß machen, und wenn wir Spaß daran haben, werden wir bessere Spieler sein und damit wiederum unsere Erfolgschancen erhöhen.

All dies gilt auch dann, wenn wir versuchen, ein Erkranken zu vermeiden und die Chance, gesund zu bleiben, zu vergrößern. Diesen Vorgang nennt man Salutogenese, und ich habe versucht, seine Facetten in diesem Buch näher zu beleuchten.

Im Grunde genommen können wir die oben geschilderten «drei Künste», denen sich gewiß noch manch andere Kunstfertigkeit hinzufügen ließe, auch als «Lebenskunst» bezeichnen und festhalten, daß diese Lebenskunst vor allem eine *Kunst des Mogelns* ist. Damit ist nicht Lügen und Betrügen gemeint. Es geht um etwas anderes. Der Physikochemiker Robert Havemann, der nicht nur dem Naziregime entschlossenen Widerstand geleistet hat (1943 wurde er sogar zum Tode verurteilt), sondern auch als «Dissident» in der DDR seine geistige Unabhängigkeit wahren konnte, hat es in seinen berühmten kritischen Vorlesungen *(Dialektik ohne Dogma)* aus dem Jahr 1963 so ausgedrückt:

> «Ich glaube, wir Menschen handeln gegenüber der Natur und der Welt, in der wir leben, ähnlich wie ein Glücksspieler, und zwar wie ein Glücksspieler, der mogelt. Im Glücksspiel mogeln heißt ja, die Chancen des Gewinns auf irgendeine Weise zu erhöhen. Wie kann man seine Chancen erhöhen? Wenn ich ein bestimmtes Ziel zu treffen suche, so kann ich die Wahrscheinlichkeit, zu treffen, sehr einfach dadurch erhöhen, daß ich das Ziel vergrößere. Wenn ich die gesamte Umgebung zum Ziel erkläre, werde ich sogar bestimmt treffen. Wenn ich beim Roulette gewinnen will, erhöhe ich meine Chancen, wenn ich nicht auf eine einzelne Zahl setze, sondern auf Rouge – oder auf Noir. Dann habe ich 50 % Chance bis auf 1 / 33, das der Bank wegen des Zero zufälllt. Aber ich kann auch eine andere, wirksamere Methode anwenden. Ich nehme eine Roulettekugel, natürlich darf das keiner merken, und bringe in ihr einen eisernen Kern an. Unter dem Roulettetisch montiere ich einen Elektromagneten. Dann setze ich auf Zahlen, die sich in der Nähe des Elektromagneten befinden. So werde ich jede Bank vernichten, selbst wenn meine Kugel nicht in jedem Falle dort landen wird, wo der Magnet sie anzieht. Ich werde doch die Wahrscheinlichkeit, zu gewinnen, ganz gewaltig steigern. So stehen wir der Natur und der Welt gegenüber. Wir arbeiten mit eisernen Kugeln

und Elektromagneten – und noch vielen anderen raffinierten Dingen. Wir lenken den Zufall in die Bahn unseres Glücks. Wir spielen Roulette, aber wir mogeln.»

Literatur

In diesem Buch habe ich bewußt auf einen «wissenschaftlichen Apparat» mit Fußnoten etc. etc. verzichtet. Wer sich für die Quellen interessiert, findet hier die wichtigsten von mir benutzten – und zitierten – Publikationen. Es sind Veröffentlichungen, die in jedem Falle lesenswert sind.

Adler, Katharina: *Lebenslandschaft. Mitteilungen aus dem Allgäu*, Bühl-Moos 1985

Bastian, Till: *Der Blick, die Scham, das Gefühl. Eine Anthropologie des Verkannten*, Göttingen 1998

Bastian, Till: *Krankheit auf Rezept? Die populären Irrtümer der Medizin*, München 1998

Bastian, Till: *Die Sprache des Herzens. Von der Taubheit der Schulmedizin*, München 1998

Diekmann, Andreas / Preisendörfer, Peter: «Persönliches Umweltverhalten: Diskrepanzen zwischen Anspruch und Wirklichkeit», in: *Kölner Zeitschrift für Soziologie und Sozialpsychologie*, Heft 2 / 1992

Findeisen, Diether Gotthold / Lothar Pickenhain: *Immunantwort und Psyche. Allergie und Streß: Risiko oder Chance?* Stuttgart 1990

Garhammer, Manfred: *Wie Europäer ihre Zeit nutzen: Zeitstrukturen und Zeitkulturen im Zeichen der Globalisierung*, Berlin 1999

Gronemeyer, Marianne: *Das Leben als letzte Gelegenheit. Sicherheitsbedürfnisse und Zeitknappheit*, Darmstadt 1993

Hilgers, Micha: *Scham. Gesichter eines Affekts*, Göttingen 1996

Hoffmann, Wolfgang: «Die individuelle Empfänglichkeit – ein neuer Faktor im Arbeitsschutz? Einführung und Überblick», in: *Umwelt – Medizin – Gesellschaft*, Heft 3 / 1999

Jacobi, Rainer-M. E.: «Von der Wahrheit der Krise – Anmerkungen in pathosophischer Sicht», in: Wessei, Karl-Friedrich (Hrsg.): *Herkunft, Krise und Wandlung der modernen Medizin. Kulturgeschichtliche, wissenschaftsphilosophische und anthropologische Aspekte*, Bielefeld 1994

Jonas, Hans: *Das Prinzip Verantwortung. Versuch einer Ethik für die technologische Zivilisation*, Frankfurt a. M. 1979

Keupp, Heiner: «Psychologie und Gesundheit: Kindergesundheit und Umwelt – wi(e)der die Angst», in: *Umwelt – Medizin – Gesellschaft*, Heft 1 / 1999

Meier-Seethaler, Carola: *Gefühl und Urteilskraft. Ein Plädoyer für die emotionale Vernunft*, München 1998

Richter, Horst Eberhard: *Der Gotteskomplex. Die Geburt und die Krise des Glaubens an die Allmacht des Menschen*, Reinbek 1980 (München 1997)

Riedel, Ingrid: «Lebensphasen – Lebensübergänge», in: Olbricht, Ingrid / Mario Wernado (Hrsg.): *Gezeiten des Lebens*, Bad Wildungen 1993

Rost, Wolfgang: *Emotionen – Elixiere des Lebens*, Berlin – Heidelberg – New York 1990

Russell, Bertrand: *Eroberung des Glücks. Neue Wege zu einer besseren Lebensgestaltung,* Frankfurt a. M. 1978 (Original 1930)

Schaub, Stefan: *Hören mit Begeisterung. Ein Weg zum aktiven Musik-Erleben*, Bollschweil 1991

Schmidbauer, Wolfgang: *Die Angst vor Nähe*, Reinbek 1985 (1998)

Schulze, Gerhard: *Die Erlebnisgesellschaft. Kultursoziologie der Gegenwart*, Frankfurt a. M. / New York 1993

Schweitzer, Albert: *Kultur und Ethik*, München 1923 (1996)

Selye, Hans: *Stress. Lebensregeln vom Erfinder des Stress-Syndroms*, München 1974

Sommer, Volker: «Alles Leben ist Egoismus. Zur Evolution des Eigennutzes», in: Kunst- und Ausstellungshalle der Bundesrepublik Deutschland (Hrsg.): *Das Böse. Jenseits von Absichten und Tätern oder: Ist der Teufel ins System ausgewandert?* Göttingen 1995

Weeks, David / Jamie James: *Exzentriker. Über das Vergnügen, anders zu sein*, Reinbek 1996

Till Bastian

Krankheit auf Rezept?

Die populären Irrtümer der Medizin

288 Seiten
ISBN 3 463 40351 X

Till Bastian räumt mit populären medizinischen Irrtümern auf. Wirkungslose Medikamente, fragwürdige Therapien – immer öfter ist die Schulmedizin mit ihrer Weisheit am Ende. Neue Krankheitsbilder sind mit dem traditionellen Modell von Ursache und Wirkung nicht mehr zu erfassen. Es ist höchste Zeit für eine radikale Neubesinnung der Medizin.

Ein bahnbrechendes Buch zu Gesundheit und Krankheit, das Antwort gibt auf die Fragen:

- Was soll, was kann mit einer Therapie erreicht werden?
- Welcher Unfug wird mit Medikamenten angerichtet?
- Welche vernünftigen Alternativen gibt es?

«Till Bastian bürstet die Weltsicht vieler Mediziner gegen den Strich. Und das ist spannend zu lesen.» *Stuttgarter Zeitung*

Mark Benecke

Der Traum vom ewigen Leben

Die Biomedizin entschlüsselt die Geheimnisse des Alterns

288 Seiten
Mit Fotos
ISBN 3 463 40338 2

Warum müssen wir altern und sterben? Die Apparatemedizin und die Gentechnologie arbeiten mit vereinten Kräften daran, den Traum vom ewigen Leben Wirklichkeit werden zu lassen. Keine technische Möglichkeit bleibt ungenutzt, um Leben zu erhalten oder zu konservieren – bis hin zu dem Angebot einiger Firmen, sich nach dem Tode für ein zweites Leben einfrieren zu lassen.
Der Biologe Mark Benecke hat Forscher in Rußland und den USA besucht, die eigenwillige Experimente zum Geheimnis des Lebens durchführen, und er hat sich in den Labors der Entwicklungsbiologen umgesehen. Ein spannender Report über die letzten Dinge – verblüffende Einsichten in Grundfragen von Leben und Sterben.

«Ein hochaktueller Wissenschaftsbericht mit überraschend philosophischer Tiefe.» *Stuttgarter Nachrichten*

Jerome Groopman

Abschied vom Leben

Acht bewegende Schicksale, die Mut machen

320 Seiten
ISBN 3 463 40380 3

Jerome Groopman, einer der weltweit führenden Krebs- und Aidsforscher, macht sich für eine *Medizin der Freundschaft* stark: Wenn beste medizinische Versorgung und ärztliche Seelsorge Hand in Hand gehen, ist ein Ende in Würde möglich. Sein eindrucksvolles Buch hat die Kraft, eine der größten Menschheitsängste zu lindern: die Furcht vor dem Tod.
«Ständig mit den schlimmsten Krankheiten konfrontiert zu werden und trotzdem seine Menschlichkeit, seine Zuversicht und seinen Lebensmut nicht zu verlieren macht den idealen Arzt aus; und wenn man dann noch schreiben kann, und zwar sehr schön, ehrlich und einfühlsam, entsteht ein bemerkenswertes Buch.»

Oliver Sacks über «Abschied vom Leben»